Mr. William F. Stokes
3101 Miller Ave
S Chicago Hts, IL 60411

J.F. Borsarello et W. Palinckx

Wehrmacht & SS

Caucasian - Muslim - Asian Troops

HEIMDAL

Conception : Georges Bernage

Texte : J.F. Borsarello

Traduction : Sally-Ann Hopwood

Maquette : Erik Groult

Rédaction graphique : Christian Caïra, Christel Lebret

Editions Heimdal
Château de Damigny - BP 61350 - 14406 BAYEUX Cedex
Tél. : 02.31.51.68.68 - Fax : 02.31.51.68.60 - E-mail : Editions.Heimdal@wanadoo.fr

Copyright Heimdal 2007. La loi du 11 mars 1957 n'autorisant, aux termes des alinéas 2 et 3 de l'article 4, d'une part, que les « copies ou reproductions strictement réservées à l'usage privé du copiste et non destinées à une utilisation collective » et, d'autre part, que les analyses et les courtes citations dans un but d'exemple et d'illustration, « toute reproduction ou représentation intégrale, ou partielle, faite sans le consentement de l'auteur ou de ses ayants droit ou ayants cause, est illicite. Cette représentation, par quelque procédé que ce soit, constituerait donc une contrefaçon sanctionnée par les articles 425 et suivants du code pénal.

ISBN 13 : 978-2-8404-8219-2

Avant-propos
Foreword

Contrairement à l'Union Soviétique qui bénéficiait d'un immense réservoir humain pour combler les pertes énormes subies par ses forces armées sur le front, l'Allemagne a très vite été confrontée au manque d'hommes. Ce déficit humain s'est tout particulièrement fait sentir lorsque le Reich a été obligé de mener des combats sur plusieurs fronts et dans le même temps occuper militairement et maintenir l'ordre dans les pays conquis depuis le début de la guerre.

Pour compenser cette faiblesse démographique, les Allemands ont été obligés de recourir à des troupes étrangères. Ces recrutements, mal acceptés au départ pour des raisons idéologiques, ont fini par prendre une grande ampleur. De 1941 à 1945, un nombre très élevé de soldats étrangers a été incorporés dans les rangs de la Wehrmacht. Parmi ces troupes, le gros des effectifs (environ un million et demi d'hommes) a été constitué par les *Osttruppen* (troupes de l'Est), nom donné à tous les ressortissants de l'Union Soviétique. Ces *Osttruppen* ont été recrutées dans la masse énorme des prisonniers (3 à 5 millions d'hommes) capturés lors des six premiers mois de l'opération « Barbarossa ». Elles ont été rassemblées dans des unités suivant leur nationalité. Parallèlement, des mouvements de libération nationale ont été suscités afin de motiver ces soldats et leur donner l'impression de combattre pour leur « patrie », contre le joug soviétique et non pour le Reich. Aux *Osttruppen*, il faut aussi ajouter les ressortissants des différents pays alliés ou occupés par le Reich, de la Scandinavie aux Balkans, invités à participer sur le front de l'Est à la grande « croisade anti-bolchevique ». Il faut mentionner enfin quelques recrutements extra-européens chargés d'une forte valeur symbolique.

Cet ouvrage fait le point sur les éléments les plus curieux et les plus pittoresques de ces troupes étrangères : les *Osttruppen* non slaves (Caucasiens et peuples d'Asie centrale), regroupés dans les *Ostlegionen*, soit environ 250 000 hommes dont 9 000 combattants parmi lesquels figurent des musulmans mais aussi des boudhistes), les Bosniaques et Albanais musulmans (quelques milliers d'hommes répartis dans trois divisions), les Arabes d'Afrique du Nord et du Moyen-Orient et enfin les Hindous.

Tous ces soldats, aux motivations très diverses, ont été regroupés dans des unités dont la taille a varié du bataillon à la division. Ils ont été revêtus de l'uniforme allemand et dotés d'insignes distinctifs, parfois de marques de grades particulières ainsi que d'emblèmes nationaux dont cet album fait un point complet.

A partir du second semestre 1943, les *Ostlegionen (comme toutes les Osttruppen)* ont été retirées du front de l'Est où elles étaient jusqu'ici engagées pour être réparties en Europe de l'Ouest (France, Belgique et Pays-Bas). Là, elles ont pris la place d'unités allemandes, qui ont pu être envoyées sur le front russe. C'est un autre aspect que ce livre présente grâce à de nombreux documents et témoignages inédits : la présence dans ces pays et spécialement en France de ces unités « exotiques », leurs rapports avec les résistances locales et finalement leur sort dans la grande débâcle de l'été 1944…

Unlike the Soviet Union, which benefited from immense human resources to make up for the enormous losses suffered by its forces at the front, Germany was very quickly faced with a shortage of men. This human deficit was particularly felt, as the Reich was obliged to manage combat along several fronts while at the same time maintaining military occupation and order in the countries conquered since the start of the war.

To compensate for this demographic weakness, the Germans were forced to resort to foreign troops. These recruitments, poorly accepted at the beginning, for ideological reasons, were later widely employed. From 1941 to 1945, a highly elevated number of foreign soldiers were incorporated into the ranks of the Wehrmacht. Among these troops, the majority of the effective soldiers (about one and a half million men) were assigned to the Osttruppen (troops from the East), the name given to all the nationals of the Soviet Union. These Osttruppen had been recruited from the enormous mass of prisoners (three to five million) captured over the first six months of Operation "Barbarossa". They were allocated to units according to their nationality. Simultaneously, national liberation movements were roused in order to motivate the soldiers and to give them the impression that they were fighting for their "country", against the Soviet Yoke rather than for the Reich. To the Osttruppen, must be added nationals from various countries allied to or occupied by the Reich, from Scandinavia to the Balkans, invited to participate at the Eastern Front in the great "Anti-Bolshevik Crusade". Finally, several recruitments from outside of Europe should be mentioned, charged with strong symbolic value.

This work takes stock of the most curious and picturesque elements concerning these foreign troops: The non-Slav Osttruppen (Caucasians and people of Central Asia), regrouped into the Ostlegionen, comprising about 250,000 men, of which 9,000 were fighters and among which Muslims and also Buddhists were present), Bosnians and Muslim Albanians (several thousand men placed into three divisions), the Arabs from North Africa and the Middle East and finally the Hindus.

All these soldiers, with very diverse motives, were assigned to units where the size varied from battalion to division. They were re-clothed in German uniform and given different insignia, sometimes marked with specific grades as well as national emblems, detailed comprehensively in this album.

From the second semester of 1943, the Ostlegionen (like all the Osttruppen) were withdrawn from the Eastern Front, up to where they were recruited to be distributed throughout Western Europe (France, Belgium and the Netherlands). There, they took over from the German units that could then be sent to the Russian Front. That's another aspect presented by this book, thanks to the numerous documents and previously unpublished accounts: The presence in these countries and especially in France of these "exotic" units, their links with the local Resistance and finally their role in the great collapse of summer 1944…

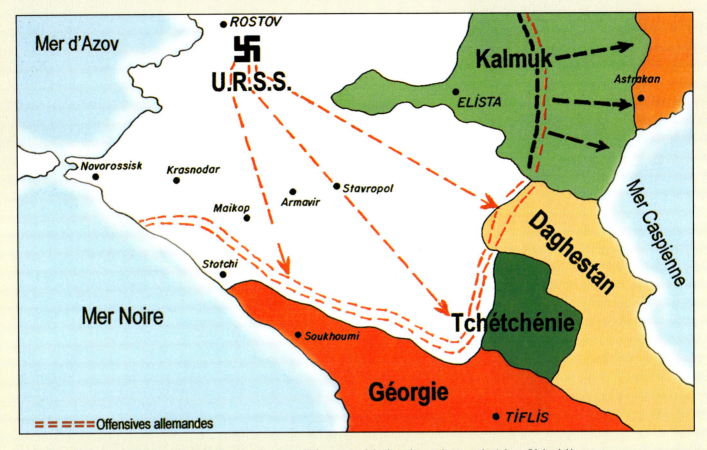

En 1942, les troupes allemandes avancent jusqu'au Caucase d'où seront originaires de nombreux volontaires. (Heimdal.)

German offensive in 1942. Many volunteers came from this regions. (Heimdal.)

Sommaire/*Summary*

Introduction 6

Chapitre 1 :

Les origines des volontaires recrutés par la Wehrmacht
The origins of the volunteers recruited by the Wehrmacht 8

I - Organisation du groupement des peuples
I - The organisation of national groups 10

II - Les différentes « nationalités »
II - The different nations 13

1) Les peuples du Caucase
1) The peoples of the Caucasus 13

2) Les peuples d'Asie Centrale soviétique
2) The people of Russian Central Asia 18

3) Les Arabes 20
3) The Arabs 22

Chapitre 2 :

Les Osttruppen du Caucase et du Turkestan
The Osttruppen from the Caucasus and Turkestan 24

1) Les légions géorgiennes
1) The Georgian Legions 30

2) Les légions arméniennes
2) The Armenian Legions **35**

3) Les légions azerbaïdjanaises
3) The Azerbaijani Legions **36**

4) Les légions nord caucasiennes
4) The North Caucasian Legions **36**

5) Les légions tatars
5) The Tatar Legions **39**

6) Les unités de cavalerie de Kalmouks
6) The Kalmyk Cavalry units **41**
.... **42**

7) Les légions du Turkestan
7) The Turkestan Legions **44**

Chapitre 3 :

Bosniaques musulmans, Albanais, Indiens et Arabes
Muslim Bosnians, Albanians, Indians and Arabs **66**

1) Les Musulmans de Bosnie
1) The Muslims of Bosnia **66**

2) Les Albanais
2) The Albanians **75**

3) Les Indiens
3) The Indians **80**
.... **81**

4) Les Arabes
4) The Arabs **88**

Chapitre 4 :

Les Osttruppen non slaves en Europe de l'Ouest
The non-Slav Osttruppen in Western Europe **98**

Répartition des Osttruppen en France
Distribution of the Ostruppen in France, the Netherlands and Belgium **100**

Les Osttruppen dans les Iles Anglo-Normandes
The Ostruppen in the Anglo-Norman islands **104**

Les Osttruppen aux Pays-Bas
The Ostruppen in the Netherlands **109**

Chapitre 5 :

Les Osttruppen non slaves, Musulmans bosniaques et Arabes sous uniforme allemand en France, récits et témoignages
The non-Slav Osttruppen, Muslim Bosnians and Arabs in German uniform in France: Accounts and testimonies **114**

Périgord et Limousin (Géorgiens)
Périgord and Limousin (Georgians) **115**

Massif Central (Azebaïdjanais) **119**
Massif Central (Azerbaijanis) **120**

Massif Central (Arméniens)
Massif Central (Armenians) **122**

Massif Central (« Croates »)
Massif Central (Croatians) **123**

Massif Central Mouvements des Osttruppen et stationnements dans quelques localités
Massif Central : Ostruppen movements and stationing in specific areas **125**

Les Arabes de la brigade nord africaine
The Arabs of the North African Brigade **140**

Sources et Bibliographie/Bibliography **157**

Epilogue **159**

Introduction

Le grand Mufti de Jérusalem vient visiter des soldats musulmans engagés dans la *Wehrmacht*.

The Great Mufti of Jerusalem visiting the Muslim soldiers enlisted in the Wehrmacht.

La période 1941-1942 marque un tournant décisif et inattendu dans le comportement des autorités de l'Allemagne nazie vis-à-vis des « non aryens » qui devaient un jour, après la victoire finale, servir d'esclaves dans l'Europe d'Adolf Hitler.

Le soldat germain idéalisé, le meilleur soldat parmi les élites, a conquis la Pologne après avoir annexé l'Autriche, et n'a fait qu'une bouchée des troupes belges, hollandaises, luxembourgeoises, françaises et britanniques!

La Yougoslavie et la Grèce tombent bientôt à leur tour et les autres nations deviennent très vite des Alliées du IIIe Reich.

Malgré une certaine réticence envers les peuples latins, Hitler compose avec Mussolini, accepte une division espagnole de Franco, et voudra bien que les Français recrutent assez de soldats pour les habiller à l'allemande! Les Hongrois, les Bulgares, les Roumains, les Croates, les Slovaques feront de leur mieux sur le front russe, mais ne brilleront jamais suffisamment pour égaler le soldat allemand formé à la prussienne.

Seuls les Finnois, Norvégiens, Danois, Hollandais, Flamands et Wallons, mériteront d'avoir la considération des nazis, car ces peuples ont des ancêtres germaniques, nordiques et, en 1941 et 1942, la race est encore pour Hitler un des moteurs de l'Allemagne.

Hélas pour la *Wehrmacht* et la *Waffen-SS*, les « Germains » meurent en grand nombre en Russie, en Afrique du Nord, et le besoin en hommes commence à se faire sentir. Les Bosniaques, anciens chrétiens convertis à l'Islam, par diplomatie et intérêt per-

The period between 1941 and 1942 marked a decisive and unexpected turning point in the Nazi Germany authorities' behaviour vis-à-vis the "non-Arians" who must one day, after the final victory, serve as slaves in Adolph Hitler's Europe.

The idealised German soldier, the best soldier among the elite, conquered Poland after having taken possession of Austria, and made short work of the Belgian, Dutch, Luxembourg, French and British troops!

In turn, Yugoslavia and Greece fell shortly after and the other nations very quickly became allies of the 3rd Reich. In spite of certain reticence towards the Latin people, Hitler came to terms with Mussolini, accepted a Spanish division from Franco, and would have very much liked the French to recruit enough soldiers to put them in German uniforms! The Hungarians, Bulgarians, Rumanians, Croatians and Slovenians were to do their best at the Russian front, but would never be strong enough to equal the German soldier trained in the Prussian style.

Only the Finnish, Norwegians, Danish, Dutch, Flemish and Walloons, deserved to be well esteemed by the Nazis, because these people are of Germanic and Nordic ancestry and in 1941 and 1942, for Hitler, race was still one of the driving forces of Germany.

Unfortunately for the Wehrmacht and the Waffen-SS, the "Germans" died in great numbers in Russia and North Africa and the need for men began to be felt. The Bosnians, ancient Christians converted to Islam for diplomacy and personal reasons during the Ottoman occupation, have been discovered to be Illyrians, hence almost Arians! Loyal servants to the Austrian-Hungarian throne, they consequently deserved

sonnel au temps de l'occupation ottomane, ont été découverts Illyriens, donc presque aryens! Fidèles serviteurs de la couronne austro-hongroise ils méritent en conséquence de porter les runes SS et la croix gammée sur la poitrine...

Le grand Mufti de Jérusalem, troisième personnage de l'Islam dans le monde, et qui pourrait encourager des millions d'Arabes à servir dans la *Wehrmacht,* a été découvert comme étant Circassien, issu des familles célèbres des princes du Caucase!

Au cours de son avancée foudroyante en URSS, la *Wehrmacht* a capturé près de trois millions de prisonniers, dont des Mongols, des Arméniens, des Asiatiques, considérés en 1941 comme des « sous hommes », que l'on va laisser mourir dans les camps de prisonniers.

Après la défaite de Stalingrad, les Mongols vont être considérés comme des descendants de Gengis-Khan, le grand conquérant, et l'exemple même de la grande noblesse des armes!

Les Caucasiens sont des Turcs et les Turcs ont combattu aux côtés des Allemands en 14-18. On dit même dans l'Histoire que ce sont les Géorgiens qui ont « fait » la Turquie.

Tous ces ex « sous hommes » feront d'excellents soldats, ils sont foncièrement anti soviétiques, et les Caucasiens réclament leur indépendance, comme les Kalmouks, les Tchetchènes, les Ingouches, les Lazes, les Avars, les Dargines... Qu'à cela ne tienne, Adolf Hitler et Himmler jurent sur leurs grands dieux germains qu'au dernier coup de feu signant la victoire finale, ces peuples seront libres et indépendants, autonomes et riches !

En raclant soigneusement les fonds de tiroirs des bureaux de l'Est, on va trouver des Indiens, de vrais aryens, enturbannés et barbus, qui feront bien rire le

Type of turbaned Indian taken prisoner in Cyrenaica by the Afrika Corps, (Museum of the Atlantic Wall, from Le Gua, Royan, curator Mr Le Laurain).

Type d'Indien enturbanné fait prisonnier en Cyrénaïque par l'*Afrika Corps*. (Musée du Mur de l'Atlantique de Le Gua, Royan, conservateur M. Le Laurain.)

Les Allemands ont essayé au début de l'opération Barbarossa, de nourrir les prisonniers soviétiques.

At the beginning of Operation Barbarossa, the Germans tried to nourish the Soviet prisoners.

Führer quand on en parle, mais qui iront grossir les rangs de l'invincible *Wehrmacht*.

Dès le début de l'année 1943, et après la défaite d'une armée entière, la *6.Armee*, commandée par le *Generalfeldmarschall* Paulus à Stalingrad, le besoin d'hommes se fait de plus en plus sentir. Les prisonniers russes dans les camps allemands vont être recrutés avec plus de rudesse, les non volontaires risquant leur vie s'ils ne prêtent pas le serment de fidélité à Hitler.

Tous ces recrutés de force ne feront pas toujours de bons soldats et ne pourront qu'assurer les services secondaires, chauffeurs, conducteurs de charrettes, palefreniers, maçons, bûcherons et même cuisiniers. Cela permettra d'envoyer sur le front de bons soldats allemands qui auparavant, étaient obligés de remplir ces tâches indignes de bons aryens…

Vingt-cinq pour cent de ces troupes, surtout les Géorgiens, feront tout de même de bons soldats et certains « *Osttruppen* » résisteront même à Stalingrad, contre les Soviétiques, et brûleront leurs dernières cartouches pour la cause allemande.

D'autres « alliés » du troisième Reich, par contre, assassineront leurs officiers pour passer à l'ennemi, comme le firent les Bosniaques en Aveyron en 1943 ou les Georgiens près de Carentan en Normandie, en juillet 1944.

Ces trahisons de dernière heure eurent lieu pour des raisons diverses, parfois pour obtenir des avantages ou pour montrer aux Anglo-américains qu'ils n'étaient pas « nazifiés », mais aussi en raison des mauvais traitements subis par la plupart des « *Osttruppen* ». En effet, si en haut lieu, ces hommes étaient considérés comme des auxiliaires nécessaires, ils devaient subir les avanies, les moqueries et les brimades de la part des sous-officiers et soldats de la *Wehrmacht*, jaloux de leur supériorité, malgré les demandes venues des états-majors à propos de l'égalité des soldats de toutes origines avec les soldats allemands.

Avec ces troupes étrangères, plus d'un million et demi de bons soldats auraient pu être formés pour peu qu'on les fasse commander par des cadres de leur pays, embrigadés dans des régiments autonomes, avec des chefs motivés.

Au lieu de cela, Hitler ordonna que l'on en fit des bataillons noyés dans des régiments allemands, avec des cadres et des sous-officiers de la *Wehrmacht*, rudes et méfiants.

Le professeur Öberlander, mobilisé, mais enseignant dans le civil à l'Université de Königsberg, puis de Greifswald et de Prague, avait été à l'origine de ce recrutement de soldats étrangers. Devenu attaché au bureau de l'*Abwehr* au service des populations des pays occupés, il avait déjà formé des Ukrainiens nationalistes pour combattre les armées de Staline. En novembre 1941, il avait organisé une unité, mise sous les ordres du lieutenant Taube, chargée de faire respecter l'ordre à l'arrière, rattachée à la division allemande de Sécurité 444. Les Géorgiens y sont en majorité, mais on trouve aussi des Caucasiens qui ont vaillamment combattu aux côtés des Turcs en 14-18, de même que les tribus Lazes. Les Arméniens sont moins considérés car ils se sont heurtés aux Turcs, qui ont perpétré le génocide des chrétiens, en 1916.

Pendant leur progression dans la partie située au nord du Caucase et après avoir planté le drapeau à croix gammée sur le Mont Elbrouz à plus de 5 000 m d'altitude, les Allemands rencontreront des centaines de tribus montagnardes, souvent isolées. Ces populations se sont réfugiées dans les montagnes depuis les premières invasions russes au XVIIIe et vivent pratiquement dans les mêmes conditions qu'autrefois.

Les Russes y ont pénétré avec beaucoup de difficultés car ces familles sont restées hostiles et très jalouses de leur indépendance. Ainsi, un chef de plusieurs tribus musulmanes du Caucase, l'Emir Chamyl, a résisté aux soldats du tsar de 1809 à 1860, et depuis on chante encore ses louanges dans le Caucase, où les Russes resteront longtemps considérés comme des envahisseurs.

Les Tsars, puis les Soviétiques n'ont pas réussi à dominer totalement ces régions mais y ont amené des Russes, tièdes au régime communiste, des renégats et des fonctionnaires de réputation douteuse, ainsi que des déportés. Au cours du siècle qui a suivi, la langue russe a réussi à s'installer, des progrès indéniables ont été réalisés, comme l'électricité et les machines agricoles, mais à l'arrivée des Allemands, certains ont cru que l'indépendance tant souhaitée allait être enfin donnée. Ils devaient bientôt déchanter.

the right to carry the SS runes and the swastika on the belly…

The Great Mufti of Jerusalem, the third most important Islamic personality in the world, who managed to convince millions of Arabs to serve in the Wehrmacht, has been discovered to have been a Caucasian, coming from the famous families of the Caucasian Princes!

Throughout the violent advance into USSR, the Wehrmacht captured nearly three million prisoners, among them Mongolians, Armenians, and Asians, considered in 1941 as "sub-human", who were left to die in the prison camps.

After the defeat at Stalingrad, the Mongols were to be considered as the descendants of Genghis-Khan, the great conqueror and exemplary of the great nobility of armies!

The Caucasians were Turks, who fought on the German coasts in the First World War. It is even quoted in history that it was the Georgians who founded Turkey.

All these "sub-humans" were to become excellent soldiers; they were basically anti-Soviet and the Caucasians reclaimed their independence, such as the Kalmyks, Chechians, Ingushs, Lazs, Avars, Dargins... Adolph Hitler and Himmler swore on their great Germanic gods that at the last blow symbolising the final victory, these people would be free and independent, autonomous and rich!

After carefully examining the depths of office drawers in the East, we find Indians, true Arians, with turbans

and beards, who would certainly make the Führer laugh as we speak of them, but who were to enlarge the lines of the invincible Wehrmacht.

From the beginning of the year 1943 and after the defeat of an entire army, in the 6th Army, commanded by Generalfeldmarschall Paulus at Stalingrad, the need for men was felt increasingly. The Russian prisoners would be more forcefully recruited from the German camps; the non-volunteers risked their lives if they failed to take the oath of loyalty to Hitler.

Not all of these forced recruits were to become good soldiers and could only be used for secondary services, chauffeurs, chariot drivers, grooms, masons, lumberjacks and even chefs. This would permit good German soldiers to be sent to the front, who were previously obliged to carry out tasks unfitting for good Arians...

Twenty-five per cent of these troops, especially the Georgians, would nevertheless become good soldiers and certain "Osttruppen" would even withstand Stalingrad, against the Soviets and would fire their last cartridges for the German cause.

The other "Allies" of the Third Reich, on the other hand, were to assassinate their officers to join the enemy, as the Bosnians did at Aveyron in 1943 and the Georgians near Carentan in Normandy, in July 1944.

These last minute treasons took place for diverse reasons, sometimes to obtain certain advantages or to show the Anglo-Americans that they were not "Nazified", but also because of the bad treatment to which the majority of the Osttruppen were subjected. In effect, even in high positions, these men were considered as necessary auxiliaries and they had to endure the insults, mockery and bullying of their inferior officers and Wehrmacht soldiers jealous of their superiority, in spite of requests from headquarters regarding the equality of soldiers from all origins with the German soldiers.

These foreign troops would have comprised more than one and a half million good soldiers, had they been trained and commanded by officers from their own countries and recruited into autonomous regiments and with motivated commanders.

Instead, Hitler ordered for their battalions to be drowned out within the German regiments, with the officers and non-commissioned officers of the Wehrmacht, who were harsh and untrusting.

Professor Öberlander, who was mobilized, but also a civilian teacher at the University of Königsberg, then at Greifswald and later at Prague, was at the root of foreign soldier recruitment. He became attached to the Abwehr office, in the service of the occupied countries' populations; he had already trained Ukrainian nationals to fight Stalin's armies. In November 1941, he had organised a unit, placed under the orders of Lieutenant Taube and charged with enforcing the order to retreat, linked with the German security division "444". The Georgians were in majority there, though there were also Caucasians who fought valiantly side-by-side with the Turks in the First World War, as did the Laz tribes. The Armenians were less appreciated, as they were against the Turks who had perpetrated Christian genocide in 1916.

Throughout their progression through the area situated to the north of the Caucasus and after having staked the swastika flag on Mount Elbrus at more than 5,000 metres altitude, the Germans met with hundreds of mountain tribes, often isolated. These populations had taken refuge in the mountains after the first Russian invasions during the 18th Century and lived in practically the same conditions as beforehand. The Russians had penetrated there with great difficulty, as the families had remained hostile and envious of their independence. Hence, a chief of several Muslim tribes from Caucasia, Emir Chamyl, resisted the Tsar's soldiers from 1809 to 1860 and his praises have been sung ever since in the Caucasus, where the Russians stayed for a long time and were considered to be invaders.

The Tsars, and later the Soviets never managed to totally dominate these regions, but they did bring the Russians, indifferent to the communist regime, renegades and civil servants of dubious reputation, as well as deportees. Throughout the course of the following century, the Russian language managed to implant itself and undeniable progress was attained, such as electricity and agricultural machinery, but upon the German's arrival, some believed that the independence so longed for had finally been conceded. They were quickly disillusioned.

La multitude de prisonniers soviétiques a rendu impossible la nourriture et les soins de ces soldats.

The multitude of Soviet prisoners rendered it impossible to nourish and care for all these soldiers.

1

Les origines des volontaires recrutés par la Wehrmacht

The origins of the volunteers recruited by the Wehrmacht

I - Organisation du groupement des peuples

- Les Osttruppen non slaves

Les populations des régions du Caucase, d'Asie Centrale et des autres territoires n'étaient pas, comme on pourrait le penser, des ethnies très homogènes. Les Tsars, puis Staline s'étaient empressés de mélanger les autochtones, et l'on trouvait des Tchétchènes chez les Adiges, des Koumiks chez les Avars, des Avars chez les Tcherkesses etc. Seuls les Géorgiens, les Arméniens et les Azerbaïdjanais avaient un semblant d'homogénéité.

Aussi, lorsque les Américains firent prisonniers des soldats des *Osttruppen* se disant Kalmouks par exemple, ils n'avaient pas toujours réellement affaire à cette ethnie au sein de laquelle ces soldats avaient seulement vécu, alors que leurs parents étaient Russes moscovites, Sibériens ou même Samoyèdes du Grand Nord !

Ce mélange rendit très difficile l'interrogatoire des *Osttruppen* par les Américains, en juillet 1944, car ces soldats avaient quelquefois sur eux des *Kennbuch* portant la mention *Wolga-Stamm* alors qu'ils étaient peut-être d'origine kazakhe, ou même turkmène !

Si les Allemands ont pu former des légions « nationales », ils ne purent le faire qu'avec la Géorgie, l'Arménie, l'Azerbaïdjan, le Nord Caucase (*Bergkaukasien*, qui groupait toutes les « tribus » montagnardes) et le Turkestan qui rassemblait les peuples de l'Asie Centrale.

Les Tatars (Volga et Crimée) eurent droit avec les Kalmouks, à des unités spéciales ainsi que les peuples du Karabah, enclave en pays azerbaïdjanais.

* Les peuples du Caucase = Géorgiens, Arméniens, Azerbaïdjanais avec le Karabah (Les Géorgiens issus des sept royaumes)

* Le groupe Tatar = Tatars de Crimée, = Tatars des rives de la Volga (Bachkirs, Kazan, Mari El, Mordves, Oufa, Odmourtes, Touva, Tchouvaches)

* Les Nord Caucasiens (Bergkaukasien). Le grand nombre de tribus fut réduit à six titres :

= Tchétchènes – Ingouches
= Karatches – Tcherkesses
= Kabardines – Balkachs
= Abkhanazes
= Ossètes
= Kalmouks

* Le Turkestan ou Asie Centrale Russe = Karakalpakstanais, Kazakhs, Kirghiz, Tadjiks, Turkmènes,

I - The organisation of national groups

- The non-Slavic Osttruppen

The populations of the Caucasus region, Central Asia and the other territories concerned are not, as one may think, very homogeneous ethnicities. The Tsars and later Stalin were keen to mix the autochthonous people and Chechens were found in Adige territory, Kumyks on Avar land, Avars on Cherkess territory, etc. Only the Georgians, Armenians and Azerbaijani appeared to be homogenous.

So, when the Americans took the Osttruppen soldiers prisoner, who were supposedly Kalmyk, for example, they still didn't really have anything to do with that ethnic region, in the heart of which its soldiers had only lived, while their parents were Russian Muscovites, Siberians or even Samoyeds from the Great North!

This mixture made interrogation of the Osttruppen by the Americans in July 1944 a very difficult task, because the soldiers often carried the Kennbuch, mentioning "Wolga-Stamm", so they were perhaps of Kazakh, or even Turkmen origin!

Though the Germans were able to form "national" legions, they were only able to do so with Georgia, Armenia, Azerbaijan, the North Caucasus (Berg Republic, which grouped together all the mountain "tribes") and Turkestan, which comprised people from Central Asia.

The Tatar (Volga and Crimea) went straight to the special units with the Kalmyk and the people of Karabah, an enclave in Azerbaijani country.

* The peoples of the Caucasus: *Georgians, Armenians, Azerbaijani with the Karabah (The Georgians came from seven kingdoms).*

* The Tatar Group: *Tatar from Crimea; Tatar from the banks of the Volga (Bashkir, Kazan, Mari, Mordvins, Oufa, Udmurts, Tuva and Chuvash).*

*The North Caucasus (Bergkaukasien). *The great number of tribes was reduced to just six categories:*

Chechens – Ingush
= Karachays – Cherkess
= Kabardins – Balkars
= Abkhaz
= Ossetians
= Kalmyk

* Turkestan or Russian Central Asia: *Karakalpakstan, Kazakhs, Kirghiz, Tajik, Turkmen, Uzbek, Beloudjs, Doungans, Iranians, Kachgars, Eastern Tatar, Kouramins, Chougnans and Taranch.*

The White Russians, Ruthenians, Cossacks or other Osttruppen of Slavic origin are not dealt with here.

La Géorgie s'étend sur le flanc occidental du Caucase. Cette république alors rattachée à l'URSS fournira quatorze bataillons de volontaires à l'armée allemande : ils ont été recrutés dans les camps de prisonniers. L'un d'eux le 795, sera face à l'assaut américain ce 6 juin 1944. Les autres républiques du Caucase fourniront aussi des milliers de volontaires. (BP/Heimdal.)

Georgia lies along the western flank of the Caucasus. The republic was then part of the USSR, and supplied fourteen battalions of volunteers for the German army: they were recruited from POW camps. One of those battalions, the 795th, had to face the American assault. (BP/Heimdal.)

Ouzbeks, Beloudjs, Doungans, Iraniens, Kachgars, Tatars de l'Est, Kouramines, Chougnans, Taranches.

On ne traite pas ici des Russes blancs, des Ruthènes, des Cosaques, ni autres *Osttruppen* d'origine slave.

On conçoit maintenant, après un bref aperçu des peuples qui formeront une partie des « Osttruppen », que l'hétérogénéité sera la base même des difficultés à les mener au combat. Les langues différentes encore très parlées au sein des tribus, une langue russe grossière et mal pratiquée par les cadres allemands qui auront rarement des interprètes valables, ne facilitera pas la tâche.

L'avance soviétique permettant la prise de Stalingrad et entraînant la perte des avancées en Transcaucasie, la fuite vers le détroit de Kertch, la Crimée, la perte définitive du pétrole de Bakou tant désiré, voilà une seconde vague de raisons qui vont faire des *Osttruppen* une armée de vaincus pris entre deux feux, les Soviétiques et les Allemands.

Le seul espoir de ces hommes, arrivés penauds dans l'est de l'Europe, et confrontés à des gens parlant une langue totalement inconnue, aux mœurs bizarres, attaqués par des maquisards, sera d'être faits prisonniers par les Anglais ou par les Américains, et surtout pas par des Soviétiques…

La Résistance française leur tendra la main, mais embrasser la cause alliée, c'est permettre aux Soviétiques, Alliés eux aussi, de les récupérer un jour, et ils ne tarderont pas à le faire. Seuls ceux qui sont passés à la Résistance FTP, d'obédience communiste, et qui ont combattu dès 1943 dans les maquis seront quelquefois pardonnés et ramenés au pays. Mais tous les autres seront rapatriés en URSS comme traîtres à la Nation et finiront soit dans les camps, soit devant le peloton d'exécution…

- Les Arabes

Les Arabes qui combattirent aux côtés de la *Wehrmacht* ont été en premier lieu ceux de l'Afrique du Nord, possession ou protectorats de la France, puis les Arabes du Moyen Orient britannique que les Allemands sont allés chercher dans les camps de prisonniers faits au cours des progressions de Rommel en Libye.

It is now understandable, after having taken a brief glimpse of the people who were a part of the Osttruppen that this heterogeneity would be at the root of the difficulties in leading them into combat. The different languages that are still spoken at the heart of the tribes, a crude Russian language poorly spoken by the German officers who rarely had good interpreters, was not to facilitate the task.

The Soviet advance allowing the taking of Stalingrad and leading to the loss of progress in the Transcaucasus, the fleeing towards the Kertch Strait, Crimea and the final loss of the so desired Baku petroleum, constituted a second wave of reasons that would turn the Osttruppen into a defeated army caught between two fires: The Soviets and the Germans.

The only hope for these men humbly arrived from Eastern Europe and faced with people, who spoke a completely unknown language, with strange customs and who were attacked by the Maquisards, was to be taken prisoner by the British or Americans, and especially by the Soviets…

The French Resistance was to help them, but embracing the Allied cause would be to permit the Soviets, who were also Allies, to recover them one day and they would not take long to do so. Only those who had passed over to the FTP Resistance, of communist subordination and who had fought with the Maquis since 1943 would sometimes be pardoned and taken back to their country. All the rest were to be repatriated to the USSR as traitors to the nation and would end up in the camps, or facing the execution squad…

-The Arabs

The Arabs who fought side-by-side with the Wehrmacht were initially those from North Africa, either under French possession or protectorate, followed by the Arabs from the British Middle East who the Germans had selected from the prisoner camps created over the course of Rommel's progress in Libya.

Brève histoire des pays arabes

- Pays d'influence britannique

* Arabie Saoudite : des tribus se partagent le pays entre l'an 300 et 600 avant Jésus Christ, qui devient musulman en 617. Des chefs puissants vont conquérir la Perse, la Syrie, l'Irak et l'Egypte (Omar) puis la Tunisie et l'Arménie (Othman) entre 634 et 650. L'Arabie sera gouvernée par les Turcs au XVIe siècle, en partie, puis l'Etat Saoudien se formera au xviiie siècle. En 1938, le pétrole sera exploité, avec un monopole américain.

* Irak : l'ancienne Mésopotamie, le pays sera tour à tour romain, parthe, sassanide, enfin islamique en 632. Invasion turque puis mongole. Conquête britannique après la Première Guerre mondiale (mais pénétration avant 1914). Le pays devient une république en 1958.

* Jordanie : c'est le pays des Ammonites proches des Hébreux, romanisé en 106, arabisé en 620, mongolisé en 1260, et contrôlé par les Turcs au XVIe siècle. Le mandat anglais s'exerce dès 1920, année après laquelle les rois se succéderont jusqu'à l'indépendance.

* Egypte : on connaît suffisamment l'histoire de l'Egypte ancienne pour ne rappeler que son époque « moderne » à partir des Romains, jusqu'à 395 après J.-C. L'Egypte sera byzantine jusqu'au VIIe siècle, et sera conquise par les Arabes du viie au XIIe siècle, période à laquelle les Mameluks et les Turcs vont gouverner le pays. Avec Mehemet Ali et ses successeurs (1805-1892), l'Egypte moderne naîtra, elle sera sous influence britannique, jusqu'à la révolution en 1952. Au cours de la Deuxième Guerre mondiale, les Allemands ne parviendront même pas à Alexandrie et l'*Afrika Korps* de Rommel sera défait par l'armée britannique commandée par le général Montgomery.

- Pays d'influence française

* Liban : origine phénicienne, puis hittite vers 1200, et assyrienne. Conquis en 331 avant J.-C. par Alexandre le Grand, le pays devient romain en 64, puis turc jusqu'en 635, année où les Arabes prennent Beyrouth. Le Liban sera islamique jusqu'en 1788, date à laquelle Bechir Chihab II se convertit au christianisme, tout en restant l'allié des Turcs. Après des troubles entre Druzes et Maronites et le massacre des chrétiens en 1860, les Français exerceront un protectorat de 1920 à 1946.

* Syrie : peuple sémite soumis aux Assyriens, Babyloniens et Perses, conquis par Alexandre le Grand, devient romain en 64 avant J.-C., puis byzantin. Redevient perse puis enfin arabe et de nouveau byzantin ! Les Turcs reprendront le pays aux Croisés jusqu'à la cession de la Syrie à l'Egypte. Les Français exerceront un protectorat jusqu'en 1946.

* Algérie : Berbères et Carthaginois se sont succédés en Algérie et au Sahara entre le XVIe et le IXe siècle avant J.-C. Les Romains occuperont le pays jusqu'en 429 après J.-C. Il sera ensuite dominé par Byzance. Les Arabes envahiront l'Algérie à partir de 680 jusqu'au XVIIIe siècle, période à laquelle les Turcs reprendront le territoire. Les Français feront alors de ce pays une extension de la France en Afrique du Nord, un département, et après plusieurs années de guerre, l'Algérie deviendra indépendante en 1962.

* Tunisie : peuplée de Phéniciens et de Carthaginois, la Tunisie sera, comme l'Algérie, arabisée jusqu'à 429 après J.-C., c'est-à-dire à l'époque de l'invasion des Vandales.

Les Arabes y séjourneront de 647 à 1573, époque à laquelle les Turcs envahiront la Tunisie. La France y exercera un protectorat dès 1881, jusqu'à l'indépendance en 1956.

* Maroc : colonisation berbère pendant 2000 ans, annexé par les Romains en 40-42 jusqu'à l'invasion vandale qui sévit dans toute l'Afrique du Nord en l'an 429 de notre ère. Le pays devint tour à tour byzantin, puis arabe (683) avec l'islamisation en l'an 700.

A brief history of the Arab countries

-Countries under British influence

*Saudi Arabia: The country was shared among the tribes between 300 and 600 B.C. and became Muslim in 617 A.D. The powerful chiefs went to conquer Persia, Syria, Iraq and Egypt (Omar), then Tunisia and Armenia (Othman) between 634 and 650 A.D. Arabia was partly governed by the Turks in the 16th Century and the Saudi state was later formed in the 18th Century. In 1938, petroleum began to be exploited, under an American monopoly.

*Iraq: The ancient Mesopotamia, the country in turn became Roman, Parthian, Sassanid and finally Islamic in 632 A.D. It suffered Turkish and then Mongol invasion. It became a British conquest after the First World War (though it was invaded before 1914). The country became a republic in 1958.

*Jordan: It was the country of the Ammonites, close to the Hebrews and became Roman in 106, Arab in 620 and Mongol in 1260, and was controlled by the Turks in the 16th Century. British mandate was exercised 1920, the year after which the kings succeeded right up to its independence.

*Egypt: The history of ancient Egypt is so known that we easily forget about its "modern" epoch since Roman times until 395 A.D. Egypt became Byzantine until the 7th Century and was conquered by the Arabs from the 7th to 12th Centuries, the period during which the Mamluks and Turks governed the country. With Mehemet Ali and his successors (1805-1892), modern Egypt was born and she was to remain under British influence until the revolution in 1952. During the course of the Second World War, the Germans didn't even reach Alexandria and Rommel's Afrika Korps were dismantled by the British Army commanded by General Montgomery.

-Countries under French influence

*Lebanon: It was originally Phoenician, then Hittite around 1200 and later became Assyrian. It was conquered in 331 B.C. by Alexander the Great, the country became Roman in 64 A.D., then Turk until 635 A.D., the year in which the Arabs took Beirut. Lebanon was Islamic until 1788, when Bechir Chihab II converted to Christianity, while remaining allies of the Turks. After the trouble between the Druze and the Maronites and the massacre of the Christians in 1860, the French exercised a protectorate from 1920 to 1946.

*Syria: A Semite people subjected to the Assyrians, Babylonians and Persians, they were conquered by Alexander the Great; they became Roman in Roman in 64 B.C. and then Byzantine. They again became Persian, then finally Arab and once again Byzantine! The Turks retook the country from the crusaders until Syria was ceded to Egypt. The French exercised a protectorate until 1946.

*Algeria: Berbers and Carthaginians succeeded Algeria and the Sahara between the 16th and 9th Centuries B.C. The Romans occupied the country until 429 A.D. It was then dominated by Byzantium. The Arabs invaded and occupied Algeria from 680 A.D. to the 18th Centuries, after which the Turks retook the territory. The French then made of the country an extension of France in North Africa, a French department, and after several years of war, Algeria gained its independence in 1962.

*Tunisia: Inhabited by both Phoenicians and Carthaginians, Tunisia became, like Algeria, Arabic until 429 A.D., i.e., at the time of the Vandal invasions.

The Arabs stayed there from 647 to 1573, when the Turks invaded Tunisia. France exercised a protectorate there from 1881 up to its independence in 1956.

*Morocco: It was a Berber colonisation for 2,000 years, annexed by the Romans in 40-42 until the Vandal invasion, which raged through the whole of North Africa in the year 429 of our era. The country in turn became Byzantine, then Arab (683 A.D.) and became Islamic in the year 700 A.D.

- Les Indiens

Les Indiens de la Wehrmacht ont été recrutés, eux aussi dans les camps de prisonniers. (Des régiments indiens servaient dans l'armée britannique en Libye)

- Les Bosniaques

Les Bosniaques venaient de Croatie, pays allié de l'Allemagne dès 1941, la Bosnie Herzégovine faisant à l'époque, partie de la Croatie.

II - Les différentes « nationalités »

1) Les peuples du Caucase

* Les Géorgiens

Formée de sept royaumes de 1760 à 1864, la Géorgie a été conquise par les Perses au IIIe siècle, christianisée en 311, conquise ensuite par les Arabes au VIIe siècle, puis par les Turcs, les Mongols en 1230, et sera occupée par les Russes. Période soviétique en 1921 qui groupera pendant quelques années la Géorgie, l'Arménie, et l'Azerbaïdjan en un seul et même pays. Les Allemands sont déjà connus des Géorgiens car ils sont venus autrefois les défendre contre les Turcs, aussi seront-ils heureux de les avoir, en quelque sorte comme libérateurs. Ce seront aussi les plus fidèles au cours des combats contre les Alliés en juin 1944, malgré quelques défections souvent tragiques.

En 1946, les Soviétiques puniront les Géorgiens en les déportant en Sibérie et en Ouzbékistan, tout au moins ceux qu'ils ont pu récupérer, certains ayant réussi à rester en Angleterre et même aux Etats-Unis! (1)

* Les Arméniens

Déjà en 480 avant J.-C. les Arméniens combattaient les Grecs et ne devinrent indépendants que peu de temps sous le règne d'Alexandre le Grand. Ils sortiront du protectorat romain en 135 après J.-C. et seront christianisés au IVe siècle. Ils seront ensuite soumis par les Arabes, les Byzantins, les Turcs en 1071, les Mongols en 1236. Ils seront envahis par les Russes au XVIIIe siècle et les Turcs toléreront leur autonomie en 1860. Persécutés au cours de la guerre russo-turque, ils seront massacrés pendant l'année des révoltes en 1896, par les Turcs, et seront obligés de faire la guerre aux Kurdes et aux Tatars. Les Arméniens subiront un dernier grand génocide au cours de la guerre de 1914-1918. Leur langue est dérivée du turc mais, au Ve siècle déjà, le moine Mesrop Mashtots avait créé pour les Arméniens, un alphabet spécial.

(1) Philippe (L.) *La Géorgie*, Paris (PUF, coll. Que Sais-je ?) 1983.

-The Indians

The Wehrmacht Indians were also recruited from the prison camps (from Indian regiments serving in the British Army in Libya).

-The Bosnians

The Bosnians came from Croatia, a country allied to Germany since 1941, Bosnia-Herzegovina at the time being part of Croatia.

II-The different nations

1) The peoples of the Caucasus

* The Georgians

Consisting in seven kingdoms from 1760 to 1864, Georgia was conquered by the Persians in the 3rd

Carte montrant la Yougoslavie entourée des six pays alliés de l'Axe. Noter l'emplacement de la Croatie qui comprend la Bosnie, alliée du 3e Reich.

Map showing Yugoslavia surrounded by six countries allied to the Axe. Note the location of Croatia, which encompasses Bosnia, allied to the 3rd Reich.

Quelques symboles de la Géorgie avec le drapeau de 1942, l'étoile à sept branches des sept anciens royaumes, un blason avec l'écriture typique géorgienne, le soleil montant derrière le Mont Elbrouz enneigé, l'ancien drapeau géorgien et le blason de l'archer Abkhaze.

Some Georgian symbols with the 1942 flag, the star with seven points for the seven ancient royal kingdoms, a coat of arms with typically Georgian writing, the sun rising behind Mount Elbrus covered in snow, the old Georgian flag and coat of arms with the Abkhaz archer.

De nombreux insignes et blasons actuels (1990) sont des symboles des nations jadis « Ostruppen ».

Les armoiries arméniennes avec l'aigle et le lion (à gauche l'ancienne, à droite la nouvelle), le blason et le drapeau arménien. (1990)

Century, Christianised in 311 AD, conquered by the Arabs in the 7th Century and later by the Turks and then the Mongols, and in 1230 it was occupied by the Russians. In 1921, during the Soviet period, Georgia, Armenia and Azerbaijan were grouped together as a single country for several years. The Georgians were already familiar with the Germans, as they had previously come to defend them against the Turks, so they were pleased to receive them, in a way as liberators. They Georgians also proved to be the most loyal soldiers during the combats against the Allies in June 1944, in spite of several, often tragic defections.

The Armenian coat of arms with the eagle and lion (the old one to the left, the new one to the right), the Armenian coat of arms and flag. (1990)

* **Les Azerbaïdjanais**

Conquis par les Perses au cours des derniers siècles avant J.-C. les Azerbaïdjanais sont musulmans chiites, convertis à l'Islam au XIIe siècle sous influence turque. Envahis par les Mongols dans les années 1200, le pays est devenu russe en 1840. En 1918, les Azerbaïdjanais sont persécutés par les communistes. L'alliance germano-turque provoque en effet une tendance anticommuniste et de nombreux Azerbaïdjanais seront déportés en Sibérie. Des luttes entre l'Azerbaïdjan et l'Arménie viendront encore aggraver la situation, au milieu d'une pénétration britannique orientée sur le pétrole de Bakou (2).

* **Le Karabah**

Petite région peuplée à la fois d'Arméniens et d'Azerbaïdjanais, le Karabah se trouve en plein milieu du territoire azerbaïdjanais et avait été créé par les Russes au temps de l'appartenance de ce territoire à un Khan. Les troubles entre chrétiens et musulmans sont permanents depuis cette époque (3).

* **Le Groupe Tatar**

Il fait partie de l'ensemble Idel Ural qui rassemble les ressortissants de Mordovie, Mari El, Bachkirie, Tatars et Tchouvachie. Les Tatars ont pour ancêtres les petits fils de Gengis-Khan, héritiers d'un Khanat de la Horde d'Or (1227-1230) qui se démembra en plusieurs unités, dont Astrakhan, Kazan et la Crimée. En 1920, une république tatar est née et c'est en 1942 que les Allemands en firent une troupe de cavaliers éclaireurs patrouilleurs qui continuèrent à parcourir leur territoire même après la chute de Stalingrad. Staline dissoudra cette république en 1946, en représailles. Leur langue dépend des Ougriens, les Bachkirs parlent un idiome turc, les Mari le finnois

---

In 1946, the Soviets punished the Georgians by deporting them to Siberia at Uzbekistan, or at least those they managed to catch, some having managed to stay in Britain or even the United States! (1)

* **The Armenians**

In 480 BC, the Armenians were already fighting the Greeks and they only became independent for a short period of time under the regime of Alexander the Great. They left the Roman protectorate in 135 AD and were Christianised in the 6th Century. They were subjected by the Arabs, the Byzantines, the Turks in 1071 and then the Mongols in 1236. They were invaded by the Russians in the 18th Century and the Turks granted them autonomy in 1860. They were persecuted throughout the Russian-Turkish war and massacred by the Turks during the year of revolt in 1896 and were forced to make war against the Kurds and the Tatar. The Armenians suffered a final great genocide during the war of 1914-1918. Their language is derived from Turkish and by the 5th Century, the monk Mesrop Mashtots had already created a special alphabet for the Armenians.

***The Azerbaijani**

Conquered by the Persians over the course of the last centuries BC, the Azerbaijani are Shiite Muslims, converted to Islam in the 12th Century under Turkish influence. Invaded by the Mongols in the 1200s, the country became Russian in 1840. In 1918, the Azerbaijani were persecuted by the communists.

The German-Turkish alliance effectively provoked an anti-communist tendency and numerous Azerbaijani were deported to Siberia. Disputes between Azerbaijan and Armenia worsened the situation in the midst of a British invasion geared towards the Baku (2) petroleum.

L'ancien drapeau azerbaïdjanais, le symbole communiste de 1928, le drapeau de l'Azerbaïdjan sous le régime soviétique. En bas, à droite, un très curieux drapeau noir rouge et noir avec la croix gammée découvert par des maquisards de l'Ardèche en août 1944 sur des soldats Azerbaidjanais. (dessin rapporté par M. Charrié, *Franciae Vexillae*, 2003)

The old Azerbaijani flag, the 1928 communist symbol, the Azerbaijani flag under the Soviet Regime. Lower right: A very curious flag coloured black-red and black with the swastika, discovered by the Maquisards of the Ardèche in August 1944, (illustration provided by Mr Charrié, Franciae Vexillae, 2003)

Planche des différents drapeaux des Tatars, des montagnards du Caucase et des Kalmouks destinés aux troupes étrangères en formation pour servir dans la *Wehrmacht*.

Plate of the different flags of the Tatar, the Caucasian highlanders and the Kalmyks destined for the foreign troops being trained to serve in the Wehrmacht.

ougrien, ainsi que les Mordvines. Les Tchouvaches parlent aussi une langue turque.

* **Les Nord Caucasiens (Ciscaucasiens, « Bergkaukasien »)**

- **Tchétchènes et Ingouches :**

Musulmans depuis le XVIIe siècle, les Tchétchènes Ingouches combattent les Russes depuis 1810. Le célèbre Emir Chamyl fit même la guerre au Tsar jusqu'en 1860! Les deux peuples se battirent en 1918 avec les Russes soviétiques contre les « armées blanches » de Dénikine. Ils se révoltèrent ensuite contre Moscou et furent sévèrement réprimés. Ils s'engagèrent chez les Allemands en 1942 et, en représailles, leur « république » fut dissoute par Staline, en 1944.

- **Karatches et Tcherkesses :**

Incorporés à la Russie en 1820, ils eurent une république qui dura peu de temps et fut dissoute en 1943.

- **Kabardines et Balkachs :**

A l'est des Karatches et des Tcherkesses, le pays a été occupé par les Russes de 1817 à 1825 et groupé en une seule république en 1936. Elle fut dissoute fin 1943. Toutes les régions quelles qu'elles soient étaient habitées par des Asiates venus d'ailleurs.

- **Abkhazes :**

Sur les bords de la mer Noire, intégrés à la Géorgie. La Russie les annexe en 1921, mais les Abkhazes veulent leur autonomie. Ils sont voisins des Lazes.

(2) Informations de Bakou via A.A. Ussachov, *Vexillinfo, N° 19*, Bruxelles, avril 1990).

(3) M. Revnitsev, *Flaggenmitteilung*, N° 182 1992

*The Karabah (Artshak)

A small region, inhabited at the same time by both Armenians and Azerbaijani, the Karabah, is located in the middle of Azerbaijani territory and was created by the Russians at a time when the territory belonged to Khan. The troubles between the Christians and Muslims have been continuous since this epoch (3).

*The Tatar Group

It forms part of the Idel-Ural, which gathers together the nations of Mordovia, Mari El, Bashkir, Tatarstan and Chuvashia. The Tatar people have the grandchildren of Genghis-Khan as their ancestors, heirs to a Khanate from the Golden Horde (1227-1230), which was dissected into several units, being Astrakhan, Kazan and Crimea. In 1920, a Tatar republic was born and it was in 1942 that the Germans formed a troop of patrolling cavalry scouts who continued to cover the region even after the fall of Stalingrad. Stalin dissolved the republic in 1946, in reprisal. Their language comes from Ugric. The Bashkir spoke a Turkic language, while the Mari spoke Finnish-Ugrian, as did the Mordvins. The Chuvash also spoke a Turkic language.

*The North Caucasus (Ciscaucasians, "Bergkaukasien")

-Chechens and Ingush:

Muslim since the 17th Century, the Chechen Ingush have fought the Russians since 1810. The famous Emir Chamyl declared war against the Tsar, which lasted until 1860! The two groups fought in 1918 with the Soviet Russians against the "White Armies" of General Denikine. They then revolted against Moscow and were severely suppressed. They enlisted with the Germans in 1942 and in reprisal their "republic" was dissolved by Stalin in 1944.

Différents types d'Asiates venus de toutes les régions d'Union Soviétique.

Different types of Asians originating from all the regions of the Soviet Union.

Différents types d'Asiates venus de toutes les régions d'Union Soviétique.

Different types of Asians originating from all the regions of the Soviet Union.

Celui-ci a été capturé par les troupes américaines en Normandie fin juillet 1944. (NA.)

He was taken prisoner by the US troops in Normandy, July 1944. (NA)

-Karachays and Cherkess:
Incorporated into Russia in 1820, they had a short-lived republic that was dissolved in 1943.

-Kabardins and Balkars:
To the east were the Karachay and the Cherkess nations, the country had been occupied by the Russians from 1817 to 1825 and grouped into a sole republic in 1936. It was dissolved at the end of 1943. All the regions had been inhabited by Asians from other areas.

-Abkhaz:
Along the Black Sea coastline, they were integrated into Georgia. Russia annexed them in 1921, but the Abkhaz wanted their autonomy. They were neighbours with the Laz.

- Ossètes :
Les Ossètes parlent une langue iranienne et descendent des Alains, rattachés aux Scythes. Divisés en Ossètes du Nord et du Sud, au bord de la mer Noire. Ils ont fait partie de la République du Nord Caucase, en 1918, et du Daghestan en 1919. L'Ossétie du Nord est devenue république soviétique et l'Ossétie du Sud a été rattachée à la Géorgie. Les Ossètes ont fait partie de la république des montagnards du Caucase (Tchétchènes, Kabardines, Balkachs, Ossètes, Karatches, Tcherkesses, Abkhazes). Cette république se battit contre les armées blanches en 1918, puis contre les bolcheviks en août 1920. Elle éclata ensuite en plusieurs états d'origine.

-Ossets:
The Ossets spoke an Iranian language descended from the Alans and related to Scythian. They were divided into North and South Ossetia, bordering the Black Sea. In 1918, they formed part of the Republic of the North Caucasus and that of Dagestan in 1919. North Ossetia became a Soviet republic and South Ossetia was joined to Georgia. The Ossets have formed part of the Mountain Republic of the Caucasus (Chechens, Kabardins, Balkars, Ossets, Karachays, Cherkess and Abkhaz). This Republic fought against the White Armies in 1918 and then against the Bolsheviks in August 1920. It then broke up into several states of origin.

Cette photo nous présente un groupe de cavaliers peu connus: les Lazes. Peuplade islamisée d'origine géorgienne, région côtière de l'Anatolie, sur le versant abrupt du plateau anatolien des environs de Trébizonde en Turquie. (Collection Cyril Le Tallec.)

This photo shows us a group of little known cavalry: The Laz. An Islamised tribe of Georgian origin, from the coastal region of Anatolia, on the abrupt side of the Anatolian plateau in the Trebizonde region in Turkey, (Cyril Le Tallec Collection).

- **Kalmouks :**

Ainsi baptisés par les Russes en 1773, ces peuples descendaient des Torgut apparentés aux Mongols et vivaient de manière non sédentaire au nord-ouest de la mer Caspienne, autour de la future ville d'Elista. On peut situer cette population à la partie la plus septentrionale du Caucase, à 250 km environ de Stalingrad.

La Kalmoukie n'est pas une république mais un groupe de nomades qui combattit aux côtés des « armées blanches » anticommunistes des années 1918 à 1920. Les Kalmouks seront rassemblés en une république soviétique en 1935, dissoute en 1944 pour avoir combattu aux côtés des Allemands. Ce n'est qu'en 1957 que les Kalmouks seront établis au nord du Daghestan en tant que territoire autonome, aux côtés des Avars et des Dargines. Les Kalmouks sont de religion bouddhiste lamaïstes (4).

(4) Communication d'Alexandre Basov de Minsk, *Vexillinfo*, Bruxelles, décembre 1992.
Littlejohn (J.) *Foreign Legions of the Third Reich*, San Jose USA (Bender) Volume 4.

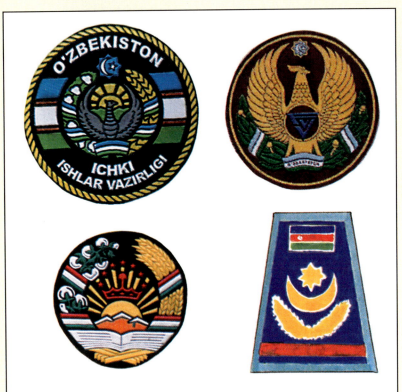

Symboles et photos de Kalmouks et de Tadjiks, Azeris et Ouzbekistanais. (2001)

Symbols and photos of Kalmyks and Tajiks, Azeris and Uzbekistanis.

-**Kalmyk:**

Thus named by the Russians in 1773, these people descended from the Torghut, related to the Mongols and lived in a non-sedentary manner to the northwest of the Caspian Sea, roughly where the future town of Elista would be. The population can be located at the northernmost part of the Caucasus, about 250 km from Stalingrad.

Kalmykia did not constitute a republic at the time, but rather a group of nomads who fought beside the anticommunist "white armies" from 1918 to 1920. The Kalmyk were gathered together in a Soviet republic in 1935, which was dissolved in 1944 for having fought alongside the Germans. It wasn't until 1957 that the Kalmyk became established to the north of Dagestan as an autonomous territory, bordering the Avars and the Dargins. The Kalmyk follow the Lamaist Buddhist religion (4).

Famille de Tcherkesses de la tribu des Abadzas. (Droits Réservés.)

Family of Cherkess from the Abadzas tribe, (rights reserved).

2) Les peuples d'Asie Centrale soviétique

Immense pays aride fait de steppes et de déserts peuplés de nomades asiatiques pour la plupart, l'Asie Centrale est surtout connue pour sa fameuse et antique « route de la soie » et les noms prestigieux de Samarcande, Oulan Bator, hauts lieux des « mille et une nuits ».

Avec à l'est la république de Mongolie, l'Asie Centrale russe a été découpée par les Russes en cinq républiques autonomes, l'immense Kazakhztan, (avec un petit état, le Karakalpakstan), le Turkménistan, l'Ouzbékistan, le Kirghizstan et le Tadjikistan. Balayée elle aussi par les invasions de tous ordres depuis 700 ans avant J.C., l'Asie Centrale a gardé l'influence de deux envahisseurs majeurs, les Arabes et les Turcs. Les Arabes ont été arrêtés par les Chinois en l'an 751 de notre ère, mais les Ottomans vainqueurs ont profondément marqué la région. Ce sont d'ailleurs

Ouzbekistan

L'Asie centrale au XVIIIᵉ siècle montrant les Khanats de Siva et Boukhara au nord de l'Iran et de l'Afghanistan. Ces deux Khanats, au sud de la mer d'Aral devaient devenir en 1942, le Turkestan. Drapeaux et symboles des régions des Khanats. Au centre, la bannière de l'Emir de Boukhara. En bas, un des premiers drapeaux du Turkestan.

Central Asia during the 18th Century, showing the Khanates in Siva and Bukhara in Northern Iran and Afghanistan. These two Khanates, to the south of the Aral Sea were to become Turkestan, in 1942. Flags and symbols of these Khanate regions. In the centre, the banner of the Emir of Bukhara. At the bottom, the first flags of Turkestan.

Kazakhstan 1990

Tadjiks 1990

2) The people of Russian Central Asia

An immense arid country of steppes and deserts mostly inhabited by nomadic Asians, Central Asia is especially known for its ancient and famous "Silk Road" and the prestigious names of Samarcande and Oulan Bator, high places of the "A Thousand and One Nights".

With the republic of Mongolia to the east, Russian Central Asia was occupied by the Russians in five autonomous republics: the immense Kazakhstan (with a small state, Karakalpakstan), Turkmenistan, Uzbekistan, Kyrgystan and Tajikistan. Also swept away by invasions of all sorts after 700 BC, Central Asia has retained the influence of two great invaders: The Arabs and the Turks. The Arabs were stopped by the Chinese in the year 751 of our era, but the Ottoman conquerors have profoundly marked the region. Moreover, the inhabitants are "Islamised" and in 1895 and they unleashed a holy war against the Russian Tsarists, who in 1820 had pushed their conquests up to that point, in a country that had been Muslim since the 11th Century.

The country also served to rid European Russia from all the undesirables, such that the exactions and inter-

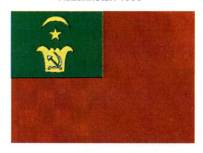

ces habitants, « islamisés », qui en 1895, ont déclenché la guerre sainte contre les Russes tsaristes qui, en 1820, avaient poussé leurs conquêtes jusque-là, dans un pays, musulman depuis le XIe siècle.

Le pays servit aussi à débarrasser la Russie d'Europe de tous les indésirables dont les exactions et les luttes intestines empêchèrent ce territoire très riche, de se développer. L'obligation pour les nomades, de se sédentariser fut une véritable révolution pour les peuples de bergers habitués à parcourir les steppes et changer de pâturages au gré des saisons. L'administration russe, puis soviétique, tatillonne comme toujours, acheva de décevoir les populations, qui ne comprenaient rien aux nouveaux règlements, ne correspondant pas aux rythmes et aux coutumes asiatiques (5)

Les Soviétiques durent alors s'adapter et apporter des modifications pour les peuples de cet immense pays en prenant exemple sur Mustapha Kemal, « Ataturk » qui réussit à faire de la Turquie une nation moderne.

Incorporés dans l'armée soviétique, les habitants de l'Asie Centrale se retrouvèrent très vite prisonniers des Allemands car ils n'avaient pas eu le temps de s'accoutumer à des règlements militaires prussiens qui les surprenaient, n'étant que de simples bergers souvent incultes et déracinés.

Les Allemands les obligèrent, pratiquement, à s'engager dans la Wehrmacht comme auxiliaires, pour ne pas dire esclaves. Il leur fallut choisir entre la mort dans les camps par dénutrition, mauvais traitements, et des rôles secondaires dans l'armée allemande, qu'ils durent suivre dans la retraite vers la Crimée puis l'Europe de l'Ouest. Bon nombre d'entre eux se retrouvèrent en France, où leurs yeux bridés les firent appeler « mongols », alors que très peu d'entre eux venaient de Mongolie.

Les vrais Mongols étaient mal connus des Européens, qui ignoraient (et ignorent encore) que ce pays, frontalier avec la Chine, avait en 1939 combattu contre l'armée pro- japonaise mandchoue, où régnait le « dernier empereur », Pou Yi, fantoche entre les mains des Nippons et des « Chinois de Nankin » qui étaient passés à l'ennemi. Ces combats avaient permis aux Soviétiques d'envahir carrément la Mandchourie, en 1944, sans en avertir leurs Alliés, qu'ils soient Chinois nationalistes, Anglais ou Américains! Les Soviétiques durent restituer la Mandchourie aux Chinois communistes en 1946, et perdirent de ce fait un pays, chinois, qui était devenu, comme la Corée, une ancienne possession japonaise.

Tous les pays de l'Asie Centrale et les ethnies très différentes de ces régions, cinq nations désormais indépendantes, étaient issus de deux grands Khanats, Siva et Boukhara, qui s'étendaient sur une grande partie de l'Asie, vers la Chine.

* Les Kazakhs

Leur nom se rapproche de celui des Cosaques et a les mêmes racines, qui signifient « hommes libres ». Ils occupent un territoire immense, fait de steppes. Leur langue appartient au groupe Kiptchak. Déjà occupé au IIe millénaire avant J.-C. par des Indo Européens, le pays a été par la suite envahi par les Turcs puis les Mongols, du VIe au XIVe siècle de notre ère. Le Kazakhstan demandera à devenir russe au XVIIIe siècle et faire partie de l'empire des Tsars. Un petit territoire du pays est nommé Karakalpakstan, au sud de la mer d'Aral, avec un demi million d'habitants.

* Les Ouzbeks

Pour Charif et Roustan Choukourov, ce pays est celui dont la genèse porte le plus à discussion, car il est d'origine Est Iranienne, puis Tadjik. Il s'agit donc d'un groupe ethnique irano turco mongol, de langue kipt-

nal battles prevented this very rich territory from developing. The nomads' obligation to settle down was a true revolution for the shepherd people accustomed to travelling over the steppes and changing their pastures according the whim of the seasons. The Russian and later Soviet administration, niggling as always, ended up disappointing the population, who understood nothing about the new regulations, which did not correspond to the Asian customs and pace of living (5).

Hence the Soviets had to adapt themselves and provide exceptions to the people of this immense country, following the example of Mustapha Kemal, "Ataturk", who managed to make a modern nation out of Turkey.

Incorporated into the Soviet Army, the inhabitants of Central Asia very quickly found themselves prisoners to the Germans, because they hadn't had enough time to become accustomed with the Prussian military regulations that had taken them by surprise, being, as they were, no more than simple shepherds, often uneducated and uprooted.

(5) Charif et Roustan Choukourov, *Les Peuples d'Asie Centrale*, Ed. Paris (Syros) 1994.

chak comme les Kazakhs. Russe tsariste depuis le XIX⁰ siècle seulement, l'Ouzbékistan est devenu soviétique mais de confession musulmane, comme le Kazakhstan.

* **Les Kirghiz**

Séparés vers 1465 du Khanat (6) Ouzbek, les Kirghiz passèrent sous le protectorat des Russes entre 1860 et 1880. Leur idée de former avec le Kazakhstan un grand pays, au XVII⁰ siècle n'eut pas de suite favorable, les « trois hordes » s'étant fait la guerre entre elles. L'invasion des Mongols empêcha ce peuple de s'épanouir, et il lui fallut attendre 1925 pour être un territoire autonome. Peu de temps après, il devenait une république soviétique.

* **Les Turkmènes**

Ce nom, qui signifie « semblable à un Turc », s'applique à un peuple qui descend en réalité des Oghouz et des Sedjoukides dont la dynastie a eu un rôle crucial dans l'histoire de l'Asie Centrale. « Formée de plus de sept tribus, la conscience nationale s'est réveillée tardivement » et actuellement encore les Turkmènes font « bande à part » dans tous les domaines. Les Russes en avaient fait un protectorat entre 1860 et 1880 et il y eut deux républiques entre 1921 et 1924. Le Turkménistan n'est devenu soviétique qu'après cette période.

* **Les Tadjiks**

Ce pays a dominé ses voisins depuis le début du X⁰ siècle, et c'est lui qui a conservé le mieux toutes les traditions, qui jalonnaient les territoires de la Route de la Soie. On dit qu'ils devinrent « les Français de l'Orient » au plan culturel et linguistique. Devenu un état proprement dit uniquement à partir de l'an 874 puis 999, le Tadjikistan subit les invasions turques et mongoles et se limita alors à une grande activité intellectuelle (le grand médecin Avicenne était d'origine Tadjik). Le Tadjikistan devint comme ses voisins un protectorat russe en 1876, une république autonome en 1925, et une république fédérée soviétique en 1929.

* **Les Touviens**

Le petit pays de Touva se trouve à la frontière de la Mongolie et faisait partie jadis de l'empire de Chine. Il cessa de l'être à la période des révoltes mongoles en 1911 et 1912. Le 1ᵉʳ avril 1914, le Touva devint protectorat russe sous le nom d'Urankhaï, puis une république dite de Tannou Touva en 1921. Ce sont les Touviens qui méritaient le plus l'appellation de « Mongols » quand quelques-uns de ces hommes arrivèrent en France avec l'armée allemande en retraite vers l'Ouest.

C'est certainement l'Asie Centrale qui a été la plus bousculée par les remous des invasions qui ont perturbé son histoire. Les dynasties tribales, les Khanats, les Turcs et les Mongols, les Russes et même les pays d'Europe, ont hélas atténué les cultures et les traditions, jadis réputées, de ces nations. Les découpages anarchiques des Tsars puis des Soviétiques ont participé par la suite à des nouveaux démantèlements avec des immigrations faites pour amener quelque progrès mais aussi pour diviser les peuples en les rendant dépendants de l'Union Soviétique.

Les noms légendaires qui évoquent les fastes des Mille et Une Nuits et les civilisations brillantes d'autrefois ont désormais disparu.

3) Les Arabes (7)

Si Hitler s'intéressa tardivement aux populations arabes du Proche Orient et de l'Afrique du Nord, c'est qu'il espérait voir les Français et les Britanniques devenir, par force ou volontairement, des Alliés. Il était donc nécessaire de les ménager, quitte à leur

Drapeaux des provinces asiatiques d'avant-guerre sous le régime soviétique (resurgis récemment). 1) Daghestan 2) Altaï 3) autre drapeau de l'Altaï 4) ancien drapeau de l'Azerbaïdjan 5) Adyghès 6) Bachkiristan. (*Franciae Vexillae*)

Flags of the Asian provinces before the war, under the Soviet Regime (recently reappeared): 1) Dagestan; 2) Altays; 3) another flag from Altay; 4) old Azerbaijani flag; 5) Adyghes; and 6) Bachkiristan, (Franciae Vexillae).

The Germans practically obliged them to enlist in the Wehrmacht as auxiliaries, to avoid calling them slaves. They had to choose between certain death in the camps due to malnutrition and bad treatment and very secondary roles in the German Army that they must play during the retreat towards Crimea and then Western Europe. A good number of them found themselves in France, where their slit eyes resulted in them being called "Mongols", though very few of them originated from Mongolia.

The true Mongols were poorly known by the Europeans, who were (and still are) unaware that this country, bordering China, fought against the pro-Japanese Manchu Army in 1939, where the Last Emperor Pou Yi reigned, a puppet to the Nippon and the "Nanking Chinese", who had defected to the enemy. These battles allowed the Soviets to boldly invade Manchuria, in 1944, without advising their Allies, irrespective of whether they were Chinese nationalists, British or Americans! The Soviets had to return Manchuria to the Chinese communists in 1946, thus losing a Chinese country that had become, like Korea, an ancient Japanese possession.

All the countries of Central Asia and the very different ethnicities, five nations henceforth independent, had originated from two great Khanates: Siva and Bukhara, which extended across a large part of Asia, towards China.

*The Kazakhs

Their name resembles that of the Cossacks and implies their roots, as it means "free men". They occupied an immense territory, comprised of steppes. Their language belongs to the Kiptchak group. Already occupied during the 2nd Millennium BC by the Indo-Europeans, the country was then invaded by the Turks and later the Mongols, between the 6th and

laisser leurs « empires », qu'il jugeait lui-même encombrants et que la France et l'Angleterre avaient du mal à gérer.

Hitler ne pouvait pas ignorer les manœuvres souterraines de son prédécesseur Guillaume II à la tête de l'Allemagne et les faux archéologues et savants qu'il avait envoyé dans ces pays d'Orient pour y espionner les faiblesses de la France et de l'Angleterre qui occupaient ces territoires. Ces espions parcouraient toutes ces nations et allèrent jusqu'en Asie Centrale pour en dépister les richesses et faire miroiter les avantages que les Allemands pouvaient y apporter. Ils promirent l'indépendance, un progrès que les occupants actuels ne se décideraient jamais à leur apporter.

Les pays arabes, colonisés depuis longtemps, se tourneraient très probablement vers l'Allemagne, qui promettait une aide, et des « indépendantistes » s'y rencontraient déjà. La Turquie a laissé à l'époque évoluer un parti pro allemand (parti des jeunes Turcs) et les « mercenaires germains » fourmillaient dans l'armée qui va combattre en 1914-1918 auprès des Centraux.

Au Moyen Orient, des agents vinrent repérer les territoires où devraient se dérouler les futures opérations militaires et on connaît les noms de Frobenius, von der Golz, Wassmus, Preusser, von Niedermayer et Grobba... qui circulèrent dans ces pays.

Ces acteurs, dont certains pourraient être des personnages analogues à Lawrence d'Arabie, avaient des espoirs démesurés, jusqu'à aller en Chine et en Inde pour prêcher la bonne parole... Plus tard, ils iront à l'aventure, envisageant d'assassiner le maréchal Foch, Lord Kitchener, et même le président du Conseil Français !

Le pipe line dans le golfe persique sera saboté, et les Anglais, au courant de tout, vont craindre le pire, et le pire serait le djihad, la guerre sainte ! Mais il en sera autrement, les Britanniques réagiront, Niedermayer, von Hentig et ses collaborateurs seront internés en 1915 par le frère d'un émir d'Afghanistan, d'autres seront pourchassées jusqu'en Perse.

Pendant ces événements, Fritz Grobba parvint à influencer l'émir Fayçal en Arabie, le « baron Max » organisa un soulèvement arabe en Afrique du Nord, avec l'appui du fils d'Abd el Kader. L'ambassadeur de Guillaume II a préparé le terrain au Maroc ; en Irak, les ministres El Gailani et Naj Sankhat créent un « parti socialiste » proche du nazisme ; au Hedjadz en 1926, Aziz Ibn Séoud a déjà commencé, depuis longtemps à fomenter des troubles anti britanniques et ce mouvement se renforce.

Bientôt la Jordanie va suivre, avec le roi Abdallah, nettement anti britannique, lui aussi, et quant au Shah de Perse, Reza Pahlevi, il va se laisser séduire par l'Allemagne. Enfin, en Palestine, les Juifs s'installent dès 1936 et la révolte arabe gronde, le grand Mufti de Jérusalem, dont le petit-neveu s'appellera Yasser Arafat, encourage alors les Arabes à « regarder du côté de l'Allemagne ».

Heureusement les Anglais veillent et bien des Arabes parviendront à s'entendre pour une collaboration plus harmonieuse, les Allemands ayant finalement perdu les deux guerres mondiales, perdront de même, et définitivement, leur influence au Proche et Moyen Orient.

En Afrique du Nord, le nationalisme arabe est né entre les deux guerres mondiales et si Guillaume II a visité le Maroc en grand uniforme et a essayé de sédui-

---

(6) Un Khanat est un pays dirigé par un Khan qui a sous ses ordres des émirs, comme par exemple celui de Timour Lang (Tamerlan).

14th Centuries of our era. The Kazakhstan demanded to become Russian in the 18th Century and then became part of the Tsar Empire. There is a small territory in the country, called Karakalpakstan, to the south of the Aral Sea, with half a million inhabitants.

*The Uzbeks

For Charif and Roustan Choukourov, this is the country that most invokes a discussion on origins, because it is of East Iranian and later Tajik origin.

The ethnic group is Iranian-Turkish-Mongol, speaking a Kiptchak language, like the Kazakhs. Tsarist Russian only since the 19th Century, Uzbekistan became Soviet, though of Muslim confession, like Kazakhstan.

*The Kirghiz

Separated from Khanate Uzbek around 1465 (6), the Kirghiz were under Russian protectorate between 1860 and 1880. Their idea of forming a great country with Kazakhstan in the 17th Century was never realised, the "three hordes" having made war between each other. The Mongol invasion prevented these people from flourishing and they had to wait until 1925 to become an autonomous territory. A short time afterwards, they became a Soviet republic.

*The Turkmen

This name, which means "resembling a Turk" is applied to a people who actually descended from the Oghuz and Seljuks, whose dynasty has played a crucial role in the history of Central Asia. Formed from more than seven tribes, the national conscience awoke late and the Turkmen still really 'keep themselves to themselves' in every domain. The Russians provided them with a protectorate between 1860 and 1880 and they had two republics between 1921 and 1924. Turkmenistan only became a Soviet republic after this period.

*The Tajik

This country has dominated its neighbours since the beginning of the 10th Century and is the country that has best preserved its traditions and marked the territories along the "Silk Road". It is said that they became the "French of the Orient" in cultural and linguistic terms. Only becoming a state in the strict sense of the word since 874 and in 999, Tajikistan suffered Turkish and Mongol invasions and is responsible for a great level of intellectual activity (the great doctor Avicenne was of Tajik origin). Tajikistan, like its neighbours, received Russian protectorate in 1876, became an autonomous republic in 1925 and a Soviet Federation republic in 1929.

*The Tuvans

The small country of Tuva is found at the Mongolian frontier and was formerly part of the Chinese Empire. It ceased to be part of China during the period of Mongolian revolts in 1911 and 1912. On the 1st April 1914, Tuva received Russian protectorate under the name of Uryanay Kray, then a republic popularly named Tannu-Tuva in 1921. It is the Tuvans who most deserve to be called "Mongols", when some of these men arrived in France with the German Army retreating westwards.

It is certainly Central Asia that has been the most jostled by the swirling invasions that have perturbed history. The tribal dynasties, the Khanates, les Turks and the Mongols, the Russians and even the countries of Europe, have unfortunately caused the previously renowned cultures and traditions of these nations to diminish. The anarchic divisions made by the Tsars and later the Soviets then contributed to new divisions with immigration designed to bring some progress, but also to divide the people and render them dependent on the Soviet Union.

re le Sultan, le Maghreb n'a pas basculé dans le camp allemand. Avant la Deuxième Guerre mondiale, un homme a dominé les mouvements de libération de l'Algérie, Mohammed El Maadi, officier de réserve de l'armée française. Il fonde en 1938 un journal, l'Algérie nouvelle, mais il a le tort de se rapprocher des partis d'extrême droite, et en particulier celui de Marcel Déat, le RNP. Il se rapproche des Allemands en créant le Comité Musulman Nord Africain en 1941 et édite le journal El Rachid (le messager) qui fulmine contre les juifs et les occupants français.

Les Allemands auront peu de succès en Tunisie, où le bey a reçu le général von Arnim sans grand enthousiasme, et où le parti nationaliste (le Destour) aura un avenir limité. Au Maroc, le sultan Sidi Mohammed Ben Youssef se révèlera favorable au parti d'Abdel Khalek, parti nationaliste marocain, mais les événements l'empêcheront d'aller plus loin.

Dès la fin de l'année 1942, le débarquement allié en Afrique du Nord va tuer dans l'œuf toutes les velléités de nationalisme anti français et l'indépendance totale de ces pays ne naîtra qu'à partir des années 50.

Les pays arabes auraient certainement basculé dans le sein de l'Allemagne nazie en fournissant au III° Reich des millions de soldats si le Führer avait compris dès le début des années 40, l'importance de cette adhésion. Malgré les pressions exercées sur lui par Himmler lui-même et des spécialistes de l'Orient, Hitler n'admit qu'à regret de recevoir le grand Mufti de Jérusalem, Hadj (saint) Amin el Husseini, en 1943 seulement !

La plupart des pays arabes se trouvant à l'époque occupés par les Anglais et les Français, renfermaient tous l'espoir d'une indépendance totale avec des politiques fiables, désintéressés, véritables ferments qu'il eut été intéressant de développer. Au lieu de les aider d'une façon totale en laissant de côté les manœuvres d'ouverture avec la France et l'Angleterre, les Allemands se limitèrent à un recrutement de travailleurs nord africains et ne récupérèrent même pas 500 hommes pour combattre dans la Phalange Africaine dirigée par des Français, et la Brigade Nord Africaine commandée par des Allemands. Seules quelques compagnies partirent en Grèce combattre les partisans, avec une grande efficacité.

Pourtant, la preuve de la vaillance et de la discipline des soldats arabes, d'Afrique du Nord en particulier, avait été faite au cours de la Première Guerre mondiale, au coude à coude avec les soldats français, traités d'égal à égal, dans les cadres et la troupe. De 1943 à 1945, ils se sont battus contre les Allemands aux côtés de l'armée française libre, parfaitement intégrés, par dizaine de milliers, en Italie, en Alsace, où les cimetières militaires montrent le sacrifice de ces soldats arabes tombés au service de la France, avec leurs camarades français.

Près de 500 Arabes pro Allemands contre des régiments de tirailleurs nord africains, voilà la réponse à la différence entre le résultat de l'entraînement militaire, le respect et l'appui des Alliés avec les hésitations et le mépris de Hitler pour ces peuples.

Même après 1945, époque à laquelle le Maghreb tout entier pense de plus en plus à l'indépendance, des milliers de tirailleurs algériens, marocains et tunisiens se battront encore en Indochine de 1947 à 1954 !

(7) - Aferont (C.) *Les Mouvements Nationalistes dans le Maghreb*, Paris (CNRS) 1971.
- Lamarque (Ph.) « L'influence allemande au Maghreb, l'Alliance des Nazis et de l'Islam, un Faux Problème », *39/45 Magazine*, N° 80.

The legendary names invoked by the pomp of the "A Thousand and One Nights" and shining civilisations of former times have unfortunately disappeared.

3) The Arabs (7)

If Hitler was late to take interest in the Arab populations of the Near East and North Africa, it was because he was waiting for the French and British become allies, whether forcedly or voluntarily. Hence it was necessary to treat them gently, quits to leave them their "Empires", which he judged to be cumbersome and that France and Britain had trouble managing.

Hitler could not ignore the underground manoeuvres of his predecessor William II at the head of Germany and the false archaeologists and scientists that he had sent to these eastern countries to spy on the weaknesses of France and Britain occupying the territories. These spies scouted all these nations and even ventured into Central Asia to survey the riches present and to promote the advantages that the Germans could provide there. They promoted independence and a level of progress that the current occupants would never decide to offer them.

The Arabic countries, long since colonised would most probably turn towards Germany, which promised them aid and to the "freedom fighters" that were already there. At the time, Turkey had allowed a pro-German group to evolve (Party of Young Turks) and the "Germanic Mercenaries" marched in the army that would fight from 1914 to 1918 near centres.

In the Middle East, the agents managed to locate the territories where the future military operations would take place and we known them by the names of Frobenius, Von der Golz, Wassmus, Preusser, von Niedermayer and Grobba... who circulated in these countries.

These players, some of whom could paralleled with Lawrence of Arabia, were excessively ambitious, to the point of going to India and China to preach the good word... Later, they even dared to envisage the assassination of Marshal Foch, Lord Kitchener, and even the President of the French Council!

The pipeline in the Persian Gulf was sabotaged and the British, aware of all this, feared the worst: "Jihad", meaning holy war! But things turned out differently: The British reacted, Niedermayer, von Hentig and his collaborators were placed in prison camps in 1915 by the brother of an Afghanistan Emir and the rest were hunted down to Persia.

While all this was taking place, Fritz Grobba succeeded in influencing Emir Fayçal in Arabia, the "Baron Max", who organised an Arab uprising in North Africa with the help the son of Abd el Kader. The ambassador of William II had prepared the terrain in Morocco; in Iraq, the ministers El Gailani and Naj Sankhat founded a "socialist party" closely relate to Nazism; in Hedjadz in 1926, Aziz Ibn Séoud had already long begun to promote anti-British disturbances and the movement was reinforced.

Jordan quickly followed, with King Abdallah, also being totally anti-British, and the Shah of Persia, Reza Pahlevi, allowed himself to be seduced by Germany. Finally, in Palestine, where the Jews had settled since 1936, the Arab revolt began to make itself heard and then the Great Mufti of Jerusalem, whose great nephew would be called Yasser Arafat, encouraged the Arabs to "look to the Germans".

Fortunately, and as the British had hoped, an agreement was reached with the Arabs for a more harmonious collaboration, the Germans having finally lost the two world wars and ultimately their influence in the Near and Middle East.

In North Africa, Arab nationalism was born between the two world wars and though William II had visited Morocco in full uniform and had tried to persuade the Sultan, the Maghreb failed to side with the Germans. Before the Second World War, one man had dominated the movements during the liberation of Algeria: Mohammed El Maadi, a reserve officer in the French Army. In 1938, he founded a newspaper, "l'Algérie Nouvelle" but he made the mistake of becoming associated with extreme right parties, particularly that of Marcel Déat, the RNP. He became close with the Germans in creating the North American Muslim Committee in 1941 and editing "El Rachid" (the messenger) which fulminated against the Jews and French occupants.

The Germans had little success in Tunisia, where the Bey had received General Von Arnim without great enthusiasm and where the nationalist party (Le Destour) was to have a short-lived future. In Morocco, Sultan Sidi Mohammed Ben Youssef showed himself to be favourable to Abdel Khalek's party, a Moroccan nationalist party, but the events stopped him from going any further.

From the end of 1942, the Allied landings in North Africa were to stop all desires for anti-French nationalism in theirs tracks and the country's complete independence was not achieved until the 50's.

The Arab countries would certainly have fallen into the grasp of Nazi Germany and provided the 3rd Reich with millions of soldiers, had the Führer understood the importance of such an alliance from the beginning of the 1940s. In spite of the pressure exercised over him by Himmler himself and specialists on the Orient, Hitler regretfully only conceded to receive the Great Mufti of Jerusalem, Hadj (saint) Amin Al Husseini, in 1943!

At the time, the majority of the other Arab countries found themselves occupied by the British and French, containing all hopes for total independence with weak politics, disinterest, and real passions that he had been interested in developing. Instead of helping them completely by putting aside opening manoeuvres with France and Britain, the Germans limited themselves to recruiting less than 500 men to fight in the African Phalange directed by the French and the North African Brigade commanded by the Germans. Only a few companies left for Greece to fight the partisans, with great efficiency.

Hence, the proof of bravery and discipline of the Arab soldiers, those from North Africa in particular, was made during the course of the First World War, shoulder-to-shoulder with the French soldiers, treated equally both in the ranks and the troops. From 1943 to 1945, they fought against the Germans beside the Free French Forces, perfectly integrated, about twelve thousand in number, in Italy and Alsace, where the military graveyards bear witness to the sacrifice of these Arab soldiers fallen in the service of France, together with their French comrades.

About 500 pro-German Arabs faced the regiments of North African skirmishers, which clearly demonstrated the difference between military training, respect and Allied support and Hitler's hesitations and misgivings about these people.

Even after 1945, an epoch in which the whole Maghreb thought increasingly about independence, thousands of Algerian Moroccan and Tunisian skirmishers still fought in Indochina from 1947 to 1954!

D'autres Arabes et Africains furent recrutés dans les rangs des prisonniers britanniques originaires du Moyen Orient, sous influence anglaise.

Other Arabs and Africans were recruited from the ranks of British prisoners originating from the Middle East, under British influence.

2

Les *Osttruppen* du Caucase et du Turkestan

The Osttruppen from the Caucasus and Turkestan

L'organisation, le tri des nationalités et la mise sur pied des unités caucasiennes ou du Turkestan ont été des opérations longues et difficiles, rendues délicates en raison de la période au cours de laquelle la Wehrmacht allait subir ses premières défaites.

En effet, sans la reddition d'une armée entière à Stalingrad, les troupes allemandes envahissaient la totalité des nations caucasiennes et pouvaient s'élancer vers l'Asie Centrale. Tous les prisonniers caucasiens et asiatiques, à l'étroit dans les camps allemands, affamés et maltraités, auraient dans ce cas été plus facilement recrutés et envoyés au combat contre les Soviétiques, par centaines de mille...

Au lieu de cela, les Allemands ont seulement réussi à récupérer quelques dizaines de milliers de soldats motivés, encore persuadés d'une victoire de la *Wehrmacht* et une grande partie de prisonniers soviétiques ayant à choisir entre l'engagement militaire et la mort assurée dans les camps.

Malgré tout ce que l'on a pu en dire, les autorités, politique et militaire du IIIe Reich ont élaboré ces régiments d'étrangers de l'Est et de l'Asie à contre cœur, avec une méfiance certaine, et avec fort peu de considération pour ces êtres que le *Führer* lui-même et son entourage claironnaient, depuis des années, comme étant des sous hommes et des déchets de l'humanité.

Très paradoxalement, Adolf Hitler et Heinrich Himmler finirent par se laisser séduire, un peu tard, par le chant des sirènes des universitaires comme le professeur Oberländer, ou des orientalistes comme Niedermayer, ou encore des religieux comme le grand Mufti de Jérusalem, enfin des leaders indépendantistes comme Subbah Chandra Bose. Mais au niveau des généraux « prussiens » et des *Waffen-SS*, le message et les ordres venus d'en haut passèrent avec difficulté, aussi les nouveaux arrivants furent-ils reçus avec appréhension.

On commença, à ce niveau, par organiser des écoles dans lesquelles le régime était très dur, en Pologne surtout, où les recrues « turco asiatiques » étaient mal préparées à cette sorte d'entraînement à la prussienne, très rigide. Puis on en fit des bataillons, jamais de grandes unités, donc des groupes soumis à un environnement militaire allemand sans aucune indépendance ou liberté de mouvements, avec des chefs souvent arrogants et des camarades goguenards.

Enfin, on leur donna des armes russes démodées, le vieux fusil Mosin Nagant, le fusil-mitrailleur Degtyarev, la vieille mitrailleuse Maxim sur ses roues en bois, datant de 1910. Peu de mitraillette russe perfectionnée PPSH, ni de lance-flammes Roks 2, pas de fusil semi-automatique Tokarev. Quant aux cartouches, les « Osttruppen » n'en touchèrent qu'au

The organisation, sorting into nationalities and setting up of the Caucasian and Turkestan units were long and difficult operations, rendered delicate as a result of the period throughout which the Wehrmacht was to undergo its first defeats.

In effect, had they not surrendered an entire army at Stalingrad, the German troops would have invaded all the Caucasian nations and been able to soar towards Central Asia. All the Caucasian and Asian prisoners would have been cramped in the German camps. Famished and maltreated, they would have been easy recruited and sent into combat against the Soviets, in their hundreds of thousands...

Instead of all this, the Germans only managed to capture several dozen thousands of motivated soldiers, still convinced of the Wehrmacht's victory and a large part of the Soviet prisoners who were forced to choose between military enlistment and certain death in the camps.

In spite of everything that may have been said about them, the political and military authorities of the 3rd Reich collaborated with foreigners from the East and Asia against their will, with certain mistrust and held even less consideration for these beings than the Führer himself, who had, together with his entourage declared them to be "sub-human" and the rubbish of humanity.

Highly paradoxically, Adolph Hitler and Heinrich Himmler ended up allowing themselves to be convinced by the sound of university sirens, such as professor Oberländer and promoters of the Orient such as Niedermayer, and even religious men, like the Great Mufti of Jerusalem and finally by independence leaders such as Subhas Chandra Bose. However, at the level of "Prussian" and Waffen-SS generals, the message and orders from high were accepted with difficulty, and the new arrivals were also received apprehensively.

At this point, training centres were organised, where the regime was to be very hard, especially in Poland, where the "Turkish-Asian" recruits were poorly prepared for this sort of very strict Prussian style training. Then battalions were formed, never very large units, where the groups were subjected to a German military environment without any independence or freedom of movement, with often-arrogant commanders and mocking comrades.

In short, they were given outmoded Russian weapons: the old Mosin Nagant rifle, the Degtyarev machinegun and the Maxim machinegun on wooden wheels dating back to 1910. They saw very little of the perfected Russian PPSH machinegun, the Roks 2 flamethrower and had no semi-automatic Tokarev rifles. With respect to cartridges, the Osttruppen only recei-

Himmler vient visiter les prisonniers soviétiques. Il s'est rendu compte de leur état de dénuement. (Photo Heinz Bergschiker)

Himmler visiting the Soviet prisoners. He realised the soldier's state of destitution, (photo Heinz Bergschiker).

compte-gouttes, en cas de rebellion, ils ne risquaient pas de tenir longtemps.

Par contre, dans les sphères des services de propagande, où les nazis excellaient sous l'impulsion de Goebbels, on vantait cette véritable masse d'hommes et de populations coopérant à l'ordre nouveau librement consenti et fiers d'appartenir à une grande Allemagne qui avait en outre promis l'indépendance des nations ralliées depuis Brest en France, jusqu'à Leningrad, Moscou, et en oubliant de citer la troisième ville du trépied, Stalingrad, qui mettait en péril tout l'équilibre du siège...

Les *Osttruppen* furent inondées de journaux en cyrillique, en persan et en géorgien, on leur donna des drapeaux traditionnels, des écussons et des cocardes. Toutefois, les grades s'arrêtaient au niveau de capitaine, tous les officiers supérieurs et généraux restant allemands, au mieux *Volksdeustche*, c'est-à-dire d'origine germanique. On leur expliqua qu'ils étaient bel et bien les égaux des soldats allemands, et que si on leur donnait de vieilles armes soviétiques, c'est parce qu'ils étaient familiarisés avec ce type d'engin depuis des décennies et qu'ils seraient ainsi plus facilement de bons tireurs.

---

ved a sprinkling, such that any rebellion that may strike out, would be short-lived.

On the other hand, in the propaganda service, where the Nazis excelled under Goebbels' drive, praise was given to this veritable mass of men and populations cooperating with the new order by free consent and proud to belong to a great Germany that had furthermore promised independence to the nations rallied from Brest in France, right up to Leningrad, Moscow, not forgetting to mention the third town in the tripod, Stalingrad, which placed in peril the very equilibrium of the headquarters...

Soldat russe frigorifié fait prisonnier par les Allemands en 1941. (*Illustrierter Beobachter*, photo transmise par M. Delmas à Royan.)

Frozen Russian soldier taken prisoner by the Germans in 1941, (Illustrierter Beobachter, photo provided by Mr Delmas of Royan).

Journal destiné aux *Osttruppen* d'Azerbaïdjan écrit en langue Azeri.

Newspaper destined for the Azerbaijani Osttruppen, written in the Azeri language.

Journal du Turkestan en langue turque qui a depuis le gouvernement de Mustapha Kémal, adopté les caractères latins.

Turkestan Newspaper in the Turkish language, which adopted Latin characters after Mustapha Kémal's government.

Les difficultés avec ces soldats de l'Est et de l'Asie commencèrent avec la langue, peu d'entre eux parlant couramment russe, lui préférant l'ougrien, le kazakh, le turkmène, le géorgien et l'arménien. Les Allemands ne parlant pas non plus le russe, les ordres et les règlements durent souvent être expliqués par gestes! En outre, les commandants d'unité et les instructeurs durent arrêter l'entraînement militaire cinq fois par jour pour les prières musulmanes imposées par les imams et les mollahs, et bannir le porc de l'alimentation sous peine de révolte armée.

En ce qui concernait les « Hindous », le turban devait remplacer le casque chez les Sikhs, dont les barbes et les moustaches rendaient impossible le port du masque à gaz ! Seuls les bataillons géorgiens et arméniens, c'est-à-dire « européens » eurent quelque crédit. Ils se battirent vaillamment dans le Caucase et plus tard lors du débarquement de Normandie, sans parler des « Russes » de Vlassov et des Cosaques de Pannwitz bien mieux tolérés que toutes les autres troupes « de l'Est ».

Dès la fin de l'année 1943, les *Osttruppen* se rendirent compte qu'un énorme piège venait de se refermer sur eux! Dans le Caucase déjà, où les soviets étaient revenus, les représailles avaient dû commencer, et les Géorgiens, Arméniens et « Turks » pensaient à leurs familles probablement massacrées. Si l'Allemagne perdait la guerre, ce qui paraissait probable à cette époque, les soviets allaient venir « récupérer » leurs traîtres qui s'étaient retrouvés sous l'uniforme allemand, les accords interalliés imposant aux anglo-américains de leur livrer cette troupe de « déserteurs ».

De plus, tous ceux qui déserteraient l'armée allemande pour fuir vers les lignes américaines dans l'espoir d'être envoyés dans des camps aux USA risquaient d'être repris et fusillés sur place! Si l'Allemagne gagnait la guerre, n'ayant plus besoin des *Osttruppen*, elle enverrait dans les nations des Gauleiter pour y imposer l'ordre nazi et exploiter leurs ressources, car la victoire finale verrait obligatoirement resurgir les vieux démons à propos de racisme…

Toutes ces réflexions qui rôdaient dans l'esprit troublé des *Osttruppen* amenèrent un moral bien bas qui n'eut d'égal que leur motivation…

The Osttruppen was inundated with newspapers in Cyrillic, Persian and Georgian, and they were provided with traditional flags, badges and rosettes. In any case, the grades stopped at the level of captain; all the superior officers and generals remained German, or better still Volksdeustche, i.e. of Germanic origin. The Osttruppen were explained that they were the German soldier's equals and that they were given old Russian weapons because they had been familiar with the type of device for decades and they would hence find it easier to become good shooters.

The difficulties with these Eastern and Asian soldiers began with the language, few of them being able to

speak Russian, they preferred Ugric, Kazakh, Turkmen, Georgian and Armenian. The Germans didn't speak Russian either and orders and regulations often had to be explained with gestures! Besides, the unit commanders and instructors had to stop military training five times a day for the Muslim prayers imposed by the Imams and Mollahs and pork was banished from the rations, for fear of an armed revolt.

As far as the Hindus were concerned, the turban had to replace the helmet for the Sikhs and their beards and moustaches made it impossible for them to wear gas masks! Only the Georgian and Armenian, i.e. the "European" battalions received some credit. They fought valiantly at in the Caucasus and later at the time of the Normandy landings, not to mention Vlassov's "Russians" and the Cossacks of Pannwitz, who were much better tolerated than the other "Eastern" troops.

From the end of 1943, the Osttruppen realised that an enormous trap was closing in around them. Already in the Caucasus, where the Soviets had returned, the reprisals must have begun and the Georgians, Armenians and Turks thought about their families who had probably been massacred. If Germany lost the war, which seemed likely at the time, the Soviets would come to "recover" their traitors who they would find in German uniform and the inter-Allied agreements obliged the Anglo-Americans to hand over this troop of "deserters" to them.

Furthermore, anyone deserting the German Army to flee to American lines in the hope of being sent to the US camps risked being recaptured and shot on the spot! If Germany won the war, it would have no more need for the Osttruppen and they would be sent to the Gauleiter nations to impose Nazi order there and to exploit their resources, hence final victory would forcedly see a revival of the old demons of racism...

All the reflections surrounding the Osttruppen's troubled spirits, provided them with a quite low morale, which was no lower than their motivation...

Deux Asiates souriant (à droite) dont l'un porte au col un grade qui n'a jamais existé, le rectangle ne comprenait jamais deux barrettes et une étoile. Sur la photo en haut à droite, deux Asiates très inquiets.

Two smiling Asians (right). One of them is wearing a grade on his collar that has never existed: The rectangle never had two bars and a star. In the photo to the left, two very worried Asians.

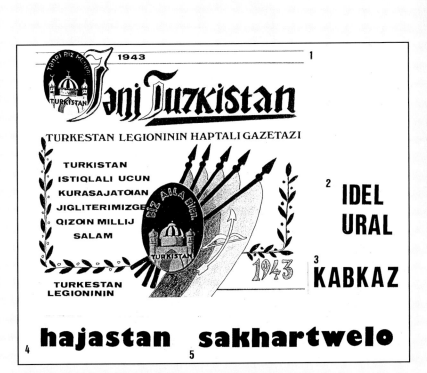

Titres de journaux caucasiens, d'Idel Ural, et du Turkestan.

Headlines from Caucasian, Ural-Idel and Turkestan newspapers.

Soldats azerbaïdjanais (*Revue Uniformi,* Italie, J. Rutkiewicz et Revue *Amilitaria,* Belgique, J. Smeets et Chantrain.)

Azerbaijanis soldiers, (Revue Uniformi, Italy, J. Rutkiewicz and Amilitaria Magazine, Belgium, J. Smeets and Chantrain).

Soldats azerbaïdjanais (photo de salon, même origine.)

Azerbaijanis soldiers, (studio photo, same source).

Soldats azerbaïdjanais en patrouille (reconstitution).

Azerbaijanis soldiers on patrol, (reconstitution).

Planche des caractéristiques de l'Azerbaïdjan avec les drapeaux anciens et modernes. Celui de la période soviétique, fond vert et bordure verte pour les parements, le symbole de l'Azerbaïdjan, le foyer et l'étoile à 8 branches, la carte de l'Azerbaïdjan.

Plate showing the features of Azerbaijani with ancient and modern flags: That pertaining to the Soviet period, with a green background and green for the borders, the Azerbaijani symbol, the foyer and the eight-pointed star and the Azerbaijani map.

Jeune asiate russe photographié en 1941 avant sa capture par les Allemands, retrouvé dans un camp de prisonniers. (Uniformi, J. Rutkiewicz.)

Young Russian-Asian photographed in 1941 before being captured by the Germans, recovered in a prison camp, (Uniformi, J. Rutkiewicz).

1) Les légions géorgiennes

* Recrutement

Au milieu de l'année 1942, une armée s'est dirigée vers le Caucase, et a bien avancé jusqu'en Ciscaucasie. Le 27 mars 1942, Rosenberg, quatre mois avant l'attaque sur le Caucase, a décidé de créer une formation militaire caucasienne de quatre groupes, dont un géorgien, dont le siège serait à Krushne. Les émigrés caucasiens, un peu partout en Europe, créèrent des comités de soutien, mais l'on évita de leur donner un peu trop d'importance de peur qu'ils créent par exemple des « gouvernements provisoires ». Le Caucase était intéressant pour son pétrole et son apport en bataillons, sans plus.

Une grande partie des Géorgiens sera recrutée dans les camps de prisonniers. Ils seront rapidement dirigés dans des camps « d'instruction », en particulier à Gadiah en Ukraine. Puis ils partiront dans une unité plus orientée sur le côté purement militaire, le camp de Kruszina en Pologne, Doulag 112.

Cinq bataillons vont être formés, à la fin de l'année 1942, et trois autres en 1943, en Pologne :

1942 : 795, 796, 797, 798, 799

1943 : 822, 823, 824

Six autres bataillons seront formés dans une autre unité, à Mirgorod, en Ukraine, le camp 162, spécialement prévu pour l'instruction des cadres. La numérotation des unités n'y est pas la même :

Bataillon I./1 de montagne

Bataillon I./9 et III./9

Bataillon II./4 de montagne

Bataillon II./198 et II./125

L'unité 162, division de cadres, avait deux régiments, le 303e et le 304e du Turkestan et le 314e azerbaïdjanais. Un ancien sergent soviétique, Sultan Amin, commandait le 303 et le colonel Israfiloff commandait le 314. Il y avait aussi des unités d'artillerie, de cavalerie, à 50 % d'Allemands ou d'origine germanique. De nombreux bataillons furent formés dans cette unité 162, avant qu'elle soit envoyée en Autriche où elle se rendit, le 4 mai 1945, aux armées britanniques.

Quatorze mille hommes ont ainsi été formés et utilisés sur les territoires d'opérations de l'armée allemande, en URSS.

Groupe d'Armées Sud : 8 compagnies formant un bataillon d'infanterie avec 3 compagnies de transport et 3 autres de constructions. Le bataillon d'infanterie étant donc à 2 compagnies.

Groupe d'Armées Centre : 4 compagnies de transport, 3 compagnies de construction.

Groupe d'Armées Nord : 4 compagnies de transport, 1 compagnie de construction (1).

Il y aurait eu en tout 20 800 Géorgiens dans l'armée allemande, entre 1943 et 1945. 14 000 en bataillons, 30 compagnies de surveillance, gardes, services et transports. 10 bataillons seulement partiront à l'Ouest, surtout en France.

Deux compagnies de Géorgiens choisis parmi les plus « pro allemands » feront partie du « Sonderverband Bergmann » (voir plus loin).

* Affectations des Unités

Bataillon 796 : Combattra en URSS, dans le Caucase, avec la 1re division allemande de montagne et, en 1943, le bataillon sera transformé en unité de transport dans le Groupe d'Armées Sud.

---

(1) D'après, P. Gaujac, C. Caballero Jurado, K. Lyle et D. Littlejohn

1) The Georgian Legions

*Recruitment

In the middle of 1942, an army was heading towards the Caucasus and had advanced well up to the Ciscaucasus. On the 27th of March 1942, four months before the attack on Caucasus, Rosenberg, decided to create a Caucasian military formation of four groups, one being Georgian and the headquarters were at Krushne. The Caucasian migrants, present throughout Europe, created support committees, but efforts were made not to give them too much importance, in the fear that they would create "provisory governments", for example. The Caucasus was interesting because of its petroleum and contribution to the battalions, nothing more.

A great number of the Georgians were recruited from the prison camps. They were quickly redirected to "instruction" camps, in particular to Gadiah in the Ukraine. Then they left in a unit more geared towards the purely military side, the Kruszina camp in Poland, Doulag 112.

Five battalions were formed by the end of 1942 and three others in 1943, in Poland:

1942: 795, 796, 797, 798 and 799

1943: 822, 823 and 824

Six other battalions were formed in another unit at Mirgorod, in the Ukraine, camp 162, specially designated for instructing officers. The numeration of these units was not the same:

Battalion I./1, mountain

Battalion I./9 and III./9

Battalion II./4, mountain

Battalion II./198 and II./125

Unit 162, the officer's division, had two regiments from Turkestan: the 303rd and the 304th. The 314th was Azerbaijani. An ancient Soviet sergeant, Sultan Amin, commanded the 303rd and Colonel Israfiloff commanded the 314th. There were also cavalry and artillery units with 50% of the Germans of Germanic origin. Numerous battalions were formed in unit 162, before it was sent to Austria, where it surrendered to the British Armies on the 4th of May 1645.

Fourteen thousand men were thus trained and used in the German Army's territories of operation and in the USSR.

Group of Southern Armies: Eight companies formed an infantry battalion with three transport companies and three others for construction. The infantry battalion hence comprised two companies.

Group of Central Armies: Four transport companies and three construction companies.

Group of Northern Armies: Four transport companies and one construction company (1).

There were a total of 20,800 Georgians in the German Army between 1943 and 1945: 14,000 in battalions, 30 surveillance, guard, services and transport companies. A mere ten battalions left for the west, mostly to France.

Two companies of Georgians chosen from the most "pro-German" soldiers formed part of the "Sonderverband Bergmann" (see later).

*Posting the Units

Battalion 796: It fought in the USSR, in the Caucasus, with the 1st German Mountain Division and in 1943, the battalion was converted into a transport unit in the Group of Southern Armies.

---

(1) According to P. Gaujac, C. Caballero Jurado, K. Lyle and D. Littlejohn.

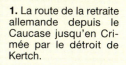

1. La route de la retraite allemande depuis le Caucase jusqu'en Crimée par le détroit de Kertch.

1. The route of the German retreat from the Caucasus to Crimea along the Kertch Strait.

2. Les deux plaques de bras des soldats qui avaient fait la campagne de Crimée et du Kouban.

2. Two arm plates from soldiers who had participated in the campaigns of Crimea and Kouban.

3. Ecusson des travailleurs de l'Est.

3. Arm badge for the East workers.

4. Ecusson tatar.

4. Tatar arm badge.

Bataillon 799 : Stationné d'abord au Danemark, puis aux Pays-Bas dont une unité fera tristement parler d'elle dans l'île de Texel en trahissant et assassinant ses cadres allemands.

Bataillon 822 : Affecté aux Pays-Bas dans l'île de Texel avec quelques soldats du 799. Le bataillon fera tout pour contacter les navires britanniques et déserter. L'Angleterre n'est qu'à moins de 200 km. Des renforts allemands arriveront, mais les insurgés combattront la *Wehrmacht* (3 000 soldats venus du continent) jusqu'en mai 1945, où les Canadiens trouveront un peu plus d'une centaine de survivants en débarquant dans l'île.

Bataillon 795 et 797 : Affectés dans la *79. Infanterie Division* de la *7. Armee*, ces deux unités se battront vaillamment aux côtés des Allemands contre les soldats américains de la *4th Infantry Division* et subiront de lourdes pertes en juin 1944.

Une compagnie se rendra après avoir assassiné ses officiers allemands, pour montrer « leur bonne foi » aux GI'S peu habitués à cette sorte de comportement. Les autres Géorgiens finiront par se joindre à

Battalion 799: It was first stationed in Denmark, then in the Netherlands, where it was sadly much talked about, because one of its units betrayed and assassinated its German officers on the Isle of Texel.

Battalion 822: It was posted on the Isle of Texel in the Netherlands with some soldiers from the 799th. The battalion made every effort to contact the British ships and desert. Afterall, England was only 200 km away. German reinforcements arrived, but the rebels fought the Wehrmacht (3,000 soldiers came from the continent) until May 1945, when the Canadians found a little more than a hundred survivors when they landed on the island.

Battalions 795 and 797: Posted in the 79th Infantry Division of the 7th Army, these two units fought valiantly beside the Germans against the American soldiers of the 4th Infantry Division and suffered heavy losses in June 1944.

One company surrendered after having assassinated its German officers, as a show of "good faith" to the GI's poorly accustomed to this sort of behaviour. The rest of the Georgians ended up joining a parachutist

1. Soldat géorgien avec fusil-mitrailleur Tokarev et ceinturon britannique. (BA.)

2. Soldat géorgien de 2ᵉ classe. (photo via M. Daniel Rose/Maromme.)

3. Soldats géorgiens avec une Volkswagen camouflée. (photo Jan Ruys, Eddy Van Den Bergh, reconstitution.)

1. Georgian soldier with a Tokarev machine gun and a British belt, (BA).

2. Second class Georgian soldier, (photo provide by Mr Daniel Rose/Maromme).Soldats géorgiens avec une Volkswagen camouflée. (photo Jan Ruys, Eddy Van Den Bergh, reconstitution.)

3. Georgian soldiers with a camouflaged Volkswagen, (photo: Jan Ruys, Eddy Van Den Bergh, reconstruction).

Soldat géorgien décoré de la « médaille de l'Est » réservée aux *Osttruppen*. (photo Jan Ruys, reconstitution.).

Georgian soldier decorated with the "Eastern Medal" reserved for the Osttruppen, (photo: Jan Ruys, reconstitution).

Soldats géorgiens partant en patrouille, celui du centre porte une pouliémët PPSH soviétique. (photo Eddy Van Den Bergh, Timmy Van Den Bergh, Jan Ruys, reconstitution.)

Georgian soldiers leaving in patrol. The one in the centre is carrying a Soviet PPSH pouliémët, (photo: Eddy Van Den Bergh, Timmy Van Den Bergh, Jan Ruys, reconstruction).

Planche des armées géorgiennes avec le symbole de saint Georges, l'archer abkhaze, fond rouge des pattes de col, drapeau et cocarde géorgiens, drapeau de la période soviétique et carte du pays.

Plate of Georgian Armies with the symbol of Saint George, the Abkhaz archer, red background on the collar patches, Georgian flag and rosette, flag pertaining to the Soviet period and a map of the country.

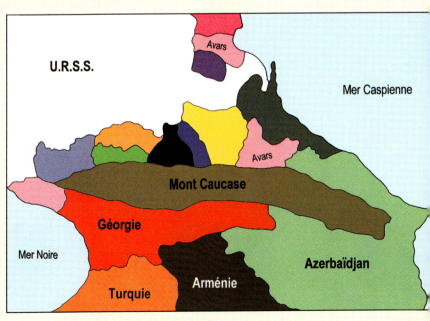

un régiment de parachutistes de la *Luftwaffe* et se battront fidèlement avec eux autour de Carentan au sud de la presqu'île du Cotentin, jusqu'à la fin des combats dans ce secteur.

On remarque dans l'affectation des unités géorgiennes que bon nombre d'entre elles ont été transformées en bataillons de servitude (chauffeurs, maçons, menuisiers et cuisiniers) pour organiser et sécuriser les zones arrières du front contre les premiers partisans soviétiques qui étaient destinés à harceler les troupes allemandes derrière les lignes.

Ce genre d'action existait aussi dans l'armée allemande sous la forme du *Sonderverband Bergmann* créé en décembre 1941 par les services internes de contre-espionnage, l'*Abwehr*. Le « commando », monté pour agir derrière les lignes soviétiques, était commandé par un autre orientaliste, le capitaine Theodor Oberländer, officier de réserve mais ancien professeur d'université, spécialiste des peuples de l'Est, très proche des autorités supérieures de l'OKW (*Oberkommando der Wehrmacht*).

Le *Sonderverband Bergman* comprenait cinq compagnies de Caucasiens dont deux de Géorgiens déjà d'origine militaire, d'Arméniens, et quelques Azerbaïdjanais « triés sur le volet ». Le commando fut instruit en Bavière à Mittenwald en matière de technique de sabotage et d'explosifs et envoyé combattre dans le Caucase en août 1942, où il subira de lourdes pertes dans le Terek. On retrouvera le commando en 1945 en Yougoslavie. On a aussi voulu former une division de cavalerie caucasienne, *le Kaukasischer Waffen-SS Verband* avec les meilleurs éléments, mais l'unité, qui devait comprendre 4 bataillons dès le début de l'année 1945, ne vit jamais le jour.

* Autres Unités géorgiennes

Bataillon 823 : Cette unité a eu la chance de se trouver affectée dans les îles Anglo-Normandes, Jersey, Guernesey, Serk, Jentou, Aurigny, dans la *319.Infanterie-Division* division d'infanterie allemande, qui ne tirera aucun coup de fusil pendant toute la guerre, cas unique dans la Wehrmacht. Les Géorgiens auraient été employés à surveiller très durement les prisonniers soviétiques qui creusaient les souterrains des îles.

Le *Generalleutnant Graf* von Schmettow, commandant la *319.Infanterie Division* se rendra aux alliés en mai 1945, sept heures après la signature de l'armistice.

Bataillon 798 : Les Géorgiens du 798 seront affectés dans le Golfe du Morbihan, puis à Périgueux, et une partie du bataillon se retrouvera dans les fameuses « poches » de l'Atlantique où les unités allemandes se retrancheront derrière leurs défenses et ne se rendront qu'après de durs combats contre les résistants et l'armée française en 1945. Quelques Géorgiens du 798 réussiront avant l'encerclement à rejoindre la « colonne » 1 (Elster) qui devait évacuer les troupes de Shandra Bose vers l'Allemagne, point de ralliement à Dijon.

Un bataillon lourd à quatre « schwere Kompanie » rattaché au 34e corps d'armée allemand du groupe d'armées E combattra derrière les lignes russes en mars 1945 et y sera totalement anéanti.

On verra au chapitre quatre, les nombreuses aventures des Géorgiens en France, passés aux maquis de la Résistance, tués au combat, ou déserteurs, ou encore repris, avec les suites que l'on imagine, par les officiers de l'armée soviétique venus rapidement dès 1944, récupérer tous les « Russes » ayant appartenu à la *Wehrmacht* !

regiment of the Luftwaffe and they fought loyally in the Carentan region, to the south of the Cotentin Peninsula, up to the end of combat in this sector.

It is notable in the assignment of the Georgians that a good number of them were converted into service battalions (chauffeurs, masons, carpenters and cooks) to organise and secure the zones behind the front against the first Soviet partisans who had been designated to harass the German troops behind the lines.

This type of action also existed in the German Army in the form of the Sonderverband Bergmann created in December 1941 by the internal services of counter espionage, the Abwehr. The "commando", formed to act behind Soviet lines was commanded by another orientalist, Captain Theodor Öberlander, reserve officer and previous university professor, specialist in people from the East and very close to the superior authorities of the OKW (Oberkommando der Wehrmacht).

The Sonderverband Bergman comprised five Caucasian companies, two of which were Georgian and already of military origin, Armenians, and some Azerbaijanis who were "hand-picked". The commando was trained in Bavaria at Mittenwald in technical sabotage subjects and explosives and was sent to fight in the Caucasus in August 1942, where he suffered heavy losses in the Terek. In 1945, the commando was to be found in Yugoslavia. It was also planned to form a Caucasian cavalry division, the Kaukasischer Waffen-SS Verband with the best elements, but the unit, which was to comprise four battalions from the beginning of the year 1945 never saw the light of day.

*Other Georgian units

Battalion 823: This unit was lucky enough to be posted on the Anglo-Norman islands of Jersey, Guernsey, Serk, Jentou and Aurigny, in the 319th Infantry-Division, a German infantry division that was never to fire a single shot throughout the whole war, a unique case in the Wehrmacht. The Georgians were assigned the task of closely watching over the Soviet prisoners who were digging underground tunnels through the islands.

General-Lieutenant Graf von Schmettow, commander of the 319th Infantry Division surrendered to the allies in May 1945, six hours after the signing of armistice.

Battalion 798: The Georgians from the 798th were assigned to the Gulf of Morbihan, then Périgueux and a part of the battalion found itself in the famous "pockets" in the Atlantic where the German units entrenched themselves behind their defences and only surrendered after hard battles against the resistance and the French army in 1945. Before being surrounded, some Georgians from the 798th managed to rejoin "column" 1 (Elster), which was supposed to evacuate Chandra Bose's troops to Germany, with a meeting point at Dijon.

One battalion lourd à quatre "schwere Kompanie" attached to the 34th German Army Corps in the E Group of Armies fought behind Russian lines in March 1945 and was completely devastated.

In chapter four, we will see the numerous adventures of the Georgians in France, who passed over to the Resistance Maquis, were killed in combat, deserted and even ex-prisoners, who met with such ends as can be imagined, imposed by the Soviet Army officers who came quickly after 1944 to recover all the "Russians" who had formed part of the Wehrmacht!

2) Les légions arméniennes

* Recrutement

Les bataillons arméniens ont été recrutés en même temps et dans les mêmes conditions que les Géorgiens, mais leur ressentiment contre les Soviétiques était beaucoup moins fort que celui qu'ils avaient contre les Turcs, anciens alliés des Allemands, en 1918. Au cours de la Première Guerre mondiale, des bataillons arméniens s'étaient battus aux côtés de la France et leur recrutement dans la *Wehrmacht* a rarement été guidé par le volontariat. L'immense diaspora arménienne dans toute l'Europe ne put rien faire d'important pour venir les récupérer en France en 1944, puisqu'ils étaient, jusque-là, de nationalité soviétique ! Réduite à un tout petit territoire malgré le Traité de Sèvres en 1923 et le Traité de Lausanne, l'Arménie réussit tout de même à fournir près de 18 600 soldats à la Wehrmacht, groupés en douze bataillons !

Les Arméniens seront formés au camp de Pulawy en Pologne, qu'ils quitteront en deux vagues successives. Une partie des hommes ira, comme les Géorgiens, à la division 162 Mirgorod en Ukraine. Quelques unités accompagneront les Géorgiens dans le *Sonderverband Bergmann*, et d'autres devaient partir au *SS-Kaukasischer-Verband* qui ne vit jamais le jour.

Les 808ᵉ et 809ᵉ bataillons seront formés à l'automne 1942.

Les 810ᵉ et 813ᵉ bataillons seront formés au printemps 1943 au Doulag 127 Lochwika.

Les 814ᵉ et 816ᵉ bataillons seront formés à l'automne 1943.

2) The Armenian Legions

*Recruitment

The Armenian battalions were recruited at the same time and under the same conditions as the Georgians, but their resentment towards the Soviets was much less strong that which they felt for the Turks, ancient allies of the Germans in 1918. Over the course of the First World War, the Armenian battalions fought on the French side and their recruitment into the Wehrmacht was rarely a voluntary decision. The immense dispersal of Armenians throughout Europe was practically helpless to come and recover these soldiers in France in 1944, as they were effectively of Soviet nationality! Reduced to a very small territory, in spite of the Treaty of Sèvres in 1923 and the Treaty of Lausanne, Armenia managed to provide the Wehrmacht with almost 18,600 soldiers, grouped into twelve battalions!

The Armenians were trained at the camp at Pulawy in Poland, which they left in two successive waves. A party of these men went, like the Georgians to the 162 Mirgorod Division in the Ukraine. Some units accompanied the Georgians in the Sonderverband Bergmann, while others had to leave for the SS-Kaukasischer-Verband though they never arrived.

The 808th and 809th Battalions were formed in the autumn of 1942.

The 810th and 813th Battalions were formed during the spring of 1943 at Doulag 127 Lochwika.

The 814th and 816th Battalions were formed in autumn 1943.

Photo d'*Osttruppen* en marche. Le photographe les a appelés Turcs en laissant entendre que des unités venant de Turquie combattaient avec les Allemands. (P.K. Kriegsberichter Muttherr.)

Photo of Osttruppen on the march. The photographer called them Turks, leading us to believe that the units coming from Turkey fought with the Germans, (P.K. Kriegsberichter Muttherr).

A la division 162 à Mirgorod seront formés les bataillons : *II./9, III./73, I./125* et *I./198* + 2 bataillons auxiliaires.

D'après Oleg V. Romanko, le bataillon 913 aurait été formé aussi au début de l'année 1943 et le 815 à l'automne de la même année.

* Affectations des unités

Les légions arméniennes suivront à peu près les mêmes affectations que les géorgiennes et azerbaïdjanaises, formant le groupe « *Kaukasien* » cher à Öberlander, qui vantait le mérite et la valeur de ces unités, auxquelles le Führer ne croyait pas.

Un bataillon fut affecté dans le Massif Central, le 799 dans le Limousin et l'Aquitaine, ainsi qu'en Seine Maritime. Le bataillon 815 partit en Italie en 1944.

Quelques Arméniens furent pris par les Français débarqués en Provence. Certains avaient commis des atrocités à La Londe et ils furent fusillés sur les ordres d'un colonel de l'armée d'Afrique.

3) Les Légions azerbaïdjanaises

* Recrutement

A l'origine, les Azerbaïdjanais avaient été groupés avec les unités du Turkestan, car ils étaient pour la plupart musulmans et représentaient un grand pays possédant un sous-sol pétrolifère intéressant beaucoup de nations d'Europe venues déjà, avant la guerre, faire des propositions pour prospecter. Les Azerbaïdjanais disaient ne rien avoir affaire avec ces dizaines de tribus éparses du Nord Caucase, simples bandes de peuples très différents les uns des autres, constamment en guerre et ne présentant aucun intérêt.

On créa donc pour les satisfaire une légion à part de 17 800 hommes que l'on instruisit à Prilouki en Pologne, au camp Doulag 200. 13 000 hommes allaient composer des bataillons et 21 compagnies d'unités de transports et de constructions.

Les bataillons azerbaïdjanais :

Automne 1942 : le 805 et le 804

Printemps 1943 : les 806, 807, 817, 818

Automne 1943 : les 819, 820

* Affectations des unités

De septembre 1942 à janvier 1943, 25 bataillons de Caucasiens allaient être utilisés en arrière du front allemand pour sécuriser les terrains conquis, dont le 804e bataillon d'Azerbaïdjanais dans le secteur de Nalchik et Mozdok.

Les unités azerbaïdjanaises seront envoyées en France après 1943 et on les trouvera en Limousin, dans le Calvados, l'Auvergne, le Languedoc, la Provence (806 et 804, 807) et le Cantal.

Ceux de Deauville, les plus photographiés apparemment, vont assurer la surveillance des bunkers et servir les pièces d'artillerie côtière. Calmes et très pratiquants, n'ayant que peu de contacts avec la population, ils n'exercèrent aucune exaction et furent faits prisonniers par les Anglais et les Canadiens.

Note : Les bataillons azerbaïdjanais formés à l'unité 162 étaient les *I./4, I./73, I./97, I./101, I./111, II./73*.

4) Les légions nord caucasiennes

Formée de trente-six « tribus » occupant la Ciscaucasie, au nord de la chaîne de montagnes, cette légion a été la plus difficile à grouper, compte tenu des dissensions qui existaient depuis le XVIIIe siècle et l'invasion des Russes tsaristes. Ces montagnes, ces vallées, peuplées de clans se faisaient la guerre.

From the 162nd Division at Mirgorod, the following battalions were formed: *II./9, III./73, I./125* and *I./198* plus two auxiliary battalions.

According to Oleg V. Romanko, the 913th Battalion must have also been formed at the beginning of 1943 and the 815th in autumn of the same year.

*Posting the units

The Armenian legions roughly followed the same assignment as the Georgian and Azerbaijanis, forming the "Kaukasien" group, dear to Öberlander, who boasted about the merit and value of these units, but which Hitler did not believe in.

One battalion was posted in the Massif Central, the 799th in Limousin and Aquitaine, as well in Seine Maritime. The 815th Battalion left for Italy in 1944.

Some Armenians were taken by the French when they landed in Provence. Some of them had committed atrocities at La Londe and were executed by firing squad under the orders of an African Army colonel.

3) The Azerbaijani Legions

*Recruitment

The Azerbaijani were originally grouped with the Turkestan units, as they were mostly Muslim and represented a large country with underground petroleum resources of interest to many European nations that had already come to make them prospecting propositions before the war. The Azerbaijani claimed to have nothing to do with these dozens of sparse tribes from Northern Caucasia, simply bands of people very different from one another, who were constantly at war and presented absolutely no interest.

Hence, to content them, a legion was created from 17,800 men trained at Prilouki in Poland, at Camp Doulag 200. 13,000 men went to form the battalions and 21 companies of transport and construction units.

The Azerbaijani Battalions:

Autumn 1942: The 805th and 804th

Spring 1943: The 806th, 807th, 817th and 818th

Autumn 1943: The 819th and 820th

*Posting the units

From September 1942 to January 1943, 25 Battalions of Caucasians were sent to be used behind the German front to secure the conquered terrain, the 804th Battalion of Azerbaijani being assigned to the sectors of Nalchik and Mozdok.

The Azerbaijani units were sent to France after 1943 and they were found in Limousin, Calvados, Auvergne, Languedoc and Provence (806th, 804th and 807th) and in Cantal.

Those from Deauville, apparently the most photographed, went to ensure the surveillance of the bunkers and to attend to the pieces of coastal artillery. Calm and very practical, having very little contact with the population, they exercised absolutely no exaction and were taken prisoner by the British and Canadians.

Note: The Azerbaijani Battalions trained in the 162nd unit were the: *I./4, I./73, I./97, I./101, I./111, II./73*.

4) The North Caucasian Legions

Formed of thirty-six "tribes" occupying the Caucasus, to the north of the mountain range, this legion was the most difficult to group, taking into account the dissensions that have existed since the 18th Century and the Tsarist Russian invasion. These mountains and valleys, inhabited by warring clans contained some 36 tribes.

Abkhazes, Didoës, Koubatchines, Tabasaranes, Adiges, Dargines, Lazes, Tyndales, Avars, Goboderines, Lakes, Tchamalales, Achvars, Ingouches, Lesguiens, Tchetchènes, Andilles, Kabardines, Nogaïes, Tcherkesses, Agoules, Karatches, Oudines, Balkachs, Koumiks, Ossètes, Bagoulales, Kvarchines, Routoules, Botliches, Karatines, Tates, Cachours, Kaytages, Taliches (2).

* **Recrutement**

Ce ne fut pas une mince affaire de grouper tous ces montagnards russes de nationalités différentes mais très attachés à leurs dialectes incompréhensibles et qui pouvaient répondre aux questionnaires par n'importe quelle histoire pour se faire valoir, ou au contraire pour cacher leur identité. Les Allemands avaient jeté des tracts dans tout le Caucase, rédigés en langue et écriture géorgienne, arménienne, arabe et persane, sans oublier le russe en cyrillique et le turc.

(2) Bernage (G.) « Les Tchétchènes dans la tourmente », 39/45 Magazine, n°104 (février 1995).

Soldat azerbaïdjanais. (Imperial War Museum, Londres.)

Azerbaijani soldier, (Imperial War Museum, London).

Abkhaz, Didos, Koubatchins, Tabasarans, Adiges, Dargins, Lazs, Tyndales, Avars, Goboderi, Lak, Tchamalales, Achvars, Ingush, Lezgins, Chechens, Andilles, Kabardins, Nogais, Cherkess, Aguls, Karachays, Oudines, Balkar, Kumyks, Ossets, Bagoulals, Kvarchines- Khvarshi, Rutuls, Botliches, Karatines, Tates, Cachours, Kaytages, Taliches (2).

*Recruitment

It was no small task to group all these Russian mountain people of different nationalities; they were very attached to their incomprehensible dialects and he who was able to reply to the questioning told whatever he thought would make him valuable, or to the contrary, tried to hide his identity. The Germans had dispersed leaflets throughout the whole of the Caucasus, written in the following scripts and languages: Georgian, Armenian, Arab and Persian, not to forget Russian written in the Cyrillic alphabet and Turkish.

The operation was led by the Luftwaffe aeroplanes and pro-German militants, who used their loud speakers in the mountains to reach the inhabitants of isolated villages. But there, the "volunteers" to fight against Bolshevism were still recruited in the prison camps, quite often under very brutal pressure.

*Posting the units

The Caucasians were gathered together at Wezola in Poland, under the direction of Major Haussele, on the 2nd of August 1942, to form the North Caucasian Legion, which would quickly become the Bergkaukasien or Caucasian Mountain Legion, 13,000

Sergent nord caucasien avec le poignard dans la botte.

A North Caucasus sergeant with a dagger in his boot.

(2) Bernage (G.) « Les Tchétchènes dans la tourmente », 39/45 Magazine, No. 104 (February 1995).

men in total, including the three companies of auxiliaries (4,000 men).

Three groups, representing four "nationalities" hence very dissimilar, managed to be formed.

1st nationality: Abkhaz, Adiges, Cherkess, Kabards, Balkars and Karachays

2nd nationality: North and South Ossets

3rd nationality: Ingush and Chechen

4th nationality: Avars, Dargins, Laks, Lezgis, Nogais, Kumyks

These groups were chosen, because they got on quite well together, spoke neighbouring Caucasian languages and hadn't had any particular "disputes" between them. It should be noted that these tribes lived in provinces with variable names. In Dagestan, for example, one found the Avars, Dargins, Nogais, Tates and the Laks. With the 3rd nationality comprising Ingush and Chechens, only one heavy company was formed (schwere Kompanie), the 1./844 (the Chechens and the Ingush were united at one point in history, the 1920s, to fight the "white" enemy (Denikine's troops?).

The following battalions were formed:

- Battalion 800 with the Cherkess (November 1942) that the Germans had found during their progress in the Caucasus, after Mordok and Maikop.

— Battalion 801 with men from Dagestan (November 1942)

— Battalion 802 with the Ossets (November 1942)

— Battalion 803 with the Ossets (in autumn 1943)

— Battalions 835 and 837 in autumn 1943 (nationalities unknown)

L'opération avait été menée par des avions de la Luftwaffe et des militants pro-allemands qui avaient disposé des hauts parleurs dans les montagnes, pour joindre les habitants des villages isolés. Mais là encore c'est dans les camps de prisonniers que l'on recruta, bien souvent avec des pressions très brutales, des « volontaires » pour combattre contre le bolchevisme.

* Affectations des unités

Les Ciscaucasiens furent rassemblés à Wezola en Pologne, sous la direction du *Major* Haussele, le 2 août 1942, pour former la légion nord caucasienne, qui deviendra rapidement la légion bergcaucasienne ou Caucasiens des montagnes, 13 000 hommes en tout, en comptant les 3 compagnies d'auxiliaires (4 000 hommes).

Trois groupes, représentant quatre « nationalités » pourtant très dissemblables, parviendront à être formés.

1re nationalité : Abkhazes, Adiges, Tcherkesses, Kabardines, Balkachs, Karatches

2e nationalité : Ossètes du Nord et du Sud

3e nationalité : Ingouches, Tchetchènes

4e nationalité : Avars, Dargines, Lakes, Lesguiens, Nogaïes, Koumiks

Ces groupes ont été choisis parce qu'ils s'entendaient assez bien, parlaient des langues caucasiennes voisines et n'avaient pas de « contentieux » particuliers entre eux. Il faut savoir que ces tribus vivaient dans des provinces aux noms variables, le Daghestan par exemple, où l'on va trouver des Avars, des Dargines, des Nogaïes, des Tates et des Lakes. Avec la nationalité 3 composée d'Ingouches et de Tchetchènes, on ne fera qu'une compagnie lourde *(schwere Kompanie)*, la 1./844 (les Tchetchènes et

les Ingouches se sont unis à un moment de l'histoire, dans les années 20, pour combattre l'ennemi « blanc » (les troupes de Denikine ?).

On formera :
- le bataillon 800 avec des Tcherkesses (novembre 1942) que les Allemands ont rencontrés dans leur progression dans le Caucase, après Mordok et Maïkop.
— le bataillon 801 avec des hommes du Daghestan (novembre 1942)
— le bataillon 802 avec des Ossètes (novembre 1942)
— le bataillon 803 avec des Ossètes (en automne 1943)
— les bataillons 835 et 837 en automne 1943 (nationalités non connues)

Il y aura aussi trois bataillons formés à la division 162 de Mirgorod, les 842, 843, et 844 avec des numérotations exceptionnellement les mêmes que celles reçues à Wezola. (*)

(*) : les bataillons de Bergcaucasiens (800 et 835) ont servi dans l'artillerie côtière en France, près d'Audierne en Bretagne et aussi en Seine-Maritime.

5) Les légions tatars (3)

- Les Tatars de Crimée

C'est en octobre 1941 que les Allemands décident de lever des troupes de Tatars de Crimée pour lutter contre les partisans, sous forme de détachements d'auto défense, dont le premier était né déjà sur l'initiative même des Tatars anti-bolcheviks pour protéger les populations. Le premier groupe comprenait 80 soldats, au village de Koush, où les partisans ne pouvaient plus pénétrer et, en novembre 1942, le nombre de Tatars dans les détachements d'auto défense était porté à 345. Plusieurs autres villages allaient ainsi s'organiser, comme Tuak, Uskut, Eni Sala, Bachy etc.

* Recrutement

L'organisation locale ne correspondant pas aux normes de la *Wehrmacht*, le 2 janvier 1942, des mesures furent prises et c'est la *11.Armee* qui fut chargée de former et recruter les Tatars, pour en faire des unités analogues à celles des autres « *Osttruppen* ».

Le recrutement se fit dans plus de 200 zones de Crimée et cinq camps de prisonniers. Il y eut dans les villages de nombreux volontaires, près de 9 000, avec lesquels on équipa 14 compagnies d'auto-défense. En août 1942, le *Generaloberst* Halder signa l'ordre N° 8000 qui officialisait cette formation, avec l'habituel discours sur l'égalité de ces « frères d'armes » et des soldats de la *Wehrmacht*.

(3) Sur ce sujet, cf Muñoz (A.) *The East came West*, pp. 193 à 202.

There were also three battalions formed from the 162nd Mirgorod Division, the 842nd, 843rd and the 844th numbered exceptionally the same as those received at Wezola. (*)

(*): Bergkaukasien Battalions (800 and 835) served in the French coastal artillery, close to Audierne in Bretagne and also in Seine-Maritime.

5) The Tatar Legions (3)

- The Tatar from Crimea

It was in October 1941 that the Germans decided to remove the Tatar troops from Crimea to fight against the partisans, in the form of self-defence detachments, the first of which was already created under the very initiative of the anti-Bolshevik Tatars in order to protect their populations. The first group comprised 80 soldiers, at the village of Koush, impenetrable by the partisans and in November 1942, the number of Tatars in self-defence detachments reached 345. Many other villages organised themselves in this way, such as Tuak, Uskut, Eni Sala, Bachy, etc.

(3) On this subject, cf. Muñoz (A.) *The East came West*, pp. 193-202.

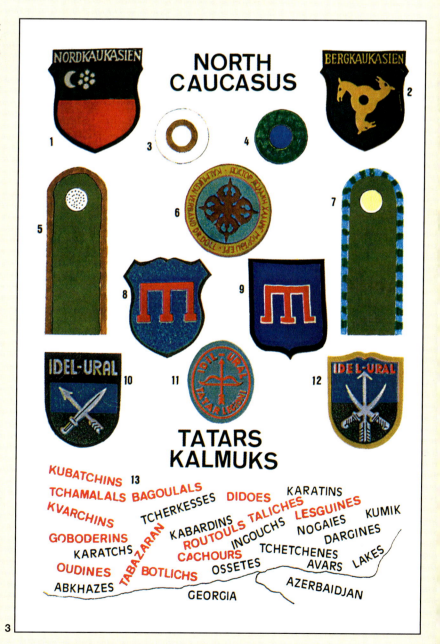

1 et **2.** Soldats nord caucasiens des bataillons de l'occupation en Bretagne. (photo A. Le Berre et A. Legrand, *La Bretagne à l'épreuve*.)

3. Planche nord caucasienne avec les insignes de bras (deux sortes: *Berg Kaukasien* et *Nord Kaukasien*) cocardes, bordures brunes des Nord Caucasiens, et bleu avec alternances de vert pour les Tatars. Plaques de bras des Tatars (T. russe à 3 pattes) insignes des Kalmouks du Dr. Doll et les insignes de bras Idel Ural de 3 types.

1 and **2.** North Caucasus soldiers from the battalions occupying Bretagne, (photo: A. Le Berre and A. Legrand, *La Bretagne à l'épreuve*.)

3. A North Caucasus plate with arm insignia (two sorts: Bergkaukasien and Nordkaukasien), rosettes, brown borders for the North Caucasians and blue alternating with green for the Tatars. Tatar arm plates (Russian Tatar with 3 badges), insignia of Dr. Doll's Kalmouks and the Idel-Ural arm insignia of three types.

Insignes et drapeaux tatars, losanges des sections de travailleurs, brassard du service du travail et bande de bras de la « légion turque » très éphémère.

Tatar insignia and flags, lozenges from the works sections, armbands from the work service and that of the "Turkish Legion", which were very short-lived.

* Affectations des unités

En février déjà, on avait envoyé un groupe de Tatars se battre contre l'armée rouge sur le détroit de Kertch et près de Sébastopol, ville aux mains des Allemands depuis des mois. Des unités de *Schuma*, auxiliaires de la *Wehrmacht*, furent d'abord installées dans les villages (8 bataillons) 147e et 154e à Simféropol, 148e à Karazubazar, 149e à Bakhshizar, 150e à Yalta, 151e à Alusht, 152e à Dzanskoe, 153e à Fesdosia.

Le besoin de nouvelles compagnies se faisant sentir, un second recrutement eut lieu en novembre 1942 et, en avril 1943, favorisé par le comité musulman Tatar, et subordonné à la SS. Toutes les unités furent mises sur pied avec des armes légères et combattirent dès lors contre les partisans jusqu'à la fin de l'année 1942.

Après le retrait des troupes allemandes du Caucase, un certain nombre de Tatars déserteront et, repris par les Allemands, seront fusillés, en particulier un de leur chef, A. Kerimov, commandant du 154e régiment. Devant le nombre croissant de défections, un tiers des bataillons Tatars fut désarmé, les ex volontaires mis dans des camps de concentration.

En avril, mai 1944, les Tatars restés fidèles combattaient encore l'armée soviétique et furent envoyés en Roumanie dans une unité SS, la légion Turk, *Waffengruppe Krim* à 2 bataillons. 15 à 20 000 Tatars servirent ainsi la *Wehrmacht*, sur une population de Crimée évaluée à l'époque à 220 000 habitants.

- Tatars de la Volga

Ils faisaient partie d'un régiment formé par Mayer Mader, l'ancien commandant du 1er bataillon de la légion du Turkestan, qui voulut former, comme on le lira plus loin, la Légion Turk SS. Les Tatars de la Volga (Idel Ural) formèrent sept bataillons composant un effectif de 40 000 hommes avec les quinze compagnies auxiliaires affectées à l'armée allemande.

Les bataillons 825 et 827, prêts au printemps 1943, et les 828 et 831 prêts à l'automne, furent envoyés combattre l'armée soviétique. On forma, avec un bataillon composé de 5 compagnies le *Waffen-Grup-*

*Recruitment

The local organisation did not correspond to the rules of the Wehrmacht, on the 2nd of January 1942, measures were taken and it was the 11th Army that took charge of recruiting and training the Tatars, to create parallel units to the rest of the Osttruppen.

Recruitment took place in more than 200 areas of Crimea and five prison camps. Numerous volunteers came from the villages, close to 9,000, with which 14 self-defence companies were equipped. In August 1942, the Generaloberst Halder signed order No. 8000, which made this training official, with the usual discourse of these "brothers in arms" and the soldiers of the Wehrmacht.

*Posting the units

By February, a group of Tatars had already been sent to fight against the Red Army at the Kertch Strait and near Sebastopol, a town that had been in the hands of the Germans for several months. The Schuma units, auxiliaries to the Wehrmacht, were then installed in the villages (eight battalions): The 147th and 154th at Simferopol, the 148th at Karazubazar, the 149th at Bakhshizar, the 150th at Yalta, 151st at Alusht, the 152nd at Dzanskoe, the 153rd at Fesdosia.

The need for new companies was beginning to be felt and a second recruitment campaign took place in November 1942 and, in April 1943, the campaign was promoted by the Muslim Tatar committee and the recruits were subordinated to the SS. All the units were equipped with light weapons and fought the partisans from that moment up to the end of 1942.

After the retreat of the German troops from the Caucasus, a certain number of Tatars deserted and, recaptured by the Germans, they were executed by firing squad, particularly one of their chiefs, A. Kerimov, commander of the 154th regiment. Faced with an increasing number of defections, a third of the Tatar Battalions were disarmed and the ex-volunteers were placed in the concentration camps.

pe *Idel Ural*, destiné au front d'Italie, qui ne devait jamais y parvenir totalement.

- Brigade de Tatars de montagne SS

L'idée de former une unité de montagne SS Tatar est née en avril 1944 après le regroupement ordonné par le commandement de la police allemande en Crimée.

Les huit bataillons de « *Schutzmanschaft* » c'est-à-dire unités de protection des territoires occupés (bataillons 147 à 154) se transformèrent en *Waffen Gebirgs Brigade der SS Tatar N°1*.

Les régiments I, II, III furent utilisés à Dzahanzkoe avec deux divisions roumaines mais ces armées furent rapidement repoussées le 14 avril vers Simferopol et refluèrent vers la Roumanie, avec 36 000 Allemands, 16 000 volontaires Osttruppen, 1 600 civils de Crimée et près de 7 000 Roumains.

6) *Les unités de cavalerie de Kalmouks* (4)

D'origine mongole, les Kalmouks ont émigré au XVIIIe siècle vers les steppes de la Volga sans jamais embrasser la religion islamique ni s'intégrer aux Turcs, pourtant très présents en Asie Centrale. On peut dire que ces unités qui servirent un jour dans l'armée allemande y seront les seuls bouddhistes (avec quelques Mongols de Mongolie soviétique). L'arrivée des Russes tsaristes, et surtout, les Soviétiques, transforma radicalement les us et coutumes kalmouks, et ces peuples qui comprenaient plus de 190 000 personnes au début du XXe siècle n'étaient plus qu'environ 100 000.

L'avance allemande dans le Caucase occasionna quelques pointes locales en pays kalmouk sur les

(4) Sur ce sujet voir :
- Littlejohn, (D.) *Foreign Legions of Deutsche Reich*, San Jose, Californie, USA (James Bender publishing), vol. 4.
- Muñoz (A.) *The East came West*, pp. 149 à 160.

In April and May 1944, the Tatars remained loyal continued to fight the Soviet Army; they were sent to Rumania in an SS unit, the Turk Legion and Waffengruppe Krim in two Battalions. 15 to 20,000 Tatars also served the Wehrmacht, compared to the population of Crimea, estimated to have been 220,000 habitants at the time.

-The Tatars of the Volga

They formed part of a regiment formed by Mayer Mader, the old commander from the 1st Battalion of the Turkestan legion, who wanted to create the Turkish SS Legion, as will be read later on.

The Tatars of the Volga (Idel-Ural) formed seven battalions comprising a force of 40,000 men with the 15 auxiliary companies assigned to the German Army.

Around spring 1943, Battalions 825 and 827 were sent to fight the Soviet Army, as were the 828th and 831st in the autumn. A Battalion composed of five companies, the Waffengruppe Idel-Ural, was formed, destined for the Italian front, but they were never completely successful.

-Mountain Tatar SS Brigade

The idea of forming a mountain Tatar SS unit was born in April 1944 after the regrouping ordered by the commander of the German Police in Crimea.

The eight battalions of the "Schutzmanschaft", that is the protection units of the occupied territories (Battalions 147 to 154) were converted into the Waffen Gebirgs Brigade der SS Tatar N°1.

Regiments I, II and III were used at Dzahanzkoe with two Rumanian divisions, but these armies were quickly driven back towards Simferopol on the 14th April and surged back towards Rumania with 36,000 Germans, 16,000 volunteer Osttruppen, 1,600 Crimean civilians and nearly 7,000 Romanians.

Tatars avec leur drapeau (bleu et vert ou bleu et rouge) et l'arc avec la flèche. (Revue *Uniformi*, J. Rutkiewicz, Parma, Italie.)

Tatars with their flag (blue and green or red) and the bow and arrow, (Uniformi Magazine, J. Rutkiewicz, Parma, Italy).

Tatars de l'armée soviétique, remarquer la gamelle allemande typique.

Tatars from the Soviet Army. Note the typically German mess tin.

Livret d'identité et de service d'un Tatar (Andrei Vlassev) du *Wolga Stamm-Bataillon*. (Collection privée.)

Identity and service booklet belonging to a Tatar (Andrei Vlassev) from Volga Stamm Battalion, (private collection).

bords de la mer Caspienne près d'Astrakhan. La capitale du pays Kalmouk, Elista, servit de base aux soldats de la 16e division d'infanterie pour lutter contre les partisans soviétiques et c'est le *Major* Potelmann qui eut l'idée d'utiliser des unités kalmouks de cavalerie pour combattre les partisans.

Ces cavaliers avaient été au préalable formés par les soviets pour harceler les envahisseurs allemands mais grâce à un ancien officier russe de la 1re Guerre mondiale (Otmar Werva, encore nommé Rudolf Verba, et aussi Doctor Otto Doll), on eut la possibilité de « retourner » les cavaliers kalmouks contre les Soviétiques.

Otto Doll fut nommé « *Sonderführer* ». Ancien caporal de l'armée tsariste devenu officier, il était un des

6) The Kalmyk Cavalry units (4)

Of Mongolian origin, the Kalmyks migrated to the steppes of the Volga during the 18th Century, without ever having embraced the Islamic religion or becoming integrated with the Turks, who were nevertheless very present in Central Asia. It could be said that these units, which would one day serve in the German Army were to be the only Buddhists (with some Mongols from Soviet Mongolia). The arrival of the

(4) On this subject see:
- Littlejohn, (D.) Foreign Legions of Deutsche Reich, San Jose, California, USA (James Bender publishing), vol. 4.
- Muñoz (A.) The East came West, pp. 149-160.x

Russian Tsarists and moreover the Soviets, radically transformed the Kalmyk's habits and customs and these people, who numbered more than 190,000 were no more than about 100,000 people by the beginning of the 20th Century.

The German advance in the Caucasus enabled them to undertake several scouting expeditions into Kalmyk country along the edge of the Caspian Sea, close to Astrakhan. The capital of the Kalmyk country, Elista, served as a base for the soldiers of the 16th infantry division to fight against the Soviet partisans and it was Major Potelmann who had the idea of using the Kalmyks cavalry units to fight the partisans.

Its cavalry had initially been formed by the Soviets to harass the German invaders, but thanks to an old Russian officer from the First World War (Otmar Werva, also named Rudolf Verba or Doctor Otto Doll), it was possible to turn the Kalmyk cavalrymen against the Soviets.

Otto Doll was named "Sonderführer". An old Corporal of the Tsarist Army who became an officer, he was one of the rare few who could speak the Kalmyk's language and rapidly became highly appreciated by these Asians, somewhat forgotten in their steppes.

The religion and the Buddhist temples were rebuilt and the Germans promised once again to restore the ancestral customs and independence to the Kalmyk country.

*Recruitment

In December 1942, 3,000 men were recruited, following active research on the small horses "Panje" that were highly resistant and the only horses able to tolerate the harsh steppe climate and wind. Five groups were formed in August 1943, corresponding to the heavy battalion, each with five squadrons. A battalion comprised 750 men, the squadron 150 (unit analogous with the Cossack Sotnia) and a squad of 48 men (vezvod).

*Posting the units

In January 1943, ten squadrons were stationed at Salsk with the regiment of Cossacks, "von Jungschultz", and the Kalmyk unit renamed Kalmuker Verband Dr. Doll since October 1942, retreated towards Taganrog with the 3rd Panzer-Division:

Battalion I: squadrons 1, 4, 7, 8 and 18
Battalion II: squadrons 5, 6, 12, 20 and 23
Battalion III: squadrons 3, 14, 17, 21 and 25
Battalion IV: squadrons 2, 13, 19, 22 and 24

The 9th, 10th, 11th, 15th and 16th remained in Kalmyk country for a year after the retreat of the Wehrmacht.

Throughout the year of 1943, the Kalmyks remained in the country reoccupied by the Russians and behind their lines, hunting down Soviet partisans.

At the time of the German retreat from the Caucasus, they patrolled along the coasts of the Caspian Sea, over the territory where they had always lived, defending against Soviet partisan intrusions. However, they had to leave the territory with their families and seven cavalry squadrons forming the KKK (Kalmukisches Kavallerie Korps) to arrive in July 1944, firstly in the Ukraine and then in Poland. It is estimated that 3,000 men and 150 Kalmyk officers constituted the KKK cavalry, i.e., two brigades in each of the two regiments.

They ended up in Bavaria in 1945, after having been regrouped with the Cossacks in Croatia, but as simple infantrymen.

Un officier de la Wehrmacht félicite un soldat des Osttruppen. (*Signal.*)

A Wehrmacht officer congratulating one of the Osttruppen soldiers, (*Signal*).

rares à parler la langue des Kalmouks et devint rapidement un ami très apprécié de ces Asiatiques un peu oubliés dans leurs steppes.

La religion et les temples bouddhistes y furent reconstruits, les Allemands promirent une fois de plus de restaurer les coutumes ancestrales et l'indépendance du pays Kalmouk.

* Recrutement

En décembre 1942, 3 000 hommes avaient été recrutés, après une recherche active de petits chevaux « Panje » très résistants, les seuls à pouvoir supporter le climat et le vent des steppes. Cinq groupes furent formés en août 1943, correspondant à un bataillon lourd à cinq escadrons chacun, bataillon composé de 750 hommes, l'escadron en comptant 150 (unité analogue à la « sotnia cosaque ») et le peloton 48 hommes (vezvod).

* Affectations des unités

En janvier 1943, dix escadrons furent stationnés à Salsk avec le régiment de Cosaques « von Jungschultz » et l'unité kalmouk déjà devenue *Kalmuker Verband Dr. Doll* depuis octobre 1942, fit retraite vers Taganrog avec la *3. Panzer-Division* :

Bataillon I : escadrons 1, 4, 7, 8, 18
Bataillon II : escadrons 5, 6, 12, 20, 23
Bataillon III : escadrons 3, 14, 17, 21, 25
Bataillon IV : escadrons 2, 13, 19, 22, 24

Les 9e, 10e, 11e, 15e et 16e restèrent un an en pays Kalmouk après le retrait de la *Wehrmacht*.

Tout au long de l'année 1943, les Kalmouks restèrent en pays réoccupés par les Russes et derrière leurs lignes, en chassant les partisans soviétiques.

A gauche, peut être un sous-lieutenant de la Wehrmacht. A droite, un Asiate portant une bande blanche longitudinale sur sa patte d'épaule, mais des *Litzen* allemands.

Au moment du retrait allemand du Caucase, ils patrouillèrent le long des côtes de la mer Caspienne, sur le territoire où ils avaient toujours vécu, contre les intrusions des partisans soviétiques. Ils durent toutefois quitter le territoire avec leurs familles et sept escadrons de cavalerie formant le KKK (*Kalmukisches Kavallerie Korps*) pour se rendre, en juillet 1944, en Ukraine d'abord, puis en Pologne. On estime à 3 000 hommes et 150 officiers kalmouks le nombre des cavaliers du KKK, c'est-à-dire deux brigades de deux régiments chacune.

Ils finirent en Bavière en 1945 après avoir été regroupés en Croatie, avec des Cosaques, mais simplement comme fantassins.

To the left, perhaps a Wehrmacht second lieutenant. To the right, an Asian wearing a longitudinal white band on his shoulder patch, but of German "Litzen" (braid).

7) Les légions du Turkestan

* Recrutement (5)

Devant la complexité des autres légions, les Allemands décidèrent de créer avec les ressortissants des peuples d'Asie Centrale une légion du Turkestan, donc composée d'Ouzbeks, Kazakhs, Karakalpakstanais, Balkachs, Karatches, Turkmènes, Kirghizs et quelques autres tribus. L'idée d'un futur état du Turkestan naquit parmi les autorités de Berlin, sous le protectorat allemand. Cette légion, formée en 1942, reçut très vite des journaux, comme le *Yani Turkestan*, *Milli Turkestan*, où l'on vantait la création de cet état et la « libération de l'Asie Centrale » du joug bolchevik.

Formations en Pologne (Trawniki, Poniatowa) :

Fin de l'année 1942 : six bataillons du Turkestan 450, 452, 781, 782, 783, 784

Début de l'année 1943 : cinq bataillons du Turkestan 785, 786, 787, 788, 789

Milieu de l'année 1943 : trois bataillons du Turkestan 790, 791, 792

A la 162ᵉ division de Mirgorod on formera des unités depuis mai 1942, jusqu'à mai 1943 :

1/29, 1/94, 1/295, 1/370, 1/371, 1/389, 1/44, 1/305, 1/100, 1/384, 1/279, 1/76, 1/71, 1/79, 1/129, 1/375, 1/113, + 111 Compagnies (travaux, chauffeurs etc.)

NB: Le bataillon « Turk » 480 a été formé en décembre 1943.

En mai 1942, le bataillon 789 commandé par le capitaine allemand Ernecke devient Turk Infanterie-Bataillon 789.

* Affectations des Unités

Des bataillons du Turkestan seront rapidement envoyés combattre dans les territoires de Ciscaucasie, en particulier dans le secteur de Tuapse (bataillons 452 et 781) mais aussi à Nalchik et Mozdok (bataillons 450, 782 et 811). Cependant, il y eut des désertions, 43 hommes du bataillon 781.

Une partie des bataillons fut envoyé à l'Ouest après la chute de Stalingrad et le retrait des troupes allemandes de Ciscaucasie. On les retrouvera en France, à Castres, ou le long des côtes de l'Atlantique (bataillons 781 et 782).

Comme si le moral des troupes du Turkestan n'était pas assez bas, la Turquie a déclaré la guerre à l'Allemagne en 1945! Ce fut un coup terrible pour ces troupes qui se considéraient comme des descendants des Turcs glorieux de l'Empire ottoman...

(5) Sur ce sujet cf Lamarque (Ph.) « La légion Turque », 39/45 Magazine N°80.

7) The Turkestan Legions

*Recruitment (5)

Faced with the complexity of other legions, the Germans decided to create a Turkestan legion, with nationals from Central Asia, which was thus composed of Uzbeks, Kazakhs, Karakalpakstanis, Balkar, Karatchay, Turkmen, Kyrgyz and some other tribes. The idea of a future state of Turkestan was born amongst the Berlin authorities, under German protectorate. This legion, formed in 1942, very quickly received newspaper articles such as the Yani Turkestan and the Milli Turkestan, praising the creation of this state and the "liberation of Central Asia" by the Bolshevik Yoke.

Formations in Pologne (Trawniki, Poniatowa):

The end of 1942: Six battalions from Turkestan (450, 452, 781, 782, 783 and 784)

Beginning of 1943: Five battalions from Turkestan (785, 786, 787, 788 and 789)

Middle of 1943: Three battalions from Turkestan (790, 791 and 792)

The units were trained in the 162nd Mirgorod Division from May 1942 to May 1943:

1/29, 1/94, 1/295, 1/370, 1/371, 1/389, 1/44, 1/305, 1/100, 1/384, 1/279, 1/76, 1/71, 1/79, 1/129, 1/375, 1/113, and 111 Companies (works, chauffeurs etc.)

NB: The "Turk" Battalion 480 was trained in December 1943.

In May 1942, Battalion 789 commanded by the German captain Ernecke became Turk Infantry Battalion 789.

*Posting the Units

The battalions from Turkestan were quickly sent to fight in the Ciscaucasian territories, particularly in the Tuapse sector (Battalions 452 and 781), but also to Nalchik and Mozdok (Battalions 450, 782 and 811). However, there were some desertions: 43 men from Battalion 781.

A party of battalions was sent to the West after the fall of Stalingrad and the retreat of the German troops from Ciscaucasia. They were found in France, at Castres, and along the Atlantic coasts (Battalions 781 and 782).

As if the morale among the Turkestan troops were not low enough, Turkey declared war on Germany in 1945! This was a terrible blow for these troops who considered themselves to be descendents of the glorious Turks from the Ottoman Empire...

(5) On this subject cf. Lamarque (Ph.) « La légion Turque », 39/45 Magazine N°80

- La division *Turk SS (Ostturkischer Verband der SS)*

* Recrutement

En 1944, Andreas Meyer Mader, qui est un officier très motivé et très apprécié, pour une fois, par les hommes du Turkestan, prend le commandement d'une « légion » composée des restes des unités du Turkestan avec des Tatars de Crimée, de la Volga et quelques Azerbaïdjanais. Grâce à l'influence du spécialiste Gottlob Berger et du grand mufti, les hommes ainsi rassemblés peuvent être formés à la façon SS et être bien « légitimés ».

- The Turk SS Division *(Ostturkischer Verband der SS)*

*Recruitment

In 1944, Andreas Meyer Mader, who was a highly motivated officer and for once, highly esteemed by the men from Turkestan, took command of a "legion" composed of the rest of the Turkestan units with the Tatar from Crimea, from the Volga and some Azerbaijani. Thanks to the influence of the specialist Gottlob Berger and the Great Mufti, the men thus gathered together could be trained in the SS manner and be quite "legitimate".

Un soldat du Turkestan avec l'insigne de bras portant la mosquée et l'inscription Biz Alla Billen. (Gott mit uns.)

A soldier from Turkestan, whose arm insignia carries the mosque and the inscription "Biz Alla Billen". (Gott mit uns – May God be with us)

Drapeaux des différents pays du Turkestan ancien, dont l'un de l'époque soviétique à la faucille et marteau très discrets, la bannière de l'émir de Siva. En bas, des symboles récents du Tadjikistan, Ouzbékistan, Turkménistan.

Flags of various countries from ancient Turkestan: one from the Soviet epoch with the very discrete scythe and hammer; the banner of the Emir of Siva. Below, are some recent symbols from Tajikistan, Uzbekistan, and Turkmenistan.

Soldbuch d'un soldat de la « légion du Turkestan ». (*Uniformi,* J. Rutkiewicz.)

Soldbuch of a soldier from the "Turkestan Legion", (Uniformi, J. Rutkiewicz*).*

Trois bataillons ont réussi à être formés, à peu près 3 000 hommes, avec des sous-officiers qui ont survécu aux combats de Stalino et des échappés de Stalingrad. Malheureusement, l'équipement et l'armement n'ont pas changé et la légion Turk se bat toujours avec des vieilles mitrailleuses Maxim sur chariot de bois, le vieux FM Degtyarev, le fusil Mosin Nagant… De plus le moral est assez bas et il baisse encore plus quand Meyer Mader est tué pendant un combat et qu'il est remplacé par un certain capitaine SS Billig, en mars 1944, qui se serait avéré incapable et grand buveur.

L'unité va aller se battre en Biélorussie contre des partisans soviétiques, et des « taupes » communistes vont infiltrer la légion Turk. A son tour, le capitaine SS Billig est tué et ce n'est qu'en mai 1944 que le nouveau capitaine SS Herrmann peut à peu près rétablir la situation.

* Affectations des Unités

La légion est envoyée en Pologne où elle rejoint une brigade disciplinaire commandée par Wilhelm Hintergazt, spécialiste des questions d'Orient, où il a reçu le nom de Haroun el Rachid Bey ! Quand le capitaine Herrman est tué à son tour, et en raison de la situation générale, la légion Turk ne restera une unité SS que grâce à l'appui du grand mufti et d'un autre spécialiste des troupes musulmanes Velim Hayoum Khan. Sans eux la légion Turk aurait été dispersée dans l'armée russe de libération du général Vlassov.

Avec les débarquements alliés en Europe, les désertions augmentent et une partie de la légion éclate. Les Azerbaïdjanais rejoignent la légion caucasienne et l'on forme avec ce qui reste ce que l'on appelle en France un « régiment de marche », sorte d'unité de combat indépendante, et qui sera nommée « Waffengruppe Turkestan ».

- La Brigade Turk

En Février 1945, on recompose *l'Ostturkische Verband der SS* avec 2 000 hommes, qui devient une brigade, comprenant un millier de soldats « volksdeutsche » c'est-à-dire d'origine germanique, 200 sous-officiers et 11 officiers. En mai 1945, cette légion se voit augmentée d'un millier de Tatars que l'on décide d'envoyer en Italie, mais l'armistice survient quand l'unité s'apprêtait à rejoindre l'Autriche.

L'Ostturkische Verband der SS, formée en grande cérémonie avec l'aval des autorités religieuses islamiques, de Himmler lui-même, et un groupe de spécialistes de l'Orient, n'eut pas l'efficacité escomptée car elle a été mal équipée, très mal admise dans la SS aux règlements très stricts et à la motivation parfaite.

La fidélité au régime a été insuffisante, l'unité s'est livrée à des exactions et des atrocités en Biélorussie qui ont marqué les populations à un point tel que des régiments SS ont dû intervenir et même peut-être tuer le commandant de la légion Meyer Mader, qui avait laissé commettre ces débordements !

Et pourtant les soldats d'Asie Centrale, le Turkestan, avaient opté en grand nombre pour combattre les bolcheviks qui commirent dans leurs nations respectives des actes répréhensibles. Le rapport du haut commandement allié d'octobre 1943 *(File V.S. V.O. of 10/X /1943 Mil. Propaganda)* signale que les soldats d'Asie Centrale « *ont été incorporés dans l'armée allemande avec les mêmes droits que les soldats allemands… et qu'ils pouvaient être promus au même grade* »… ce qui n'est vrai qu'à demi.

En réalité, une partie de ces hommes s'est bien battue, avec courage, et un bataillon de soldats du Turkestan a combattu à Stalingrad jusqu'à la dernière cartouche! Ce sont là des faits isolés.

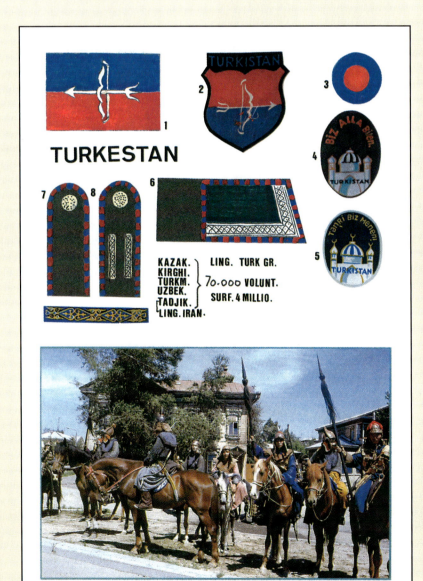

Three battalions managed to be trained, about 3,000 men, with non-commissioned officers who had survived the combats of Stalino and escapees from Stalingrad. Unfortunately, the equipment and weaponry hadn't changed and the Turk Legion still battled with old Maxim machineguns on wooden chariots, the old FM Degtyarev, the Mosin Nagant rifle... In addition, morale was quite low and it was to fall even lower when Meyer Mader was killed in combat and replaced by a certain Captain SS Billig, in March 1944, who proved to be incapable and a heavy drinker.

The unit went to fight in Belarus against the Soviet partisans and the communist "moles" who came to infiltrate the Turk Legion. In turn, Captain SS Billig was killed and it wasn't until May 1944 that the new Captain SS Herrmann managed to re-establish the situation little by little.

*Posting the Units

The legion was sent to Poland where it would rejoin a disciplinary brigade commanded by Wilhelm Hintergazt, specialist in Oriental affairs, where he received the name of Haroun el Rachid Bey! When Captain Herrman was in turn killed, and due to the general situation, the Turk Legion only remained an SS unit thanks to the support of the Great Mufti and another specialist in Muslim troops, Velim Hayoum Khan. Without them, the Turk Legion would have been dispersed into General Vlassov's Russian Liberation Army.

With the allied landings in Europe, the desertions increased and a part of the legion broke off. The Azerbaijani rejoined the Caucasian Legion and with the remaining soldiers, what was called in France a "régiment de marche" was formed, a type of independent unit, which was named "Waffengruppe Turkestan".

-The Turk Brigade

In February 1945, the Ostturkische Verband der SS was recomposed with 2,000 men and became a brigade, comprising a thousand "volksdeutsche" soldiers, I.E., of Germanic origin, 200 non-commissioned officers and 11 officers. In May 1945, a thousand Tatar, who had been destined for Italy, increased this legion but Armistice occurred when the unit was preparing to rejoin Austria.

The Ostturkische Verband der SS, formed during a great ceremony with support of Islamic religious authorities, by Himmler himself and a group of Oriental specialists, did not function with the anticipated efficiency, as it was very badly equipped, poorly accepted in the SS with its very strict regulations and perfect motivation.

Loyalty to the regime was insufficient, the unit was left to the exactions and atrocities at Belarus, which marked the population to the point that the SS regiments had to intervene and may have even killed the commander of the legion Meyer Mader, who permitted these excesses!

Hence the soldiers of Central Asia and Turkestan had decided in great numbers to fight the Bolsheviks who had committed reprehensible acts in their respective countries. The report of the Allies' high commander of October 1943 (File V.S. V.O. of 10/X /1943 Mil. Propaganda) states that the soldiers of Central Asia "have been incorporated into the German Army with the same rights as the German soldiers... and that they could be promoted to the same grade"... This was only half true.

In reality, a party of these men had fought well, with courage and a battalion of Turkestan soldiers fought at Stalingrad up to the last cartridge! Events such as these were isolated.

1. Turkestan flag, arm insignia, rosette, new arm insignia, borders alternating between blue and red for the grade of second lieutenant, sergeant's collar badges. Photo of a Middle Age re-enactment, (Chamanisme at Tuva, Museum of Culture at Anvers, Jan Alphen).

2. Studio photo of five soldiers from Turkestan, (same source).

3. A soldier from Turkestan with a camouflage zeltbahn (tarpaulin) worn as a poncho, (Uniformi, J. Rutkiewicz).

1. Drapeau du Turkestan, insigne de bras, cocarde, nouveaux insignes de bras, bordures alternant le bleu et le rouge avec grade de sous-lieutenant, patte de col de sergent. Photo d'une reconstitution moyenâgeuse. (Chamanisme à Touva, Musée de la culture d'Anvers, Jan Alphen.)

2. Photo de salon de cinq soldats du Turkestan (même origine)

3. Un soldat du Turkestan avec la *Zeltbahn* camouflée portée en poncho. (*Uniformi*, J. Rutkiewicz.)

Rare photo d'un officier de la Wehrmacht aux côtés d'un officier asiate à l'insigne de bras et aux pattes de col inconnus, mais avec l'aigle allemand sur la poitrine. (Tamas Baczoni, Photothèque, Musée militaire de Budapest, Hongrie.)

Rare photo of a Wehrmacht officer next to an Asian officer with unknown arm insignia and collar lapels, but with the German eagle on his belly, (Tamas Baczoni, photo gallery, Military Museum of Budapest, Hungary).

Les Osttruppen non slaves en guerre dans le Caucase

Des Caucasiens récupérés dans les camps de prisonniers ont combattu aux côtés des Allemands dès 1942, pour libérer leurs régions du joug soviétique. Il y eut même des Arabes dans le secteur de la Kuma.

Turkestan
450ᵉ bataillon à Astrakhan, pays Kalmouk
782ᵉ bataillon à Astrakhan, pays Kalmouk
811ᵉ bataillon à Astrakhan, pays Kalmouk
452ᵉ bataillon, région de Tuapse sur la Mer Noire
781ᵉ bataillon, région de Tuapse sur la Mer Noire
I./370ᵉ, région de Naltchik et Mozdok

Nord Caucasiens
801ᵉ et 802ᵉ bataillons, région de Naltchik et Mozdok
800ᵉ bataillon, région de Tuapse

Azerbaïdjanais
804ᵉ bataillon à Sukhumi
805ᵉ, 806ᵉ, I./111 région de Naltchik et Mozdok
I/73ᵉ, à Anapa et près de Novorossisk

Géorgiens
795ᵉ bataillon, région de Naltchik et Mozdok
796ᵉ bataillon à Tuapse
I/9ᵉ à Anapa et près de Novorossisk
II/4ᵉ à Anapa et Termjuk

Arméniens
808ᵉ bataillon à Tuapse
809ᵉ bataillon à Naltchik et Mozdok

Les drapeaux militaires de la Wehrmacht et de la 1ʳᵉ division de chasseurs de montagne flottent sur le Mont Elbrouz, dans le Caucase à plus de 5000 mètres d'altitude. (Tamas Baczoni, Photothèque, Musée militaire de Budapest, Hongrie.)

The military flags of the Wehrmacht and the 1st Division of Mountain Chasseurs billowing on Mount Elbrus, in the Caucasus at more than 5,000 metres altitude, (Tamas Baczoni, photo gallery, Military Museum of Budapest, Hungary).

The non-Slav Osttruppen at war in the Caucasus

The Caucasians recovered from the prison camps fought beside the Germans from 1942, to free their regions from Soviet Yoke. There were even some Arabs in the Kuma sector.

Turkestan
450th Battalion - Astrakhan, Kalmyk country
782nd Battalion - Astrakhan, Kalmyk country
811th Battalion - Astrakhan, Kalmyk country
452nd Battalion – Tuapse region, on the Black Sea
781st Battalion – Tuapse region, on the Black Sea
I./370th - Naltchik and Mozdok regions

North Caucasians
801st and 802nd Battalions - Naltchik and Mozdok regions
800th Battalion – Tuapse region

Azerbaijani
804th Battalion - Sukhumi
805th, 806th, I/111 Naltchik and Mozdok regions
I/73ᵉ - Anapa and near Novorossisk

Georgians
795th Battalion - Naltchik and Mozdok regions
796th Battalion - Tuapse
I/9th - Anapa and near Novorossisk
II/4th - Anapa and Termjuk

Armenians
808th Battalion - Tuapse
809th Battalion - Naltchik and Mozdok

Les premiers alliés de la Wehrmacht dans le Caucase furent des chameaux. Tamas Baczoni, Photothèque, Musée militaire de Budapest, Hongrie.)

The first allies of the Wehrmacht in the Caucasus were the camels, (Tamas Baczoni, photo gallery, Military Museum of Budapest, Hungary).

Insignes et uniformes des *Osttruppen*

Tous les prisonniers de guerre et les volontaires, ralliés depuis l'invasion du Caucase jusqu'à la fin de l'année 1943 devaient en principe porter un uniforme spécial rappelant leurs origines nationales, c'est à dire avant l'annexion tsariste. Certains avaient porté des insignes et des drapeaux que les Soviétiques interdirent dès les années 20.

* Grades et écussons

En Allemagne, le DUZ (*Deutschen Uniformen Zeitschrift*) avait été créé en 1933 pour modifier les uniformes de l'armée allemande, compte tenu du nouveau régime, hitlérien. L'amalgame des deux or- ganismes précédents, le « *Schwert und Spaten* » (l'épée et la bêche) et le « *Uniformen Markt* », qui avait produit les uniformes des années 20, donna un service très attaché aux traditions prussiennes, avec quelques insignes nouveaux, plus modernes, et surtout porteurs de la croix gammée.

Le DUZ avait dessiné des planches montrant les uniformes des *Osttruppen*, sans l'aigle à croix gammée, avec des grades différents, dont l'ensemble ne devait être publié dans le n° 24 qu'en décembre 1943, époque où l'uniformologie passait au dernier plan des urgences!

Normalement, les *Osttruppen* étaient divisés en deux grandes catégories sur le plan des insignes, car on n'eut pas le temps ni les moyens de fabriquer des uniformes différents, d'un vert très éloigné du *feldgrau* germanique. Les Russes du général Vlassov, et les Cosaques portèrent des insignes de grades et des cocardes de coiffure rappelant fidèlement les insignes de la période des Tsars. Ce furent ces Russes, qui portaient sur le bras l'insigne à croix de Saint André bleue, qui respectèrent le plus et jusqu'au bout leurs uniformes spécifiques.

Les autres devaient porter des mélanges de barrettes argentées et des « clous carrés » (pips), pour les caporaux, des barrettes (de 2 à 3) pour les sous officiers, horizontales, et deux verticales pour le grade ambigu que certains traduisent par aspirant ou adjudant. Les officiers portaient sur les épaules une mince ganse, baguée ou non de passants dorés.

Au col, des galons en angle droit surchargés d'un à deux galons penchés pour les sous-officiers, un rectangle en galon argenté avec un ou deux « clous » pour les sous officiers subalternes, et on aurait dû voir un jour des officiers supérieurs avec le rectangle portant un galon argenté penché avec un ou deux « clous ».

Mais il n'y eut jamais vraiment d'officier supérieur dans les armées d'*Osttruppen*, et encore moins de généraux, pour lesquels le DUZ avait prévu de très belles pattes de col de couleur avec le symbole national au milieu et une bordure dorée !

Chaque homme portait, en principe, une cocarde de calot à deux couleurs, une patte de col à la bordure colorée selon l'origine nationale, et même un passepoil de couleur sur les pattes d'épaule. Sur le bras droit, l'écusson national : Géorgie, Azerbaïdjan, Arménie, Nord Caucase (puis *Bergkaukasien*), Tatars de Crimée, Tatars de Volga, Kalmouks, Turkestan (trois formes d'écusson), Croatie, Arabes et Indiens. Ces deux dernières légions ne devaient pas porter les insignes spéciaux du DUZ, on les a toujours vu porter des insignes de la Wehrmacht !

Avec le débarquement des Alliés, et même de nombreux mois auparavant, on peut dire que les insignes spéciaux, ne pouvant être renouvelés, subirent des transformations telles qu'il fut bientôt impossible de s'y retrouver, nous en montrerons des photos qui sont une petite partie des fantaisies apportées au système. Après juin 1944, la plupart des *Osttruppen* portent l'uniforme allemand, avec même quelquefois des ceinturons SS, des casquettes d'officiers de la Wehrmacht, y compris l'aigle à croix gammée, que les Osttruppen n'avaient jamais voulu découdre de leurs vestes.

Normalement, chaque « nation » représentée avait une couleur, que certains, voulant garder quelque chose de leur pays d'origine, porteraient longtemps sur les pattes d'épaule, sous la forme d'une petite ficelle colorée :

Turkestan : bleu clair, Bergcaucase : brun foncé, Azerbaïdjan : vert très clair, Tatars : bleu et vert alterné, Géorgie : rouge sang et, selon la planche du N° 24 de Signal, alternance de Arménie : jaune d'or bleu et rouge pour le Turkestan

Les couleurs avaient été choisies pour ne pas être confondues avec les couleurs de passepoil de la Wehrmacht, qui désignaient l'arme et non la nationalité:

Rouge vif : artillerie

Vert foncé : troupes de montagne

Bleu foncé : service de santé

Jaune clair : transmissions, etc. (2)

* Les drapeaux des Osttruppen

Dès le début des formations armées des *Osttruppen*, les hommes ont rechigné pour défiler ou même occuper des locaux où flottait le seul drapeau à croix gammée. Ces soldats avaient quitté leurs pays pour servir l'Allemagne, avec en échange la promesse de l'indépendance de leur nation d'origine après la « Victoire Finale ». On leur avait donné des insignes, des écussons, il fallut leur donner des drapeaux.

Nous en connaissons une partie grâce aux nombreuses publications. Celui de la Géorgie, de l'Arménie, de l'Azerbaïdjan, et des Tatars. Mais avec les événements de la fin d'année 1943 et la défaite de Stalingrad en janvier février 1943, la question des drapeaux passa au second plan.

C'est grâce à Monsieur Michel Corbic et aux docteurs Jean Renault et Marc Landry (3) que nous avons pu retrouver une partie des drapeaux et symboles du Caucase, celui des Abkhazes des Adiges, du Daghestan, des Kalmouks, des montagnards et même les pavillons de tribus moins connues, les Tchetchènes, les Lazes, les Kabardines, et bien d'autres.

Grâce aux magazines russes des années 90, nous avons pu, avec l'aide de monsieur Gérard Gorokhoff, obtenir des planches d'insignes de grades et des drapeaux portés en Asie Centrale et au Caucase.

Celles des Khanats de Boukhara et de Khiva, sur la Route de la Soie, avec les pattes de col et les insignes de manche, dataient de 1920 et montraient les insignes très orientaux, avec des arabesques, le croissant et l'étoile et des étoiles rouges (un peu cachées par les rubans). Les noms d'unité étaient en caractères de type arabe, ou turcs, ou persans. (4)

Au Caucase, l'armée géorgienne de 1920 portait des galons de couleur pour les sous-officiers, à la couleur de l'arme, et des galons dorés ou torsadés pour les officiers.

Dès le début des années 30, Staline obligea les provinces du Caucase et d'Asie à quitter cette « uniformologie décadente » pour porter les grades soviétiques, triangles, carrés, rectangles et losanges rouges pour tout le monde.

Actuellement, toutes les provinces autonomes et indépendantes portent des insignes traditionnels, ou des insignes russes modifiés. Seuls les Mongols sont revenus aux Pah Beul, ces croisillons dorés à angles aigus ou arrondis qui sont des marques millénaires.

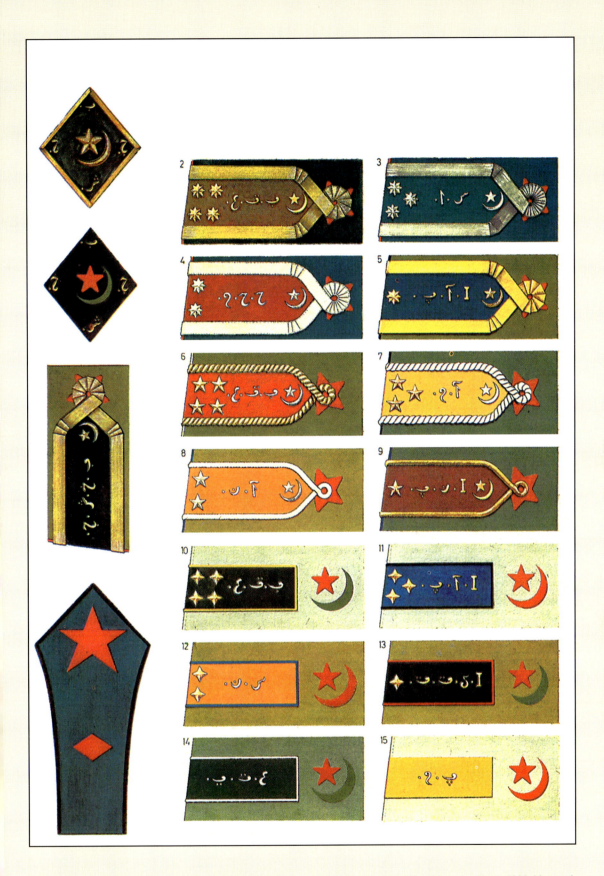

Planche de A. Stepanov (Revue *Orel* N°1, 1993, Moscou). Sous le régime soviétique et de 1922 à 1926, les Khanat de Boukhara et Siva ont porté des insignes de grades bien à eux (étoiles à 4 branches pour les sous-officiers, à cinq branches pour les officiers subalternes, à cinq branches et bordures en torsade pour les officiers supérieurs, et des étoiles à huit branches pour les généraux). Les symboles sont très orientaux et les symboles soviétiques très discrets. Le fond des pattes d'épaule ou de col indique l'arme. Sur le bas de manche, la patte classique avec le grade et l'étoile de l'armée rouge (avant 1943).

Plate of A. Stepanov (Orel Magazine No. 1, 1993, Moscow). Under the Soviet Regime and from 1922 to 1926, the Khanates of Bukhara and Siva carried their own insignia (four-pointed star for the non-commissioned officers, five-pointed stars for the junior officers, five-pointed ones with twisted thread for the chief officers and eight-pointed ones for the generals). The symbols were very oriental and the Soviet symbols very discrete. The backgrounds for the shoulder patches and collar lapels indicated the weapons used by the soldier. On the sleeve cuff, was the classic patch with the grade and Red Army star (before 1943).

* Les décorations

Les décorations de l'armée allemande n'ont jamais été portées par les soldats des *Osttruppen*, à part peut-être quelques rares exceptions. En effet, le droit à une médaille dans la Wehrmacht ou la *Waffen-SS* nécessitait des actions de guerre hors du commun et des actes de courage répétés.

Les soldats des *Osttruppen* se sont quelquefois battus très vaillamment, dans le Caucase d'abord, puis en Yougoslavie et même au cours du débarquement de Normandie entre juin et août 1944. Mais rares sont ceux qui ont été vus sur les milliers de photos récupérées, à l'ECPA en France, à la BA en Allemagne, au musée de Ljubljana, au service photo de l'armée canadienne, avec la Croix de Fer ou la Croix du Mérite de Guerre.

Trois décorations avaient été préparées pour eux, le ruban vert avec deux bordures blanches, ou deux rouges, ou sans bordures de couleur. La médaille était une sorte d'étoile qui était, selon le grade de la décoration soit de couleur bronze, soit argentée, soit dorée.

Elles étaient beaucoup moins belles que les décorations soviétiques, aux couleurs et dessins très orientaux, avec arabesques et caractères arabes, croissant et étoile, portant très discrètement en leur milieu, une étoile rouge et une faucille avec marteau. Les Soviétiques en effet, récompensaient les dignitaires et les militaires du Caucase et de l'Asie Centrale qui avaient combattu contre les Russes tsaristes de Dénikine ou de Koltchak, mais aussi contre les bandes du Caucase qui refusaient le régime soviétique...

Pour récompenser les combattants, leur donner des nouvelles, leur faire part de leur avancement, des décorations méritées, et des encouragements de leurs chefs, des journaux leur étaient régulièrement apportés, sur le front. A partir de 1944, la distribution diminua considérablement compte tenu du passage des troupes à l'Ouest.

NOTES
(1) Caballero Jurado (C.), Lyles (K.), *Foreign Volunteers of the Third Reich*, Osprey Men at Arms, N° 147, London 1984.
(2) Smet (J.L. de) *Uniformen des Heeres 33-45*, Mil. Coll. Serv. Niederland.
(3) Franciae Vexillae (Société de Vexillologie), Paris.
(4) Magazine Tzeughaus, N°1, Moscou 1993.

Osttruppen insignia and uniforms

All the prisoners of war and volunteers, rallied together since the invasion of the Caucasus until the end of 1943 had to wear a special uniform reminding them of their national origins, i.e. before Tsarist annexing. Some of them carried insignia and flags prohibited by the Soviets since the 1920s.

*Grades and crests

In Germany, the DUZ (Deutsche Uniformen Zeitschrift) had been created in 1933 to modify the German Army uniforms taking into consideration Hitler's new regime. The amalgamation of the two previous organisms, the "Schwert und Spaten" (the sword and the spade) and the "Uniformen Markt", which had produced the uniforms since the 1920s, provided a service highly linked with Prussian traditions, with some new insignia that were more modern and bore the swastika.

The DUZ had designed plates showing the Osttruppen uniforms without the eagle and swastika, with different grades and the whole series was not to be published until the 24th edition in December 1943, when uniforms passed to the bottom of the list of priorities!

Normally, the Osttruppen were divided into two large categories in the insignia plan, as there was neither the time nor the means to manufacture uniforms in a green very different from the Germanic feldgrau. General Vlassov's Russians and the Cossacks carried grade insignia and headdress rosettes loyally reflecting the insignia from the Tsar period. It was the Russians who wore the blue Saint André cross on their arms, which deeply respected their specific uniforms.

The others had to wear a mixture of silver coloured clips and the

"crossed clips" (pips), for the corporals, the horizontal clips (from two to three) for the non-commissioned officers, and two vertical ones for ambiguous grades that some have interpreted as cadet or warrant office. The officers wore a thin braided cord, sometimes ringed with golden loops.

At the collar, the right-angled stripes overloaded with one or two tilted stripes for the non-commissioned officers, a rectangle silver stripe with two "clips" for the subaltern non-commissioned officers and we should one day have seen chief officers with the rectangle carrying a tilted silver stripe with one or two "clips".

But there were never really any chief officers in the Osttruppen Armies and even less generals, for whom the DUZ had planned very beautifully colourful collar badges with the national symbol in the middle and a golden border!

Each man wore, in principle, a two-coloured cap rosette, a collar badges with the border coloured according to the national origin and even a coloured piping on the shoulder patch. On the right arm, they wore the national crest: Georgia, Azerbaijan, Armenia, the North Caucasus (later Bergkaukasien), Tatar from Crimea, Tatar from the Volga, Kalmyks, Turkestan (three forms of crest), Croatia, Arabs and Indians. These last two legions were never to wear the special DUZ insignia; they were always seen with the Wehrmacht insignia!

With the Allied landings, and even several months beforehand, it became no longer feasible to reproduce the special insignia, so they underwent many transformations, not all of which can be found, so we show some photos that represent a small part of the system's imagination. After June 1944, the majority of the Osttruppen wore the German uniform, sometimes even with the SS belts, Wehrmacht officers' caps, including the eagle and swastika that the Osttruppen had never wanted to remove from their jackets.

Normally, each "nation" was represented with a colour and some, who wanted to retain something from their country of origin, wore this colour for a long time on the shoulder patches, in the form of a small coloured thread:

Turkestan: light blue, Bergkaukasie: dark brown, Azerbaijan: very light green, Tatars: blue and green alternated, Georgia: blood red, and according to plate No. 24 from Signal, there was a variant for Armenia: golden yellow and blue and red for Turkestan.

The colours were chosen to avoid confusion with the Wehrmacht piping colours, which referred to the weapon rather than the nationality:

Bright red: artillery

Dark green: mountain troops

Dark blue: health services

Light yellow: transmissions, etc. (2)

*The Osttruppen flags

From the outset of the Osttruppen army formations, the men balked at the idea of parading or even being present at places where a single swastika flag hung. These soldiers had left their countries to serve Germany, in exchange for the promise of independence for their nation of origin after the "Final Victory". They had been given insignia and crests: It only remained to give them flags.

We are aware of some of these, thanks to numerous publications: Those of Georgia, Armenia, Azerbaijan and the Tatar. However, given the events at the end of 1943 and the defeat of Stalingrad in January-February 1943, the question of a flag fell into second plane.

It is thanks to Mr Michel Corbic and the Doctors Jean Renault and Marc Landry (3) that we managed to recover a part of the Caucasian flags and symbols, being those of the Abkhaz, Adiges, Dagestan, Kalmyks, the mountain people and even the flags of lesser known tribes, such as the Chechens, Laz, Kabardins and many others.

Thanks to Russian magazines from the 90's, we have been able, with the help of Mr Gérard Gorokhoff, to obtain the plates of insignia grades and flags carried in Central Asia and the Caucasus.

Those pertaining to the Khanates from Bukhara and Khiva, along the Silk Road, with collar badges and sleeve insignia, dated from 1902 and showed very original insignia, with Arabesques, the crescent and the red stars (slightly hidden by the ribbons). The names of the units were marked in Arabic, Turkish or Persian characters. (4)

In the Caucasus, the 1920 Georgian Army wore coloured stripes for the non-commissioned officers, the weaponry colours and golden stripes or twists for the officers.

From the beginning of the 1930s, Stalin obliged the provinces of

the Caucasus and Asia to remove this "decadent uniformology" and carry Soviet grades: Triangles, squares, rectangles and lozenges, red for everyone.

Actually, all the autonomous and independent provinces carried traditional or modified Russian insignia. Only the Mongols returned to the Pah Beul. Golden crosspieces with acute or rounded angles were the millennium marks.

*Decorations

The German Army decorations were never worn by the Osttruppen troops, perhaps apart from some rare exceptions. In effect, the right to a medal in the Wehrmacht or Waffen-SS was earned through uncommon war deeds and repeated acts of courage.

The soldiers of the Osttruppen often fought very valiantly, firstly in the Caucasus and then in Yugoslavia and even during the Normandy landings between June and August 1944. However, they were rarely seen in the thousands of photos recovered from the ECPA in France, the BA in Germany, the Ljubljana Museum and the Canadian Army photo service photo with the Iron Cross or the War Merit Cross Cross.

Three decorations were prepared for them: The green ribbon with two white borders, with two red borders or without coloured borders. The medal was a sort of star, which was according to the grade of decoration of a bronze, silver or gold colour.

They were much less attractive than the Soviet decorations, with very oriental colours and designs, with arabesques and Arabic characters, the crescent and star and carried very discretely in the middle a red star and a sickle with a hammer. The Soviets, in effect, rewarded the dignitaries and soldiers from the Caucasus and Central Asia who had fought against Denikine or Koltchak's Tsarist Russians, but also those who fought against the Caucasian groups that rejected the Soviet Regime…

To reward the fighters, provide them with news, make them aware of their progress, decorations gained and the encouragement of their superiors, newspapers were regularly brought to the front. From 1944 onwards, their distribution diminished considerably as a result of the troops' westward passage.

NOTES

(1) Caballero Jurado (C.), Lyles (K.), Foreign Volunteers of the Third Reich, Osprey Men at Arms, No. 147, London 1984.

(2) Smet (J.L. de), Uniformen des Heeres 33-45, Mil. Coll. Serv., The Netherlands.

(3) Franciae Vexillae (Société de Vexillologie), Paris.

(4) Magazine Tzeughaus, No. 1, Moscow 1993.

De la même façon, la Géorgie a créé entre 1918 et 1920 des insignes de grades très personnalisés, bandes rouges pour les sous officiers supérieurs. Galons dorés pour les officiers subalternes, et torsades dorées pour les officiers supérieurs. Drapeau et symbole géorgien. (J. Renault et M. Landry.)

Similarly, Georgia created highly personalised insignia between 1918 and 1920, with red stripes for the officers, golden stripes for the junior officers and golden braids for the chief officers. Georgian flag and symbol, (J. Renault and M. Landry).

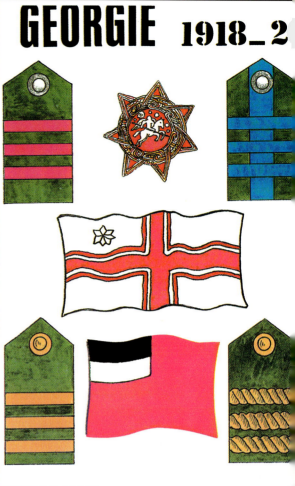

Toujours dans le même esprit, mais bien plus tard en 1942, les Arméniens ont porté, mais très peu de temps, des insignes de grades très inspirés des modèles prévus par la WH mais en rouge, au lieu d'être argentés ou dorés. (J. Renault et M. Landry.)

In the same sprit, though much later and for a brief period, in 1942, the Armenians wore grade insignia greatly inspired by the models planned by the WH but in red, instead of silver or gold, (J. Renault and M. Landry).

Insignes de grades prévus pour l'année 44 et réservés aux « Osttruppen » du Caucase et de l'Asie centrale, sauf pour les Cosaques de l'armée Vlassov qui avaient repris les « pogon » ou pattes d'épaule de l'armée tsariste. La planche de Signal de décembre 1943 montrait les pattes de col des officiers et des pattes d'épaule pour tous les grades (en haut: officiers subalternes, au milieu: officiers supérieurs et en bas: généraux). Ce système n'a jamais été porté compte tenu des événements.

Grade insignia planned for 1944 and reserved for the Osttruppen from the Caucasus and Central Asia, except for the Cossacks from the Vlassov Army, which had adopted the "pogon" or Tsarist Army shoulder patches. The Signal plate from December 1943 shows the officers collar badges and the shoulder patches of all the grades (above: junior officers; middle: chief officers and below: generals). This system was never employed, due to the subsequent events.

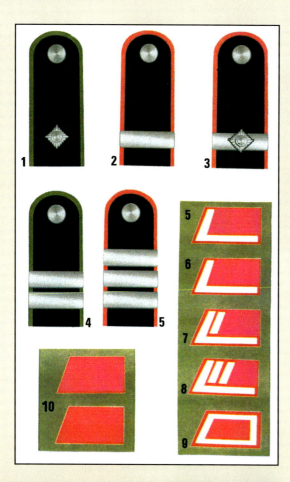

La planche montre le système de grades qui a été porté et confirmé par les nombreuses photos de l'époque. Les caporaux et sous officiers portaient sur les pattes d'épaule un système d'étoile analogue aux « pips » britanniques avec : 1) soldat de 1re classe, 2) caporal, 3) sergent, 4) sergent-chef. Le fond devait être à la couleur du pays (jaune, oranger, rouge, vert et bleu) mais le côté trop voyant a interdit ces couleurs. Au col 5) et 6) sergent, 7) et 8) sergent-chef, 9) sous-lieutenant, 10) soldats de 2e classe.

The plate shows the grade system that was worn and confirmed by numerous photos of the epoch. The corporals and non-commissioned officers carried on the shoulder patches a system of stars analogous to the British "pips", with: 1) 1st class soldier; 2) corporal; 3) sergeant; and 4) technical sergeant. The background should have been the country's colour (yellow, orange, red, green and blue) but their bright aspect prohibited the use of these colours. On the collar: 5) and 6) sergeant; 7) and 8) technical sergeant; 9) second lieutenant; and 10) second-class soldiers.

Pattes de col de quatre nations du Caucase et du Turkestan pour les généraux qui auraient commandé les armées de ces pays si l'Allemagne avait vaincu l'Union Soviétique.

Collar badges of four nations of the Caucasus and Turkestan for the generals who would have commanded these countries, had Germany beaten the Soviet Union.

This sergeant (two gold stripes on the shoulder patch), has two stripes on the sleeve, while in the Wehrmacht, these two sleeve stripes were reserved for the company warrant officers, the "Spiess" or "mother of the company" with their large booklets placed inside their jacket necklines.

Insignes de l'armée mongole de 1939. Les généraux portent les croisillons arrondis (1). Les officiers supérieurs les croisillons longs à angle droit (2). Les officiers subalternes les carrés ajourés (3). Les sous-officiers portent des triangles (4). Patte de bas de manche de général (5). Drapeaux de Mongolie et de Touva (6).

Insignia of the Mongolian Army in 1939. The generals wore the small rounded cross pieces (1). The chief officers wore the long right-angled crosses (2). The junior officers had open design squares (3). The non-commissioned officers wore triangles (4). General Sleeve cuff patches (5). Flag of Mongolia and Tuva (6).

Ce sergent (deux galons argentés sur la patte d'épaule) porte 2 galons sur les manches alors que dans la *Wehrmacht*, ces deux galons de manche sont réservés aux adjudants de compagnie, les « Spiess » ou « mère de la compagnie » avec leur gros carnet passé dans l'échancrure de la veste.

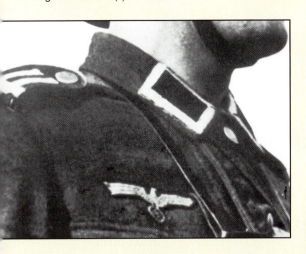

Cette fois c'est une patte de col de sous-lieutenant, les deux barres longitudinales sont réglementaires sur la patte d'épaule pour ce grade, mais le galon horizontal est sans signification.

This collar badge belongs to a non-commissioned officer; the two longitudinal bars on the shoulder patch are regulation for this grade, but the horizontal stripe bears no meaning.

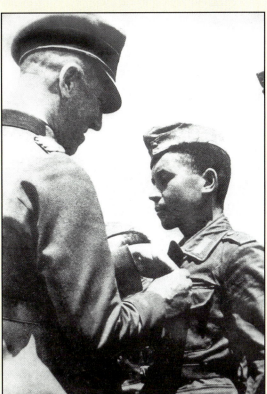

Le général Hellmich décore un soldat du Turkestan.

General Hellmich decorates a soldier from Turkestan.

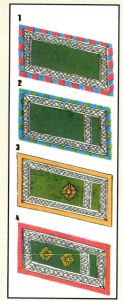

Pattes de col d'officiers réglementaires en 1943: 1) sous-lieutenant (Turkestan), 2) lieutenant (Tatar), 3) capitaine (Arménie), 4) major (Géorgie). Pattes d'épaule: 5) sous-lieutenant, 6) lieutenant, 7) capitaine, 8) major. Au centre, pattes de col de sous-officier sur fond feldgrau, toujours portées sous cette forme et couleur.

Regulation collar badges of officers in 1943: 1) second lieutenant (Turkestan); 2) lieutenant (Tatar); 3) captain (Armenia); and 4) major (Georgia). Shoulder patches: 5) second lieutenant; 6) lieutenant; 7) captain; and 8) major. In the middle: Collar badges of a non-commissioned officer on a feldgrau (field grey) background worn in this form and colour.

DECORATIONS DE L'URSS POUR LE CAUCASE ET L'ASIE CENTRALE

Les décorations réservées aux combattants d'Asie Centrale.

Decorations reserved for Central Asian fighters.

Les décorations réservées aux combattants caucasiens.
Origine: *Décorations Militaires Russes* de V.A. Durov.

Decorations reserved for Caucasian fighters. Source: *Décorations Militaires Russes* de V.A. Durov.

Le sort des prisonniers « Russes » dans les camps allemands

Selon des rapports d'interrogatoires nombreux effectués par les spécialistes des armées alliées de 1944 à 1945, il a été possible de connaître les conditions d'internement des prisonniers russes dès les premiers jours de l'opération Barbarossa jusqu'à la fin des hostilités, et les traitements qui leur ont été appliqués.

Les soldats russes capturés par la *Wehrmacht* étaient d'abord menés à l'arrière le plus souvent à pied, plus rarement en train, et mis dans une zone simplement entourée de barbelés, sans eau, sans nourriture, sans soins, après les longues marches au cours desquelles les premiers décès survinrent.

Sans vivres pendant près de vingt jours, souvent battus et quelquefois abattus, les prisonniers étaient au plus bas de leur condition physique et morale et l'on dit même que des cas de cannibalisme ont été relevés. Un de ces survivants raconte que dans le camp situé près de Chutor Michalowka, le nombre des prisonniers serait tombé de 45000 à 6000 en quelques mois.

Quelques-uns furent contactés pour servir dans la police de Gomel et assurer ainsi une surveillance de l'arrière dans les pays conquis. Ceux qui refusaient étaient abattus immédiatement… Un prisonnier finit par se retrouver plus tard dans l'armée Vlassov, dans le bataillon 441.

Un autre prisonnier déclara que dans le camp de Kremenchoug, plus de 50000 hommes moururent en neuf mois. Plutôt que de mourir de faim, de soif, dans le dénuement le plus total, certains choisirent de partir dans un bataillon de travail, au lieu de « rester en enfer ».

Le docteur Melnikov qui a étudié le problème après guerre, a conclu que près de six millions de Russes, prisonniers ou civils déportés ont été utilisés dans l'industrie, l'agriculture et l'armée, en dehors des Russes embrigadés dans la *Wehrmacht* et la SS, chiffre estimé à 600 000 environ.

Melnikov et Graschew affirment que la plupart des camps allemands de prisonniers ont été fermés à la fin de 1943 car leurs occupants avaient été tués, ou utilisés par les Allemands! Ils ont découvert au cours des interrogatoires que certains Russes se déclarèrent très vite pro allemands, pour être mieux traités et ils ont estimé le nombre de ces « collaborateurs authentiques » à 10 % en moyenne. Les simples déportés, eux aussi derrière des barbelés étaient traités de la même façon que les prisonniers de guerre mais ils subissaient beaucoup mieux la propagande allemande qui les mettaient en garde contre ce qui les attendait s'ils tombaient entre les mains des Alliés.

Toutefois, le gouvernement soviétique réussit à contacter les prisonniers russes qui se trouvaient employés par les Allemands pour leur demander d'effectuer des sabotages dans le dos de l'ennemi et d'accueillir même des partisans pour les aider. Quelques-uns y parvinrent mais les représailles furent terribles, jusqu'à ce que de nombreux prisonniers, devenus partisans, attaquent les installations et libèrent leurs camarades.

L'interrogatoire de nombreux prisonniers russes a permis de connaître l'avis des soviets à propos des prisonniers de l'armée rouge dans les camps allemands. Le jeune Samarotsky, par exemple, interrogé par un officier américain, déclara qu'il avait été fait prisonnier à Wyasma en octobre 1941. Il s'est évadé mais fut repris en 1942. Il dit ne pas avoir voulu s'évader à nouveau car Staline considérait tous les prisonniers comme des traîtres! « *Dès qu'on nous savait prisonniers, on avertissait nos familles que nous étions morts pour la patrie et notre nom serait à jamais chéri par le peuple. Si on revenait tout de même dans l'armée rouge après s'être évadé, on passait en cour martiale et on était mis en prison* » !

Un autre, Cherednichenko, déclara à peu près la même chose, mais son cas était différent, il avait été pris les armes à la main et assommé par le « blast » d'une grenade. Ses camarades s'occupèrent de lui et mis dans un camp d'où il refusa de s'évader. Il devait se plaindre à l'officier américain qui l'interrogeait, disant qu'il s'était battu jusqu'à sa dernière cartouche, encerclé par au moins quinze Allemands. Malgré cela il ne pouvait plus rentrer chez lui un jour! Il expliqua qu'on lui avait raconté en URSS que dans les pays capitalistes, le peuple souffrait et mourait. Les Soviétiques ne pouvaient donc plus accepter des soldats qui s'étaient rendus compte du contraire en se trouvant ailleurs qu'en URSS.

Tous les prisonniers russes capturés par les Américains et qui regardaient les magazines, les journaux et parlaient avec les interprètes, ne pouvaient plus, en effet, retourner au paradis soviétique…

1. Soldats russes prisonniers sur le carrelage d'un grand bâtiment.
2. Prisonniers servant de cobayes pour tester la valeur des tenues camouflées soviétiques. (Tamas Baczoni, Photothèque, Musée Militaire de Budapest.)
3. Le découpage précis des maigres rations de pain.
4. Un journaliste enregistre ce que dit un prisonnier soviétique parmi des soldats de la Wehrmacht. (photo Heinz Bergschicker)

1. Russian soldiers taken prisoner, on the tiled floor of a large building.
2. Prisoners serving as guinea pigs to test the value of keeping them in Soviet camouflage, (Tamas Baczoni, Photo gallery, Military Museum of Budapest).
3. The precise cutting of meagre bread rations.
4. A journalist records what a Soviet prisoner has to say about the Wehrmacht soldiers, (photo: Heinz Bergschicker).

The type of "Russian" prisoners in the German camps

Thanks to the interrogation accounts of numerous soldiers by Allied Army specialists from 1944 to 1945, it has been possible to discover the confinement conditions of the Russian prisoners from the first days of Operation Barbarossa up to the end of the hostilities and the treatments applied to them.

The Russian soldiers captured by the Wehrmacht were first taken behind the lines, often on foot and more rarely by train and placed in a zone simply surrounded by a barbed wire fence, without food or water, or care, after the long marches during which the first deaths occurred.

Without provisions for about twenty days, often beaten, sometimes to death, the prisoners were at the lowest point in their physical condition and morale and it is even said that cases of cannibalism have been revealed. One of the survivors tells that in the camp situated near Chutor Michalowka, the number of prisoners fell from 45,000 to 6,000 in several months.

Some of them were contacted to serve in Gomel's police and thus assure surveillance behind the lines in the conquered countries. Those who refused were beaten to death immediately… This prisoner later ended up in the Vlassov Army, in Battalion 441.

Another prisoner declared that in the camp of Kremenchoug, more than 50,000 men died in nine months. Rather than dying of thirst and hunger, in total destitution, some chose to leave in a work battalion, instead of staying "in hell".

Doctor Melnikov, who has studied the problem after the war, concluded that about six million Russians, both prisoners and deported civilians were used in industry, agriculture and the army, besides the Russians recruited into the Wehrmacht and the SS, estimated at about 600,000.

Melnikov and Graschew affirmed that the majority of the camps were closed at the end of 1943, as the occupants had either been killed or used by the Germans! It has been discovered through the interrogations, that some Russians were quick to declare themselves pro-German, in order to receive better treatment and the number of these "true collaborators" has been estimated at an average of 10%. The simple deportees were also behind barbed wire and treated in the same manner as the war prisoners, but they endured the German propaganda much better, designed to place the prisoners on their guard against those who were waiting for them to fall into the hands of the Allies.

However, the Soviet government managed to contact the Russian prisoners who were employed by the Germans to ask them to undertake sabotage activity behind the enemy's back and even to welcome and help the partisans.

Some of them succeeded, but the reprisals were terrible, until numerous prisoners became partisans, attacked the installations and freed their comrades.

The interrogation of numerous Russian prisoners has facilitated a knowledge of the Soviet's opinion regarding the Red Army prisoners in German camps. The young Samarotsky, for example, interrogated by an American officer, stated that he had been taken prisoner at Wyasma in October 1941. He escaped, but was recaptured in 1942. He said that he didn't want to escape again, as Stalin considered all prisoners to be traitors! "Once we knew we were prisoners, we advised our families that we were to die for our country and that our names would never be beloved by the people. In any case, if we returned to the Red Army, after having escaped, we would stand before a court marshal and we would be imprisoned"!

Another, Cherednichenko, declared roughly the same thing, but his case was different, as he had been taken with his weapons in hand and surprised by the "blast" of a grenade. His comrades took care of him in the camp from which he refused to escape. He must have complained to an American officer who interrogated him, saying that he had fought up to his last cartridge, surrounded by at least fifteen Germans. In spite of that, he would never be able to return home! He explained that he had been told in USSR that people were suffering and dying in the capitalist countries. Hence the Soviets could no longer accept soldiers who had discovered the contrary, after having found themselves outside the USSR.

All the Russian prisoners captured by the Americans and who looked at the magazines and newspapers and spoke with interpreters, could effectively never return to the Soviet paradise…

Soldats russes faits prisonniers par les Hongrois. (Tamas Baczoni, Photothèque, Musée Militaire de Budapest.)

Russian soldiers taken prisoner by the Hungarians, (Tamas Baczoni, Photo Gallery, Military Museum of Budapest).

Blessé soviétique aidé par ses camarades. (photo Heinz Bergschicker.)

Wounded Soviet assisted by his comrades, (photo: Heinz Bergschicker).

Russes, prisonniers des Hongrois qui traitaient les prisonniers avec davantage de bonté (à gauche, soldats et officier hongrois). (Tamas Baczoni, Photothèque, Musée Militaire de Budapest.)

Russians, prisoners of the Hungarians, who treated them more kindly (to the left: Hungarian soldiers and officer), (Tamas Baczoni, Photo Gallery, Military Museum of Budapest).

Prisonnier russe sans grade coiffé de la boudianovka. (Tamas Baczoni.)

Un-graded Russian prisoner with a boudianovka hat, (Tamas Baczoni).

Jeune soldat soviétique prisonnier.

Young Soviet soldier taken prisoner.

La randonnée de Petrashvili

Ce Géorgien, qui a été autrefois employé des chemins de fer, né en 1913, et a fini ses études en 1930, est l'exemple typique d'un Russe satisfait des avantages donnés par l'URSS à son pays. Il n'a cependant aucune considération pour les étrangers et ne respecte qu'une seule et unique patrie, la Géorgie. Son parcours est étonnant et paradoxal par endroits mais les circonstances n'ont en aucune façon altéré son attachement au pays natal, dont la culture est certainement très antérieure à la nôtre.

En 1939, Petrashvili est devenu un expert en matière de réparation des tracteurs agricoles. Il ne gagne que 500 roubles par mois mais il va bientôt améliorer son salaire en travaillant comme couvreur dans un kolkhoze à Kviech. Il a fait son service militaire dans le service de santé et sera mobilisé dans ce service en 1941, au 47e bataillon médical et sera affecté au secteur de Djabatchets.

Il se retrouve sur le front, en « Russie », pays qu'il considère comme tout à fait étranger car il est Géorgien avant tout. Il va alors partir vers Kharkov avec des médecins arméniens et géorgiens, Galustov et Pauvnishvili. La retraite les fait reculer vers l'intérieur jusqu'au printemps 1942. Au mois de mars Petrashvili se trouve au cœur d'une bataille près de Kharkov et sera fait prisonnier. Un train va l'amener jusqu'en Pologne avec 6000 de ses camarades, dans un camp à Luck dans lequel de nombreux prisonniers vont mourir. Il accepte alors d'aller travailler pour les Allemands car il voudrait plus tard retrouver sa femme et ses deux enfants.

Il va faire partie d'un groupe dans lequel ne se trouvent que des Géorgiens, Arméniens, Azerbaïdjanais, Tatars, Kabardines, Lesguiens, et autres petits peuples du Caucase. Petrashvili ne pense pas servir les Allemands comme soldat mais plutôt comme travailleur civil. En attendant, le groupe est bien traité, nourri et vêtu de vêtements civils, avec même des cigarettes. Bientôt ils sont dirigés en Pologne à Wesola et forment 6 compagnies de 130 hommes chacune qui vont être mis à l'entraînement. Un certain lieutenant allemand nommé Schirre, les commande, mais il ne parle ni le russe ni le géorgien et n'a aucune notion sur les pays caucasiens. Les sous-officiers sont tous des sergents, et leur uniforme porte des pattes rouge sang au col, couleur du drapeau géorgien. Après 40 jours, le groupe part vers Zielonka, toujours en Pologne où on leur apprend quelques mots d'allemand, en six semaines, les hommes portent maintenant sur le bras droit un écusson géorgien.

L'unité part pour le front, en août 1942, dans le secteur de Rostov et sera commandée par un émigré géorgien devenu colonel dans la *Wehrmacht*, un certain Maklakelidze. Cet officier ne veut pas que des Géorgiens se battent contre d'autres Géorgiens et le bataillon va s'installer à Krupskaya Oulianovskaya, en République de Balkharie. Un mouvement de désertion naît alors dans l'unité et les Allemands vont le stopper à temps, le colonel Maklakelidze ayant tout fait pour sauver ses coreligionnaires géorgiens. La cour martiale sera clémente mais l'unité sera disloquée et dispersée sur des fronts différents.

Le 31 décembre 1942, le front allemand recule vers le nord-ouest, et les unités se regroupent pour fuir vers la mer d'Azov puis la Crimée. L'armée allemande connaît ses premiers grands revers, elle n'est plus invincible et ce sera la défaite de Stalingrad et la captivité pour la 6e Armée entière. Le service de santé auquel appartient Petrashvili est très réduit, son unité est située à proximité de Breslau. Des Géorgiens commencent à déserter pour rejoindre les partisans soviétiques de l'autre côté du front.

Le bataillon, rassemblé à Kruszina va alors partir pour la France et atteindre Versailles puis Valognes dans le Cotentin en septembre 1943 où il stationnera quelque temps avant d'aller sur les défenses situées à l'ouest de Cherbourg.

Petrashvili voudrait savoir qu'il ne désire pas mourir pour l'Allemagne et pense sérieusement à la désertion. Il prend alors un train qui l'amène à Sainte Mère Eglise et marche vers un petit village où il dormira dans une grange. Il ne parle ni n'écrit le français, fort peu l'allemand et ne connaît que l'alphabet géorgien, très différent de l'écriture latine ou cyrillique. Les paysans ont compris qu'il est déserteur de la *Wehrmacht* et vont l'abriter et le nourrir jusqu'au 7 juin, jour où les Américains, débarqués le 6, le trouvent, le font prisonnier et l'envoient en Angleterre avec des prisonniers allemands.

Petrashvili voudrait retourner en Géorgie, province soviétique, mais uniquement lorsque son pays sera indépendant ou autonome. L'interrogatoire plus complet, avec un interprète géorgien, va montrer que Petrashvili est un homme intelligent qui déclare que, dans un bataillon où il se trouvait, un quart des hommes seulement était vraiment pro allemand et le reste anti nazi, prêt à déserter et rejoindre les lignes alliées. Mais d'après lui, c'était une bonne chose pour la Géorgie d'être affiliée à l'Union soviétique car elle serait bientôt indépendante et totalement autonome. La Géorgie n'avait aucune affinité pour l'Allemagne qu'elle ne connaissait pas.

L'URSS avait donné une éducation élémentaire aux Géorgiens qui seraient restés incultes sans cela, dans leurs lointaines vallées isolées. Il considérait que les Russes n'étaient pas méchants pour ceux qui les aidaient et ne punissaient que ceux qui les desservaient. Les Allemands, pendant tout le temps qu'il était resté dans leurs rangs, s'étaient avérés hostiles, agressifs, et jamais confiants dans leurs troupes étrangères, en particulier les Russes, mais aussi les Caucasiens.

On ne sait pas ce qu'est devenu le soldat infirmier Petrashvili et si les Russes sont venus chercher leurs « traîtres » en Angleterre comme ils l'ont faits en France, dès le mois d'août 1944. Ils ont éliminé, on le sait, tous les transfuges caucasiens et les soldats de Vlassov, en ne gardant en liberté que ceux qui étaient passés à la Résistance FTP dès leur arrivée en France. Ils acceptèrent leur retour en URSS quand ils avaient vaillamment combattu dans les maquis, certains furent même décorés.

Ce que l'on sait aussi, c'est que les Britanniques ont respecté les accords signés avec l'URSS et qu'ils ont renvoyé entre les mains des soviets des milliers d'anciens *Osttruppen* dont tous les Cosaques pro allemands, qui ont été par la suite, tous exécutés ou déportés.

Petrashvili's trek

This Georgian, who had previously been employed in the railways, who was born in 1913 and finished his studies in 1930, is a typical example of a Russian satisfied with the advantages given to his country by the USSR. However, he had no consideration for foreigners and respected just one country, Georgia. His journey is surprising and paradoxical in places, but the events in no way altered his attachment to his birth country, where the culture is certainly much older than ours.

In 1939, Petrashvili he became an expert in repairing agricultural tractors. He only earned 500 roubles per month, but he was soon to improve his salary working for a tiler in a kolkhoz at Kviech. He had completed his military service in the health section and was called into service in 1941 to the 47t^h Medical Battalion and posted to the sector of Djabatchets.

He later found himself at the front in Russia, a country that he considered to be completely foreign, as he was Georgian first and foremost. Then he left for Kharkov with the Armenians and Georgians doctors, Galustov and Pauvnishvili. The retreat forced them to turn back to the interior until spring 1942. In March, Petrashvili found himself in the heart of a battle near Kharkov and was taken prisoner. A train took him to Poland with 6,000 of his comrades to a camp at Luck in which numerous prisoners were to die. Then he accepted to work for the Germans, as he later wanted to rejoin his wife and two children.

He was to form part of a group with Georgians, Armenians, Azerbaijani, Tatars, Kabardins, Lezgis, and other small groups from the Caucasus. Petrashvili hadn't wanted to serve the Germans as a soldier, but rather as a civilian worker. While waiting, the group was well treated, fed and clothed in civilian clothing and even supplied with cigarettes. They were soon sent to Wesola in Poland and formed six companies each with 130 men and were placed into training. A certain German lieutenant called Schirre commanded them, but he spoke neither Russian nor Georgian and had no idea about the Caucasian countries. The non-commissioned officers were all sergeants and their uniform carried blood-red collar flashes, the colour of the Georgian flag. After 40 days, the group headed for Zielonka, still in Poland, where they were to learn several words of German in six weeks; the men now wore the Georgian crest on their right arms.

The unit left for the front in August 1942, in the Rostov sector and was commanded by a Georgian migrant who was made colonel in the Wehrmacht, called Maklakelidze. This officer didn't want the Georgians to fight against other Georgians and the battalion went to establish itself at Krupskaya Oulianovskaya, in the Balkarian Republic. Then a desertion movement broke out in the unit and the Germans came to stop it in time, Colonel Maklakelidze having done everything to save his fellow Georgians. The court marshal was lenient, but the unit was broken up and dispersed along different fronts.

On December the 31st 1942, the German front retreated northwestwards and the units regrouped to flee towards the Azov Sea and then Crimea. The German Army experienced its first great retreats, she was no longer invincible and the defeat at Stalingrad and the capture of the entire 6th Army were shortly to follow. The health service to which Petrashvili belonged was highly reduced; his unit was situated near Breslau. The Georgians began to desert to rejoin their Soviet partisans on the other side of the front.

The battalion, regrouped at Kruszina then left for France and reached Versailles then Valognes in Cotentin in September 1943 where it was stationed for some time before going to the defences located to the west of Cherbourg.

Petrashvili confessed that he had no desire to die for Germany and thought seriously about desertion. So he took a train to Sainte Mère Eglise and walked to a small village where he slept in a barn. He neither spoke nor wrote French, spoke very little German and only knew the Georgian alphabet, which was very different from the Latin or Cyrillic writing. The country folk took him for a Wehrmacht deserter and fed and sheltered him until the 7th June, when the Americans, who landed on the 6th found him, took him prisoner and sent him to Britain with the German prisoners.

Petrashvili wanted to return to Georgia, a Soviet province, but only when it became independent or autonomous. The most complete interrogation, with a Georgian interpreter, revealed Petrashvili to be an intelligent man who declared that in the battalion where he found himself, only a quarter of the men were really pro-German and the rest were anti-Nazi, ready to desert and rejoin the allied lines. But according to him, it was a good thing for Georgia to be affiliated to the Soviet Union, because it would soon be independent and totally autonomous. Georgia had no affinity for Germany that he was aware of.

The USSR had given a basic education to the Georgians, who would otherwise have remained uneducated in their distant and isolated valleys. He did not consider the Russians to be bad, as they had helped his people and only punished those who deserved it. The Germans, during the time he had spent in their ranks, proved to be hostile, aggressive and never trusting of their foreign troops, particularly the Russians, but also the Caucasians.

It is not known what became of the medical soldier Petrashvili or whether the Russians ever came to look for their "traitors" in Britain, as they did in France in August 1944. It is known that all the Caucasian deserters and Vlassov's soldiers were eliminated, only remaining in freedom those who had passed over to the FTP Resistance upon arrival in France. Their return to the USSR was accepted when they had fought valiantly in the Maquis and some were even decorated.

It is also known that the British respected the agreements signed with USSR and that they sent to the Soviet hands thousands of ex-Osttruppen, including all the pro-German Cossacks, who were then all either executed or deported.

Insignes de grades et de spécialités pris sur des soldats russes prisonniers (carrés pour les officiers subalternes, rectangles pour les officiers supérieurs, losanges pour les généraux). Les pattes d'épaule de type tsariste ont été à nouveau portées en 1943.

Insignia of grades and specialities found on Russian soldiers taken prisoner (squares for the junior officers, rectangles for the chief officers and lozenges for the generals). The Tsarist type shoulder patches were once again worn in 1943.

3 Bosniaques musulmans, Albanais, Indiens et Arabes
Muslim Bosnians, Albanians, Indians and Arabs

1) Les Musulmans de Bosnie

Comme on le sait, la Yougoslavie de l'après-guerre de 14-18 comprenait plusieurs états très disparates dont une partie appartenait avant 1914 à la dynastie des Habsbourg, l'Autriche-Hongrie : la Croatie, la Bosnie-Herzégovine, la Serbie, le Monténégro, la Macédoine, la Slovénie, la Voïvodine et le Kosovo. La quasi-totalité des peuples était chrétienne, seuls les Bosniaques et quelques sujets du Kosovo étaient musulmans.

Les Bosniaques sont rattachés à la Croatie en 1940, état allié de l'Allemagne. Ils servent dans l'armée croate et portent le fez rouge, ou gris-vert quand ils seront incorporés dans une division de SS, la *Handschar*, principalement. (1)

On sait que ces Bosniaques étaient devenus musulmans sous l'occupation ottomane et qu'ils avaient choisi la confession islamique pour remercier un pacha particulièrement clément et qui, de plus, diminuait les impôts de ceux qui acceptaient de se convertir à l'Islam.

C'est ainsi que la Croatie Bosnie devint alliée de Hitler, et que les autres parties du pays furent envahies par l'armée allemande, dont la Serbie orthodoxe. L'armée croate fut très vite formée, avec des uniformes et des insignes nationaux qui rappelaient ceux de l'Autriche-Hongrie. Le général en chef Gustovic reçut des Allemands l'aigle blanc à une étoile et les corps furent constitués :

Corps I à Zagreb : Corps II à Brod

Corps III à Sarajevo : Corps IV à Vinkovci avec l'état-major

Il y a dix-huit divisions, la 1 à Bjelovar, la 2 à Zagreb, la 3 à Vinkovci, la 4 à Dvor Na Uni, la 5 à Bjelovar, la 6 à Banja Luka, la 7 à Okuçani, la 8 à Doboj, la 9 aussi à Doboj, la 10 à Kastajnika, la 11 à Kricvenicà, la 12 à Zuta Lovka, la 13 à Karlovac, la 14 à Slavbrod, la 15 et la 17 à Dobov, la 16 à Zagreb, enfin la 18 à Sizac (2).

Les divisions sont à 2 ou 3 brigades, avec chacune 3 à 4 bataillons, et les bataillons sont à 4 compagnies. Les divisions sont donc à peu près de 8 000 hommes. Quelques unités servent dans les corps allemands sur le territoire yougoslave et vont être chargées surtout de lutter contre les partisans de Tito, qui a organisé la résistance. Elles subiront de lourdes pertes et l'armée en général va perdre le moral en raison de changements perpétuels, d'une alimentation défectueuse, d'un armement insuffisant et de munitions distribuées avec parcimonie. Déjà le ressentiment anti-allemand commence à se répandre dans les unités et l'armée croate finit par défendre le pays avec ses seules ressources, toute son activité aura lieu sur place sans jamais sortir de ses frontières.

Soldat bosniaque (caporal-chef) portant le fez avec le monogramme de Croatie.

Bosnian soldier (corporal) wearing a fez with the Croatian monogram.

(1) Sur ce sujet, voir : Bamber (M.J.) et Munoz (A.) *The East came West, Freies Indien Legion* (p. 111).

(2) Sur ce sujet on consultera : *AMIlitaria – Belgique, Eric Tripnaux (FBA)*.

---

1) The Muslims of Bosnia

As it is well known, the post 1914-1918 War Yugoslavia consisted in several very disparate states. Before 1914, a part belonged to the Habsburg dynasty, Austria-Hungary: Croatia, Bosnia-Herzegovina, Serbia, Montenegro, Macedonia, Slovenia, Vojvodina and Kosovo. Almost all the people were Christian, except for the Bosnians and some subjects of Kosovo who were Muslims.

The Bosnians were made subjects of Croatia in 1940, a state allied to Germany. They served in the Croatian Army and wore the red fez, which was grey-green for those incorporated into an SS division, principally the Handschar. (1)

It is known that the Bosnians became Muslim under the Ottoman occupation and that they chose the Islamic confession to thank a particularly lenient Pasha, who furthermore decreased taxes to those who agreed to convert to Islam.

Thus Croatian Bosnia became allied to Hitler and the other parts of the country were invaded by the German Army, in the form of orthodox Serbians.

The Croatian Army was trained very quickly, with national uniforms and insignia reminiscent of Austria-Hungary. The General in Chief, Gustovic received from the Germans the white eagle with one star and the corps were constituted:

Corps I to Zagreb

Corps II to Brod

Corps III to Sarajevo

Corps IV to Vinkovci with the sergeant major

There were eighteen divisions: The 1st to Bjelovar, the 2nd to Zagreb, the 3rd to Vinkovci, the 4th to Dvor Na Uni, the 5th to Bjelovar, the 6th to Banja Luka, the 7th to Okuçani, 8th to Doboj, the 9th also to Doboj, the 10th to Kastajnika, the 11th to Kricvenicà, the 12th to Zuta Lovka, the 13th to Karlovac, the 14th to Slavbrod, the 15th and 17th to Dobov, the 16th to Zagreb and finally, the 18th to Sizac (2).

The divisions had two to three brigades, each one with three or four battalions and there were four companies to each battalion. The divisions had about 8,000 men. Some units served in the German corps on Yugoslav territory and were charged with fighting against the partisans of Tito, who had organised the resistance. They suffered heavy losses and morale declined due to perpetual changes, an inadequate nutrition, insufficient armament and miserly distributed ammunition. Anti-German resentment had already started to spread among the units and the Croatian Army ended up defending the country with its own resources and all its activity was to take place without ever crossing its frontiers.

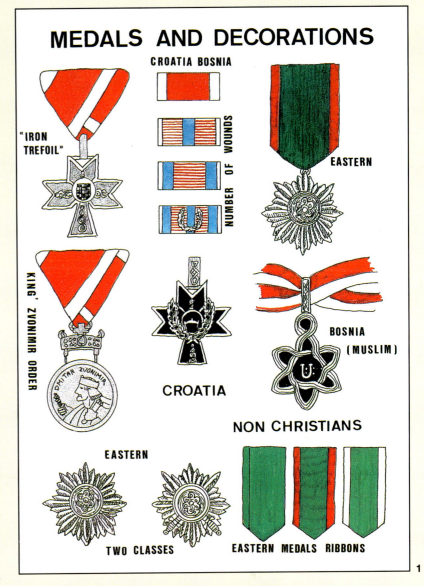

1. Les décorations de Croatie et la décoration spéciale, à droite, pour les musulmans.

2. Les soldats bosniaques en 1915, faisaient partie de l'armée austro-hongroise. (Musée Militaire de Budapest, Tamas Baczoni.)

1. The decorations of Croatia and a special decoration for Muslims to the right.

2. Bosnian soldiers in 1915, forming part of the Austrian-Hungarian Army, (Military Museum of Budapest, Tamas Baczoni).

1. Le général en chef de l'armée croate et un caporal artilleur bosniaque. (Revue *Signal*.)

2. Insignes de grades des soldats, sous-officiers et officiers bosniaques de Croatie, très voisins de ceux de l'ancienne Autriche Hongrie : trèfles blancs pour les caporaux, trèfles blancs et barrettes ou bordures d'angles pour les sous-officiers et adjudants. Les officiers subalternes portent des trèfles d'or. Les officiers supérieurs des trèfles dorés sur plaque d'argent, les généraux des trèfles d'argent sur plaque dorée. Les maréchaux, rosaces sur plaque dorée. (*Hrvatske Oruzane Snage 1941-1945*, Krunoslav Mikulan, Sinisa Pogacic, Ed. Krila, Zagreb, 1999.)

3. Cavaliers bosniaques de la division *Handschar* au cantonnement (Feldgendarmerie) (Archives du Musée du Cinquantenaire, Bruxelles, Belgique.)

1. The general in chief of the Croatian Army and a Bosnian Artillery Corporal, (Magazine Signal).

2. Insignia grades of soldiers, non-commissioned officers and officers pertaining to Bosnians from Croatia, close neighbours to those from Austria-Hungary: white clover leaves for the corporals, white clover leaves and small bars or angled borders for the non-commissioned officers and warrant officers. The junior officers wore golden clover leaves. The chief officers had golden clover leaves on a silver plate. The marshals wore rose decorations on a golden plate, (Hrvatske Oruzane Snage 1941-1945, Krunoslav Mikulan, Sinisa Pogacic, Ed. Krila, Zagreb, 1999).

3. Bosnian cavalry from the Handschar Division at camp (Feldgendarmerie), (Archives from the Musée du Cinquantenaire, Brussels, Belgium).

Insignes de bras et monogramme de Croatie NHD. (*Hrvatske Oruzane Snage 1941-1945*, Krunoslav Mikulan, Sinisa Pogacic, Ed. Krila, Zagreb, 1999.)

Croatian NHD arm insignia and monogram, (Hrvatske Oruzane Snage 1941-1945, Krunoslav Mikulan, Sinisa Pogacic, Ed. Krila, Zagreb, 1999).

Himmler pense depuis un certain temps que les musulmans sont des soldats fidèles et sérieux. Ils ont toujours composé la garde des Habsbourg, réputée pour son grand attachement à l'Autriche-Hongrie.

Pour activer la motivation de ces soldats musulmans, le grand Mufti de Jérusalem, troisième grand personnage de l'Islam dans le monde, Hadj Amin el Husseini, est venu encourager les soldats bosniaques et une division SS a déjà été formée, la *Handschar*, organisée en 1943, aux dépens des troupes d'Ante Pavelic, chef de l'Etat croate.

La division formée en majorité de Musulmans bosniaques est commandée par le SS-*Brigadeführer* Karl Sauberzweig de mars 1943 à juin 1944 et par le SS-*Brigadeführer* Desiderius Hampel de juin 1944 à mai 1945. Cette troupe comprendra quelques catholiques croates. Les officiers ne sont pas tous allemands et souvent issus des autres divisions de la Waffen SS, dont la *Prinz Eugen*, car les officiers bosniaques sont trop peu nombreux et mal formés.

La division *Handschar* sera entraînée en France dans le Massif Central car on craignait que les soldats désertent en Yougoslavie, pour rejoindre les partisans de Tito. C'est dire la confiance que l'on avait en ces hommes qui commençaient à se rendre compte que les Allemands venaient de subir des défaites et que les Alliés approchaient..

Des frictions ne tardèrent pas à éclater, au sein même de l'unité, car si les dirigeants nazis montraient quelques considérations pour les Bosniaques, les officiers *Volksdeutsche* ne se gênaient pas pour se moquer d'eux et les traiter de noms peu flatteurs. L'encadrement religieux était assuré par des dignitaires musulmans, qui imposaient aux hommes des rites coraniques qui gênaient l'instruction militaire, cinq fois par jour !

En décembre 1943, la division comprenait près de 21 000 soldats qui ont failli avoir un commandeur qui

After some time, Himmler thought the Muslims to be loyal and serious soldiers. They had always formed part of the Habsburg's guard, reputed for its great attachment to Austria-Hungary.

To awaken the motivation of these Muslim soldiers, the Great Mufti of Jerusalem, Hadj Amin Al Husseini, the third most important Islamic personality in the world came to encourage the Bosnian soldiers and an SS division that had already been created, the Handschar, organised in 1943, at the expense of Ante Pavelic's troops, chief of the Croatian state.

The division was formed mostly from Bosnian Muslims and commanded by SS-Brigadeführer Karl Sauberzweig from March 1943 to June 1944 and by SS-Brigadeführer Desiderius Hampel from June 1944 to May 1945. This troop contained some Catholic Croatians. The officers were not all Germans and often came from other divisions of the Waffen SS, such as the Prinz Eugen, as the Bosnian officers were too few in number and too poorly trained.

The Handschar division was trained in France in the Massif Central, as it was feared that the soldiers would desert in Yugoslavia, to rejoin the partisans of Tito. In other words, the confidence placed in these men was tempered by the losses recently suffered by the Germans and the fact that the Allies were approaching.

The frictions did not take long to break out, at the very heart of the unit, as although the Nazi leaders showed some consideration for the Bosnians, the Volksdeutsche officers were ready to mock them and call them by unflattering names. The religious framework was assured by the Muslim dignitaries, who imposed Koran rites on the men, interrupting military training five times a day!

(1) On this subject see : Bamber (M.J.) et Munoz (A.), The East came West, Freies Indien Legion (p. 111).
(2) On this subject, consult: AMIlitaria – Belgium, Eric Tripnaux (FBA).

Fez de campagne avec l'aigle et le *Totenkopf* de la division bosniaque *SS Handschar*. Insigne SS et le blason du cimeterre. Il y aura aussi une bande de bras Skanderbeg pour les Albanais. Le fez rouge se porte sur la tenue de sortie.

Campaign fez with the eagle and Totenkopf of the Bosnian SS Handschar Division. SS insignia and coat of arms with scimitar. There was also a Skanderbeg armband for the Albanians. The red fez was worn with dress blues.

1 et **2.** Soldats bosniaques de la division *Handschar* en opération contre les partisans de Tito. (Imperial War Museum N° 5879/7.)

3. Soldat SS de la division *Handschar* épinglant au mur la photo de Hadj Amin el Husseini, grand mufti de Jérusalem. (ECPA et BA.)

4. Deux imams, religieux des armées bosniaques, les imams servaient dans les unités de 300 hommes, les mollahs les légions de 3000 hommes (les mollahs portaient 1 étoile et 3 croissants au calot. (Musée Militaire de Ljubljana, Slovénie.)

1 and *2.* Bosnian soldiers from the Handschar Division on operation against the partisans of Tito, (Imperial War Museum No. 5879/7).

3. SS soldier from the Handschar Division; a photo of Hadj Amin el Husseini, Great Mufti of Jerusalem, pinned to the wall.

4. Two Imams, religious members of the Bosnian Armies. One is wearing the crescent and star (Muslim Husko Legion, 3,000 men) and the other has three crescents and a star (Muslim Hadziéfendic Legion, 600 men), (Military Museum of Ljubljana, Slovenia).

5. Deux imams de la légion Husko. L'imam de droite porte sur la manche trois barres verticales et une étoile qui sont sans conteste un grade de l'armée de Tito! Ces imams pourraient-ils être des religieux bosniaques de l'armée du leader anti fasciste ?

6. Divers insignes religieux, chrétiens ou musulmans de l'armée croate, unités bosniaques. Trois galons étaient la marque des imams, un large galon et trois ou deux plus petits celles des mollahs. Noter l'étoile et les 3 croissants des mollahs, supérieurs aux imams.

5. Two Imams from the Husko Legion. The Imam to the right has three vertical stripes on his arm and a star, which are indisputably a grade from Tito's Army! Could these Imams be religious Bosnians from the anti-fascist leader's army?

6. Various religious insignia, Christian or Muslim, from the Bosnian units of the Croatian Army. Three stripes denominated Imams and one large and two or three smaller ones for the Mollahs.

aurait certainement été mieux accepté, le *SS-Sturmbahnführer* Hussein-Beg (Bey) Biscevitch.

En octobre 1943, la division devient la *13. (Kroatische) SS-Freiwilligen-Gebirgs-Division*, à deux régiments (les 27e et 28e) qui va stationner en Autriche. Elle reviendra, début 1944, en Yougoslavie, rattachée à la *2. Panzer-Armee* pour combattre les partisans (tout en ne se privant pas de commettre des atrocités, particulièrement orientées sur les chrétiens).

Elle passe alors par des mutations diverses auprès de la *2. Panzer-Armee* et prend le nom de *Handschar*, « le cimeterre », le 15 mai 1944.

Une seconde division croate, la *Kama*, a été créée fin 1944, pour lutter contre les partisans, la 14e division formant avec la *Handschar* le *IX. Waffen-Gebirgs-Korps der SS (kroatisches)* qui sera entraîné sur place cette fois, au nord de la Serbie. En septembre, malgré un autre recrutement préalable, la division compte à peine plus de 3 000 hommes, mal équipés, au moral bas, et certainement très incapables de s'opposer à l'armée soviétique en train de se diriger vers la Yougoslavie.

In December 1943, the division comprised nearly 21,000 soldiers and almost had a commander who would have certainly been better accepted, the le SS-Sturmbahnführer Hussein-Beg (Bey) Biscevitch.

In October 1943, the division became the 13th (Kroatische) SS-Freiwilligen-Gebirgs-Division, with two regiments (the 27th and 28th) that were stationed in Austria. At the beginning of 1944, the division returned to Yugoslavia and was attached to the 2. Panzer-Armee to fight the partisans (they did not all refrain from committing atrocities, especially directed at the Christians).

It then underwent diverse mutations, alongside the 2. Panzerarmee and assumed the name of Handschar, "the cemetery" on the 15th May 1944.

A second Croatian division, the Kama, was created at the end of 1944, to fight against the partisans, the 14th Division, which with the Handschar formed the IX. Waffen-Gebirgs-Korps der SS (kroatisches) that was trained on site this time, to the north of Serbia. In September, in spite of another preliminary recruitment, the division counted on barely 3,000 men, poorly equipped, with low morale and was certainly incapable of facing the Soviet Army heading towards Yugoslavia.

Les Musulmans de l'armée allemande et leurs rattachements à la *Wehrmacht*

Arabes :
68ᵉ Corps d'armée :
1941 : Irakiens, Syriens, Palestiniens, Nord Africains
1942 : Sonderverband 287 – Corps F.
1943 : Id. + parachutistes
715ᵉ division d'infanterie : Bataillon 845
41ᵉ division d'infanterie : Bataillon 845
5ᵉ armée de panzer : DAL *(Lehr)*
334ᵉ Division d'infanterie : légion en Tunisie

Croates Bosniaques :
Division SS Skanderbeg : gendarmes albanais au Kosovo (Kosovo régiment).
100ᵉ division allemande : chasseurs de montagne : légion croate, régiment 369.
Division *SS Handschar* : *Hadziefendic Legion* (musulmans de Bosnie).
21.Waffen-Gebirgs-Division der SS « Skanderbeg »
23.SS-Gebirgs-Division « Kama »

Turkestan : Légion - Bataillon 811.
Caucase : Azerbaïdjanais.
Géorgie : Ossètes et Abkhases.
Arménie : Légion musulmane et chrétienne.
Nord Caucasiens : Légion avec des Adiges, Tcherkesses, Balkachs, Karatches, Kabardines, Daghestanais, Ingouches.
Tatars de Volga : Tatars, Bachkirs, Marians, Mordoves, Tchouvaches, Oudmourtes.
Germains et Turkestanais : Brigade Böhler.
Unité 12 Caucasienne : Chasseurs de chars.
162ᵉ Division Turcomane : Azerbaïdjanais, Turkestanais, Germains.
Sonderverband Bergman : Georgiens, Arméniens, Daghestanais, Azerbaïdjanais, Kabardines, Balkachs, devient régiment en 1942.
Compagnies Tatars d'auto défense : Tatars de Crimée.
Auxiliaires de police tatars : Bataillons 147 et 155.
1ᵉʳ Régiment SS
Régiment SS de Tatars : passe à la SS turque en 1944.
Unité Turque SS de l'Est
Unité SS Caucasienne
Division de Cavalerie caucasienne : jamais formée

Exemples d'unités :
Le D.A Lehr = Tunisiens : 1ʳᵉ Compagnie : capitaine allemand : 5 sous-officiers français.
Algériens : 2ᵉ Compagnie : capitaine allemand : 5 sous-officiers français.
Marocains : 3ᵉ Compagnie : capitaine allemand : 5 sous-officiers français.
Le Sonderverband 287
1ᵉʳ Panzer-Bataillon = 5 compagnies dont 1 antichar, 1 blindée, 1 génie, (Panzergrenadier), 1 lance-roquette et artillerie, 1 compagnie indépendante.
2ᵉ Panzer-Bataillon = 2 compagnies. (Panzergrenadier).
3ᵉ Panzer-Bataillon = 4 compagnies, 1 bataillon de transmissions à 2 compagnies.

The Muslims of the German Army and their links with the Wehrmacht

Arabs:

68th Army Corps:

1941: Iraqis, Syrians, Palestinians, and North Africans

1942: Sonderverband 287 – Corps F.

1943: Id. plus parachutists

715th Infantry Division: Battalion 845

41st Infantry Division: Battalion 845

5th Panzer Army: DAL (Lehr)

334th Infantry Division: Legion in Tunisia

Croatians Bosnians:

SS Skanderbeg Division: Albanians gendarmes in Kosovo (Kosovo Regiment).

100th German (Jägers) Division: – Croatian Legion, Regiment 369.

SS Handschar Division: Hadziefendic Legion (Muslims from Bosnia).

21. Waffen-Gebirgs-Division der SS, "Skanderbeg"

23. SS-Gebirgs-Division, "Kama"

Turkestan: Legion - Battalion 811.

The Caucasus: Azerbaijanis.

Georgia: Ossets and Abkhaz.

Armenia: Muslim and Christian Legion.

The North Caucasus: Legion with Adiges, Cherkess, Balkars, Karatchays, Kabardins, Dagestani and Ingush.

Tatars de Volga: Tatars, Bashkirs, Marians, Mordovans, Chuvash and Udmurts.

Germanic and Turkestan: Böhler Brigade.

12th Caucasian Unit: Tank destroyers.

162nd Turkmen Division: Azerbaijani, Turkestani, and Germanic soldiers.

Sonderverband Bergman: Georgians, Armenians, Dagestan people, Azerbaijani, Kabardins, Balkars, became a regiment in 1942.

Tatar Self-defence Companies: Tatars from Crimea.

Tatar police auxiliaries: Battalions 147 and 155.

1st SS Regiment

Tatar SS Regiment: Passed over to the Turkish SS in 1944.

Eastern Turk SS Unit

Caucasian SS Unit

Caucasian Cavalry Division: Never formed

Examples of units:

The D.A Lehr

Tunisians, 1st Company: German captain, 5 French non-commissioned officers.

Algerians, 2nd Company: German captain, 5 French non-commissioned officers.

Moroccans, 3rd Company: German captain, 5 French non-commissioned officers.

The Sonderverband 287

1st Panzer-Battalion = 5 companies, being 1 anti-tank, 1 armoured vehicle, 1 engineer (Panzergrenadier), 1 rocket-launcher and artillery, 1 independent company.

2nd Panzer-Battalion = 2 companies. (Panzergrenadier).

3rd Panzer-Battalion = 4 companies, 1 transmission battalion with 2 companies.

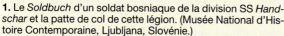

1. Le *Soldbuch* d'un soldat bosniaque de la division SS *Handschar* et la patte de col de cette légion. (Musée National d'Histoire Contemporaine, Ljubljana, Slovénie.)
2. Rares timbres émis par l'armée croate et surtout les timbres du parti Oustacha. Affiche de propagande pour l'armée alliée de Hitler. Boucle de ceinturon très ancienne où l'on peut voir le vieux blason bosniaque au bras armé d'un cimeterre.

1. The Soldbuch of a Bosnian soldier from the SS Hand.schar Division and the Legion's collar badge, (National Museum of Contemporary History, Ljubljana, Slovenia).
2. Rare stamps issued by the Croatian Army and moreover stamps from the Oustacha party. Propaganda poster for Hitler's Allied Army. Very old belt buckle, where the old Bosnian crest can be seen of an arm and scimitar.

Bientôt, à l'automne 44, les Musulmans Bosniaques seront démobilisés. Certains rejoindront l'armée croate, les unités Oustacha, d'autres iront renforcer une division *Volksdeutsche* composée de Hongrois et de Hollandais. Leur fin sera souvent tragique: fusillés, prisonniers, émigrés, rarement rappelés au souvenir...

Parmi les troupes entraînées dans le Massif Central, des éléments bosniaques essaieront de passer à la Résistance française, en assassinant leurs chefs allemands. A Villefranche-de-Rouergue, le bataillon bosniaque verra quelques-uns des leurs passés par les armes pour rébellion, et l'unité quittera la France pour la Silésie.

De retour en Yougoslavie en novembre, la division *Handschar* sera essentiellement utilisée contre les partisans communistes. Elle en profitera pour dévaster les villages et les populations chrétiennes avec une inconcevable sauvagerie, condamnée même par les Allemands !

Cette conduite de la *Handschar* bosniaque musulmane n'a pas quitté le souvenir des chrétiens, Serbes surtout, qui devaient se venger, des décennies après, en Bosnie.

La situation internationale à la fin de l'année 1943 (et le début de l'année 1944) provoque de telles désertions au sein de l'armée allemande, qu'elle décide de démobiliser les musulmans. Leur cruauté au cours d'opérations dans les villages sera aussi un facteur de démobilisation.

Shortly afterwards, in the autumn of 1944, the Muslim Bosnians were demobilised. Some rejoined the Croatian Army and the Oustacha units, while others went to reinforce a Volksdeutsche division composed of Hungarians and Dutch. They often met with a tragic end: Shot by firing squad, taken prisoner or emigrated, but rarely remembered...

Amongst the troops trained in the Massif Central, some Bosnians tried to pass over to the French Resistance, by assassinating their German chiefs. At Villefranche-de-Rouergue, a Bosnian battalion saw some of its members take arms in rebellion and the unit left France for Silesia.

Returning from Yugoslavia in November, the Handschar division was essentially used against the communist partisans. They took advantage of the situation to devastate Christian villages and populations with unconceivable savagery, condemned even by the Germans!

This conduct by the Muslim Bosnian Handschar Bosnian was not forgotten by the Christians, and moreover the Serbs, who sought vengeance decades later in Bosnia. The international situation at the end of 1943 (and the beginning of 1944) provoked so many desertions in the heart of the German Army, that it was decided to demobilise the Muslims. Their cruelty throughout the course of the village operations must have been a deciding factor in their demobilisation.

A group of 6,000 men was formed, the Hanke group, which did not contain any Muslims and fought in Austria and Hungary until the end of the conflict.

1. Position de l'Albanie au sud de la Yougoslavie, en rouge sang. Slovénie en vert, Croatie en jaune et orange, cette dernière couleur représentant aussi la Bosnie Herzégovine; en tirets rouges: le Kosovo, en gris: la Serbie, en hachures bleues: la Macédoine, en blanc: la Grèce.
2. Le roi Zog, premier roi d'Albanie.

1. Position of Albania to the south of Yugoslavia, in blood red. Slovenia is green and Croatia in orange, this last colour also representing Bosnia-Herzegovina; in red dashes: Kosovo; in grey: Serbia; shaded in blue: Macedonia; in white: Greece.
2. King Zog, the first king of Albania.

Un groupe de 6 000 hommes sera formé, le groupe Hanke, qui ne comprend aucun musulman, et se battra en Autriche et en Hongrie jusqu'à la fin du conflit.

Quant à la 2ᵉ division, la *Kama*, elle a pris le nom de *23. SS-Gebirgdivision*. Presque entièrement issue de la *Handschar*, elle est très encadrée par les Allemands, avec 3 800 hommes. Très vite, là aussi, les désertions augmentent, le moral est au plus bas et les Bosniaques passent à la résistance de Tito.

2) Les Albanais

* Histoire des Albanais

Petit pays situé sur l'Adriatique au nord de la Grèce, qui a subi l'occupation ottomane jusqu'au début du XXᵉ siècle et a opté, comme pour les Bosniaques et pour les mêmes raisons, pour la religion musulmane, surtout au centre du pays. Au nord la population est plutôt catholique et le sud orthodoxe. Le pays occupe à peu près 30 000 km² avec une population d'un million d'habitants environ en 1939.

Au cours de la Première Guerre mondiale, en fonction de sa situation géographique, l'Albanie sera occupée par les Alliés, Serbes, Français et surtout Italiens.

En 1919, l'empire Austro-Hongrois a disparu et l'Albanie devient indépendante, mais privée du Kosovo et de l'Epire, régions peuplées majoritairement d'Albanais. La jeune nation restera toutefois sous mandat italien jusqu'en 1920.

C'est alors que les chefs de tribus peuplant l'ensemble des régions montagneuses se réunissent pour organiser une Albanie tout à fait indépendante, débarrassée des Turcs et des Italiens. Parmi ces chefs de tribus se trouve le chef d'une ancienne famille noble ayant fourni aux Turcs des dignitaires musulmans importants : Ahmed Bey Zogulli. D'origine musulmane, il essaiera de prendre le pouvoir malgré l'opposition d'un évêque soucieux d'éliminer tous les musulmans d'Albanie !

Zogulli parviendra tout de même à écarter tous les obstacles grâce aux Bosniaques musulmans de Yougoslavie et devient en 1925 le premier président de la république albanaise, en dépit des efforts des chrétiens de la nation, pourtant nombreux. Il fera tout pour passer dès 1927 dans la zone d'influence italienne, en vue de moderniser un pays pauvre, sans voies de communications, parsemé de « rois des montagnes », seigneurs locaux formant un état dans l'Etat.

Regarding the 2nd division, the Kama, it assumed the name of 23. SS-Gebirgdivision. Its members almost entirely originating from the Handschar and it was closely supervised by the Germans. It had 3,800 men. Very quickly, there too, the desertions increased, morale was even lower and the Bosnians joined the Tito resistance.

2) The Albanians

**History of the Albanians*

A small country, situated along the Adriatic Sea, to the north of Greece, which had suffered Ottoman occupation up to the start of the 20th Century and has opted for the Muslim religion, like the Bosnians and for the same reasons, especially in the centre of the country. In the north, the population is mostly Catholic and in the south, Orthodox. The country occupies about 30,000 km2 with a population of about a million inhabitants in 1939.

During the course of the First World War and due to its geographical position, Albania was occupied by the Allies, Serbs, French and especially Italians.

In 1919, the Austro-Hungarian Empire had disappeared and Albania became independent, though deprived of Kosovo and Epire, regions inhabited mainly by Albanians. The young nation remained under Italian mandate until 1920.

It was then that the chiefs of the tribes inhabiting all the mountainous regions met together to organise a completely independent Albania, cleansed of Turks and Italians. Among these tribal chiefs, there was the chief of an ancient noble family that had provided the Turks with important Muslim dignitaries: Ahmed Bey Zogulli. Of Muslim origin, he tried to take power, in spite of the opposition from a worried bishop, and to banish all Muslims from Albania!

In any case, Zogulli succeeded in dismissing all the obstacles, thanks to the Muslim Bosnians from Yugoslavia and in 1925, he became the first president of the Albanian Republic, despite efforts by the nation's Christians, who were nevertheless numerous. He did everything possible to pass into the Italian sphere of influence from 1927 onwards, with a view to modernising a poor country, without communication routes, strewn with "mountain kings", local lords forming states within the state.

His resources as president being limited, he proclaimed himself king under the name of Zog the First of Albania. Only the Adriatic coast remained free, den-

Le roi Zog et le comte Ciano d'Italie à Tirana en 1939. (Photo UCE.)

King Zog and Count Ciano of Italy at Tirana in 1939, (Photo: UCE).

Ses moyens de président étant limités, il se fait proclamer roi sous le nom de Zog Ier d'Albanie. Seule la côte Adriatique reste libre, très habitée et comprenant des zones portuaires à aménager: Sarrandë, Durrès et Vloré où existent quelques sources de pétrole. Le reste du pays est plutôt insoumis à l'autorité régnante.

Zog s'est endetté mais souhaiterait s'affranchir de la tutelle italienne omniprésente, Mussolini menaçant le pays des canons de sa grande flotte de guerre moderne. L'insistance du roi pourrait amener les Italiens à débarquer dans son pays, bousculer la petite armée albanaise et s'installer durablement… Ce qui arrivera en 1932.

Les frontières avec la Grèce et la Yougoslavie seront occupées, la faiblesse des troupes albanaises étant évidente. Le roi Zog Ier, son épouse Géraldina, ses trois sœurs colonels d'opérette et le petit « dauphin » qui vient de naître se réfugient alors en Grèce, puis en Egypte.

L'Albanie est devenue une province italienne gouvernée par un nouveau roi, celui d'Italie, Victor Emmanuel III. Un gouvernement à majorité italienne s'y installe, avec quelques Albanais « anti-Zogistes » des années 20. Comme souvent dans les Balkans, les divisions naissent très vite et on y trouve de dangereux opposants : Zogistes, anti-Zogistes, italianophiles, républicains et aussi communistes.

Mussolini décide alors d'envahir la Grèce, comptant sur une victoire rapide contre l'armée grecque. Ce succès calmerait sans doute les Albanais furieux de voir les colons italiens s'installer dans leur pays et les sociétés italiennes exploiter le pétrole de Vloré. Le Duce leur promet alors la restitution de l'Epire, ainsi que le Kosovo exigé par les Serbes!

Hélas, les troupes italiennes refluent vers l'Albanie, en déroute devant les Grecs qui, loin d'abandonner l'Epire, pénètrent dans le sud du pays et hellénisent la région de façon aussi sévère que les Italiens!

Devant ce lamentable résultat militaire, Adolf Hitler enverra en Albanie et en Grèce des troupes aguer-

sely inhabited and comprising port zones waiting to be built: Saranda, Durrès and Vloré, where some petroleum resources were present. The rest of the country was mostly not subjected to the reigning authority.

Zog became indebted to, but would have liked to gain the guardianship of the omnipresent Italian Mussolini, who menaced the country with cannons from his great modern battle fleet. The king's insistence could have persuaded the Italians to land in his country, overthrow the small Albanian Army and settle for the long term, which is exactly what happened in 1932.

The borders with Greece and Yugoslavia were occupied and the weakness of the Albanian troops became evident. King Zog the 1st, his wife Geraldine, his three "mock-colonel" sisters and the little "Dauphin" who had just been born took refuge first in Greece and then in Egypt.

Albania became an Italian province ruled by a new king, that of Italy, Victor Emmanuel III. A government with an Italian majority was established there, with some "anti-Zogist" Albanians in the 1920s. As often occurs in the Balkans, political divisions were formed very quickly and dangerous opponents were to be found: Zogists, anti-Zogists, Italophiles, republicans and also communists.

Mussolini then decided to invade Greece, counting on a quick victory against the Greek Army. This success undoubtedly calmed the Albanians' fury at seeing the Italian colonists become established in their country and Italian firms exploit the Vloré petroleum. Il Duce then promised them the restitution of Epire, as well as that of Kosovo demanded by the Serbs!

Unfortunately, the Italian troops surged back towards Albania, disorientated by the Greeks, who, far from abandoning Epire, were invading the south of the country and Hellenised the region in an equally severe manner as the Italians!

Faced with this regretful military outcome, Adolph Hitler sent to Albania and Greece hardened troops

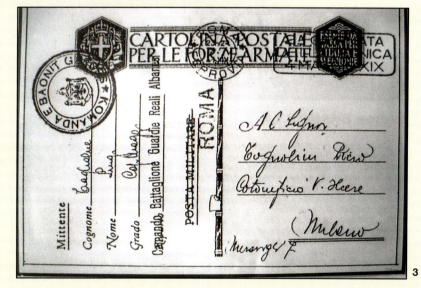

1. Le monogramme et la grenade italienne sur un aigle albanais reposant ses pattes sur le fascio italien. (Magazine *Uniformi*, N°73, Italie, F. Lazzarini et M. Soldaty.)
2. Le célèbre Skanderbeg, en réalité Giorgio Castriota, le héros albanais qui combattit les Turcs. (référence idem)
3. Carte montrant le sceau de la Garde Royale albanaise italienne.

1. The Italian monogram and grenade on an albino eagle resting its feet on the Italian fascio, (Uniformi Magazine, No. 73, Italy, F. Lazzarini and M. Soldiery).
2. The famous Skanderbeg, actually Giorgio Castriota, the Albanian hero who fought the Turks, (reference idem).
3. Map showing the stamp of the Albanian Italian Royal Guard.

ries qui envahiront la Grèce en quelques jours malgré l'opiniâtre défense des soldats hellènes. Les Albanais seront toutefois récompensés et récupéreront le cadeau promis par le Duce, le Kosovo serbe et l'Epire du sud, réalisant ainsi la « grande Albanie ».

Avec la défaite de Stalingrad, l'échec de Rommel, la victoire des Alliés commence à être considérée comme probable et Mussoloni se voit obligé de composer avec les Albanais. Il crée une armée albanaise indépendante avec une gendarmerie. Un gouvernement autonome est installé, avec à sa tête un anti-Zogiste : Malik bey Bushati.

A la fin de l'année 1942, les communistes commencent à réagir et engagent une résistance armée contre les Italiens, mouvement encouragé et armé par les Anglo-saxons et les Soviétiques.

who invaded Greece in a matter of days in spite of the Greek soldiers' obstinate defence. The Albanians were however rewarded and recovered the present promised by Il Duce, Serbian Kosovo and southern Epire, thus creating "Greater Albania".

With the defeat of Stalingrad, Rommel's failure, the Allied victory began to be considered as a probable outcome and Mussolini saw himself obliged to strike a compromise with the Albanians. He created an independent Albanian Army with a gendarmerie. An autonomous government was installed with an anti-Zogist at the head: Malik bey Bushati.

At the end of 1942, the communists started to react and recruited a resistance army against the Italians, a movement encouraged and armed by the Anglo-Saxons and the Soviets.

La sempiternelle division balkanique infectera immanquablement la résistance composée d'anti-Italiens, communistes, anti-Zogistes et quelques Zogistes.

L'assassinat de Mussolini, fin juillet 1943, oblige les Italiens à quitter l'Albanie et se disperser, pendant que les Allemands reviennent pour détruire les partisans de Henver Hodja, le nouveau leader communiste qui maintiendra le régime soviétique jusqu'en... 1988 !

Les Allemands ont maintenant cinq divisions sur place pour intervenir en cas de débarquement allié. Ils laissent la direction du pays aux chefs de tribus montagnardes. Les Italiens encore présents, humiliés par tant de défaites, déposent les armes et se rendent.

Maintenant toutes les factions en présence voient arriver les sunnites monarchistes qui veulent relancer l'influence islamique contre le gouvernement en place. Mais les Soviétiques approchent, la résistance yougoslave a gagné la partie malgré deux grandes offensives allemandes, avec 40 000 hommes à chaque fois, sans grand résultat, alors que Henver Hodja vient de créer un gouvernement de république populaire en Albanie, et qu'il entrera en vainqueur le 28 novembre 1944 à Tirana, la capitale.

Les répressions communistes seront terribles, engendrant une vindicte anti-communiste cette fois, qui ne s'éteindra qu'en 1950. La « grande Albanie » disparaît, le Kosovo redevient yougoslave et l'Epire, grecque. 28 000 Albanais sont morts dans cette nation qui se brouillera avec l'URSS, et restera quarante ans sous la coupe de Henver Hodja !

* **Les forces albanaises en 1939**

Quand les armées italiennes entrent en Albanie après la fuite du roi Zog Ier, le pays est déjà très latinisé grâce au général Pariani qui s'est occupé de l'organisation de l'armée albanaise dont tous les officiers sortent des écoles militaires du Duce.

En 1939, une garde royale albanaise existe sous la forme de deux bataillons comprenant de nombreux musulmans portant le fez blanc. L'infanterie comprend 6 bataillons, nommés Gramos, Dajti, Tomori, Tarabosch, Kaptinia et Korata.

Ces bataillons peu fiables, mal armés et mal entraînés, seront même retirés du front au cours de la malheureuse campagne de Grèce, et réorganisés sous le nom de Skanderbeg, fameux libérateur et combattant jadis des Ottomans.

L'uniforme sera pratiquement italien, avec toutefois des insignes de grades spéciaux, non plus portés au col mais sur les pattes d'épaule. La garde porte la jupette plissée ou les pantalons bouffants (*fustan*: du grec *fustanella*), le fez blanc et les chaussures à pointe recourbée. Un burnous vient compléter, l'hiver, le costume qui est nettement resté d'inspiration ottomane. Au col, l'étoile italienne surmontée du casque de Skanderbeg.

* **Les Albanais en guerre aux côtés de l'Allemagne, la division « *Skanderbeg* »**

Devant les dissensions permanentes entre les partis albanais de toutes origines, et la volonté de plus de 10 000 Albanais de devenir SS, Himmler décide en avril 1944 de former une division albanaise. Sur les 10 000 volontaires, 6 500 seront retenus selon les conditions physiques et morales imposées aux soldats d'élite du IIIe Reich. Ces hommes sont pour la plupart originaires du Kosovo, récemment rattaché à l'Albanie, ainsi que de l'Epire du sud, formant ainsi la « grande Albanie ».

Ces Albanais sont musulmans comme la majorité des Kosovars et sont donc très voisins des soldats bosniaques de Croatie.

The northernmost Balkan division would inevitably poison the resistance composed of anti-Italians, communists, anti-Zogists and some Zogists. The assassination of Mussolini, at the end of July 1943, obliged the Italians to leave Albania and disperse, while the Germans returned to destroy the partisans of Enver Hoxha, the new communist leader who was to maintain the Soviet regime until... 1988!

The Germans now had five divisions in place and ready to intervene in the case of an Allied landing. They left leadership up to the mountain tribes. The Italians, who were still present, humiliated by so many defeats, put down their arms and surrendered.

Now all the factions present saw the Sunnite monarchists arrive, who wanted to revive Islamic influence against the government in place. But the Soviets were approaching, the Yugoslav resistance had won the match, despite two great German attacks, with 40,000 men each time, so Enver Hoxha created a popular republican government in Albania and on the 28th November 1944, he entered the capital, Tirana, victoriously.

The communist repressions were terrible, this time engendering an anti-communist condemnation, which was not extinguished until 1950. "Greater Albania" disappeared, Kosovo once again became Yugoslav and Epire became Greek. 28,000 Albanians died in this nation, which was to burn with the USSR, and would remain for forty years under the coupe of Enver Hoxha!

***The Albanian forces in 1939**

When the Italian armies entered Albania after the flight of King Zog 1st, the country was already highly latinised, thanks to General Pariani, who was responsible for the organisation of the Albanian Army, as all his officers came from Il Duce's military schools.

In 1939, an Albanian Royal Guard existed in the form of two battalions comprising numerous Muslims wearing the white fez. The infantry consisted of six battalions, called Gramos, Dajti, Tomori, Tarabosch, Kaptinia and Korata.

These battalions, were not very trustworthy, were poorly armed and trained, and were even removed from the front during the unfortunate Greek campaign and reorganised under the name of Skanderbeg, famous liberator and fighter, before the time of the Ottomans.

The uniform was practically Italian, but with insignia for the special grades, no longer worn at the collar, but rather on the shoulder pads. The guard wore a fustan (from the Greek fustanella), a short pleated skirt or baggy trousers, the white fez and curved pointed shoes. A burnous for the winter completed the costume, which remained completely of Ottoman inspiration. At the collar, there was the Italian star and the uniform was topped with a Skanderbeg cap.

***The Albanians at war on the German side, the "Skanderbeg" Division**

Faced with the permanent dissentions between the Albanian parties of all origins and the freewill of more than 10,000 Albanians to join the SS, in April 1944, Himmler decided to form an Albanian division. Of these 10,000 volunteers, only 6,500 were retained due to the physical and moral conditions imposed in the elite soldiers of the 3rd Reich. These men mostly originated from Kosovo, recently united with Albania, or from Epire in the south, which together formed the "Great Albania".

These Albanians were Muslims, like the majority of the Kosovars and were close neighbours of the Croatian Bosnian soldiers.

Photo de la garde albanaise portant la jupette (Fustan) et le fez blanc.

Photo of the Albanian wearing the Fustanella (short skirt) and white fez.

L'unité, avec 6 500 combattants, n'est pas complète et il faudra l'étoffer avec des unités en provenance d'autres formations SS. Elle sera commandée et encadrée par des officiers et sous officiers allemands, des *Volksdeutschen* de Yougoslavie pour la plupart. Leur chef sera le *SS-Oberführer* Schmidhuber et la division prendra le nom de *Waffen-Gebirgs-Division der SS « Skanderbeg »*, en souvenir d'Iskander bey, héros national albanais, de son véritable nom Georges Castriota (1403-1468) qui se proclama prince d'Albanie en 1443 et bien que très « turquisé », combattra les Turcs avec le régent de Hongrie Hunyadi et avec le soutien de Venise.

La division recevra le n° 21 (en août 1944) et comprendra deux régiments de montagne numérotés 50 et 51. De juin 1944 à septembre, elle sera entraînée par une division de montagne allemande, la *1. Gebirgs-Division* venue de Grèce et très vite engagée contre les partisans, en particulier les communistes de Henver Hodja à l'ouest, dans les montagnes au nord ouest de Pac.

Dès que l'annonce du débarquement de Normandie fut connue de ces soldats mal équipés, mal entraînés, abreuvés de tracts et de paroles prononcées à leur intention par les partisans à l'aide de puissants hauts parleurs, ces « SS » albanais décidément peu motivés se mirent à déserter par milliers, 3 500 en moins de deux mois! Les autres, plus loyaux, seront encadrés par des effectifs nouveaux, en particulier 3 800 soldats de la *Kriegsmarine*, alors en poste dans les îles de la mer Egée.

Réduite malgré tout à un millier d'hommes en raison des pertes considérables au combat, la division part pour Kralievo en Bosnie après avoir commis des atrocités incroyables dans les villages chrétiens traversés dans le nord de l'Albanie, fief des catholiques.

Le 51ᵉ Régiment combattra en Bosnie-Herzégovine à nouveau contre les partisans de Tito, cette fois rattachée au groupe d'armée F, *XXI.AK*.

Dès le mois de décembre la division se battra contre l'armée rouge au sein du *V. SS-Gebirgs-Korps*, sur la Save, où les Soviétiques avancent vers l'ouest dans l'espoir de s'approprier des alliances en Albanie mais aussi en Yougoslavie, sur les « mers chaudes », le grand problème de la Russie depuis toujours.

L'unité sera dissoute en janvier 1945. Ses éléments seront versés dans la division *SS Prinz Eugen* du *SS-*

Sous-lieutenant de la garde royale albanaise. (*Hrvatske Oruzane Snage 1941-1945,* Krunoslav Mikulan, Sinisa Pogacic, Ed. Krila, Zagreb, 1999.) Noter l'insigne de grade de sous-lieutenant italien.

Second lieutenant of the Albanian Royal Guard, (Hrvatske Oruzane Snage 1941-1945, Krunoslav Mikulan, Sinisa Pogacic, Ed. Krila, Zagreb, 1999). Note arm badge of a second lieutenant similar to italian ramk badge.

The unit, with 6,500 fighters was incomplete and had to be filled out with units from other SS formations. It was commanded and supervised by German officers and non-commissioned officers, mostly the Volksdeutschen from Yugoslavia. Their chief was SS-Oberführer Schmidhuber and the division assumed the name of Waffen-Gebirgs-Division der SS "Skanderbeg", in memory of Iskander bey, an Albanian national hero, his real name being Georges Castriota (1403-1468). He proclaimed himself Prince of Albania in 1443 and though he was very "Turkified", he fought the Turks with the King of Hungary, Hunyadi and with the support of Venice.

 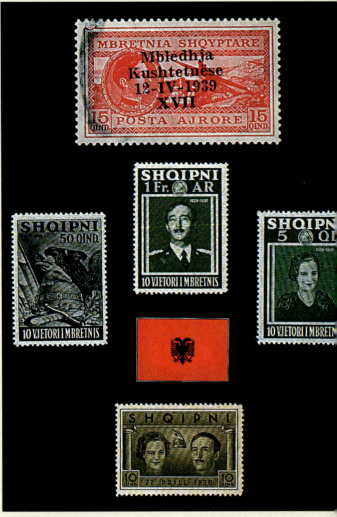

1. Les grades de l'armée albanaise de Zog 1er, galons dorés pour les sous officiers, étoiles d'or pour les officiers subalternes, bordure dorée et étoiles pour les officiers supérieurs, torsade dorée et étoiles d'argent pour les généraux. Deux pattes de col, la seconde porte l'étoile italienne et casque avec tête de bouquetin.

2. Les timbres émis pendant le règne de Zog 1er.

1. The grades of the Albanian Army of Zog 1st, golden stripes for the non-commissioned officers, golden stars for the junior officers, golden borders and stars for the chief officers, golden twist and silver stars for the generals. Two collar badges; the second bears the Italian star and helmet with the head of an ibex.

2. Stamps released during the reign of King Zog 1st.

Gruppenführer Artur Phleps et disparaîtront, plus tard, avec cette unité.

3) Les Indiens (1)

Les mouvements anti-britanniques n'avaient pas attendu les succès de l'armée allemande pour montrer leur désir profond d'indépendance, surtout en Inde, où la civilisation européenne avait pénétré depuis de longues décennies. Mais ces mouvements s'agitaient surtout dans les grandes villes car, dans l'immensité de ce pays, de nombreuses populations restaient incultes, pour la plupart analphabètes, ignorant tout des opérations militaires et des tendances politiques.

(1) Sur ce sujet, voir : Bamber (M.J.) et Munoz (A.) *The East came West, Freies Indien Legion* (p. 111).

The division received No. 21 (in August 1944) and comprised two mountain regiments, the 50th and 51st. From June to September 1944, it was trained by a German mountain division, the 1. Gebirgs-Division, which came from Greece and quickly became involved against the partisans, in particular the communists of Enver Hoxha to the west, in the mountains to the northwest of Pac.

Since news of the Normandy landings reached these poorly equipped, badly trained soldiers, swamped with leaflets and spoken advice directed at them by the partisans, aided by powerful loudspeakers, these poorly motivated "SS" Albanians decided to desert in their thousands: 3,500 in less than two months! The rest, who were more loyal, were supervised by new recruits, particularly 3,800 soldiers from the Kriegsmarine and then positioned on the Islands in the Aegean Sea.

Reduced to a mere thousand men, in spite of everything, due to considerable losses during combat, the division left for Kralievo in Bosnia after having committed incredible atrocities in the Christian villages crossed in the north of Albania, a Catholic domain.

The 51st Regiment fought in Bosnia-Herzegovina, once again against the partisans of Tito, though this time joined to the army group F, XXI.AK.

From the month of December, the division fought against the Red Army in the heart of the V. SS-Gebirgs-Korps, on the river Save, where the Soviets advanced westwards in the hope of appropriating alliances not only in Albania but also in Yugoslavia, along the "warm seas", which have always been a great Russian problem.

Hitler juge la Légion hindoue

Les comptes-rendus sténographiques des rapports journaliers du Q.G. du Führer (dont il ne reste malheureusement que des épaves) nous livrent à la date du 24 mars 1945 une très intéressante conversation entre Hitler, le général Burgdorff, le *SS-Sturmbannführer* Goehler et l'*Oberstleutnant* Borgmann au sujet de la légion hindoue. A la question d'Hitler de savoir qu'elle unité d'origine étrangère ont pourrait armer et transformer en division, l'*Obestleutnant* Borgmann évoque la légion hindoue. Un « dialogue » s'engage aussitôt sur ce sujet :

Hitler : « La légion indienne est une fumisterie. Il y a des Hindous qui ne tueraient pas un pou, ils se laisseraient plutôt dévorer. Ceux-là n'iront pas non plus à plus forte raison tuer des Anglais. Aller les mettre justement face à des Anglais, je tiens ça pour une mauvaise plaisanterie. Pourquoi les Hindous se battraient-ils chez-nous plus courageusement que les Hondous se sont battus en Inde même sous le commandement de Chandra Bose ? Ils ont engagés des unités en Birmanie, sous le commandement de Chandra Bose, en vue de libérer l'Inde des Anglais. Elles se sont volatilisées. . Pourquoi seraient-ils plus courageux chez-nous ? Je crois que si l'on employait des Hindous pour tourner des moulins à prière ou quelque autre besogne de ce genre, ce seraient les soldats les plus infatigables du monde. Mais les engager dans une véritable et sanglante bataille c'est ridicule. Quel est l'effectif de ces Hindous ? Et puis d'ailleurs ça ne rime à rien. Quand on a une surabondance d'armes, on peut se permettre ces plaisanteries pour des raisons de propagande. Mais quand on a pas une surabondance d'armes, ces plaisanteries de propagande ne son pas admissibles (…) ».

Hitler pose ensuite des questions sur la division galicienne auxquelles répondent Borgmann et Goehler. Puis il revient sur la légion hindoue :

Hitler : « Qu'est-ce qu'on veut faire de la légion hindoue ? »

Goehler : « Ça, je ne peux pas le dire. Il y a déjà assez longtemps qu'elle est au repos ».

Hitler : « Mais elle n'a jamais combattu ! »

Goehler : « Non. »

Hitler : « Pour moi, une unité qui est au repos est une unité qui qui a durement combattu et à laquelle on fait reprendre des forces. Vos unités reprennent constamment des forces et ne combattent jamais ».

(cf *Hilter parle à ses généraux, comptes-rendus sténographiques des rapports journaliers du Q.G. du Führer*, Paris (Albin Michel) 1964, p. 341-344).

Photo d'un Indien de la *Wehrmacht* (photo de salon). (Musée de Le Gua, Royan, M. Le Lorrain.)

Photo of an Indian from the Wehrmacht (studio photo), (Musée de Le Gua, Royan, M. Le Lorrain).

The unit was dissolved in January 1945. Its elements were transferred to the SS Prinz Eugen division of the SS-Gruppenführer Artur Phleps and later disappeared together with this unit.

3) The Indians (1)

The anti-British movements didn't wait to see the success of the German Army before showing their profound desire for independence, especially in India, where the European civilisation had penetrated since many centuries ago. But these movements mostly took place in the large cities and in the immensity of this country, numerous populations remained uneducated, mostly illiterate and ignorant to all military operations and political tendencies.

The German propaganda was distributed as far as Delhi, but it has never been demonstrated that the inhabitants, well informed of the situation, were uplifted in their masses to hunt out their British occupiers.

One single man decided to ask the Germans for help: Chandra Bose, Indian nationalist leader. Some months after the invasion of Russia, he went to Berlin to meet with Hitler and ask him to mobilise, in the best interests of Germany, the countless Indian soldiers taken prisoner by Rommel's troops during his violent advance into North Africa.

Noboby could have predicted that Adolph Hitler would one day allow moustached and turbaned soldiers to bear the swastika and eagle on their bellies.

In 1941, the Germanic people, with the Volksdeutschen, and less importantly the Nordic countries, were the only ones representing a force capable of reigning over a Europe remodelled by Germany, according to the racial criterion in vigour. The idea

(1) On this subject see : Bamber (M.J.) et Munoz (A.), The East came West, Freies Indien Legion (p. 111).

> ### Hitler judges the Hindu Legion
>
> *The shorthand reports of the Führer's daily Q.G. communications (of which unfortunately only shreds remain) point us to the 24th March 1945 and a very interesting conversation between Hitler, General Burgdorff, SS-Sturmbannführer Goehler and Oberstleutnant Borgmann on the subject of the Hindu Legion. When Hitler asked which of his units of foreign origin could take arms and become a division, Obestleutnant Borgmann referred to the Hindu Legion. A "dialogue" immediately ensued on the subject:*
>
> Hitler : "The Indian Legion is a fraud. There are Hindus who wouldn't kill a flea, they would rather let themselves be eaten. That won't work either – they have no better reason to kill the British. Go and put them in front of the British, I mean that as a bad joke. Why do the Hindus fight more courageously for us than the Hindus have done in India itself under the command of Chandra Bose? They were recruited into units in Burma, under the command of Chandra Bose, in order to liberate India from the British. They were volunteers. Why did they fight more courageously for us? I think that if you employed the Hindus to turn prayer wheels or a similar task, they would be the most untiring soldiers in the world. But to involve them in a real bloody battle is ridiculous. How many of these Hindus are there? And anyway, it doesn't make sense. When we have an overabundance of weapons, perhaps we can allow ourselves to make this kind of jokes, for propaganda reasons. But when we have an overabundance of weapons, propaganda jokes are not admissible (...) ».
>
> *Hitler then posed questions on the Galician division to which Borgmann and Goehler replied. Then he returned to the subject of the Hindu legion:*
>
> Hitler: "What can we do with the Hindu legion?"
>
> Goehler: "I couldn't say. It has been resting for a long time now".
>
> Hitler: "But has it never fought?"
>
> Goehler: "No"
>
> Hitler: "For me, a unit that is resting is a unit that has fought harshly and left to recover its strength. Your units recover their strength constantly and never fight."
>
> *(Cf. Hitler speaks to his generals, shorthand accounts from the Fuehrer's daily Q.G. reports, Paris (Albin Michel) 1964, pp. 341-344).*

La propagande allemande s'était propagée jusqu'à Delhi, mais il n'est pas prouvé que les habitants, bien mis au courant de la situation, se seraient soulevés en masse pour chasser l'occupant britannique.

Un seul homme décidera de demander secours aux Allemands: Shandra Bose, leader du nationalisme indien. Quelques mois après l'invasion de la Russie, il se rendit à Berlin pour rencontrer Hitler et lui demander de mobiliser au profit de l'Allemagne les innombrables soldats indiens faits prisonniers par les troupes de Rommel au cours de sa foudroyante avance en Afrique du Nord.

Rien ne laissait penser qu'Adolf Hitler admettrait un jour des soldats moustachus et enturbannés portant sur la poitrine l'aigle à croix gammée.

En 1941, les peuples germaniques, avec les *Volksdeutschen*, et en moindre importance les pays nordiques, étaient les seuls à représenter une force capable de régner sur une Europe remodelée par l'Allemagne, selon les critères raciaux en vigueur. L'idée ne cheminait pas encore dans le cerveau du leader nazi d'incorporer des dizaines de millions d'hommes venant de lointains pays « non aryens ».

Ses ethnologues lui firent comprendre que les Indiens étaient en réalité beaucoup plus aryens que certains de ses soldats d'ex-Yougoslavie. Il accepta alors de tenter l'expérience.

Parmi les nombreux soldats indiens des camps de prisonniers, près de 2000 seulement acceptèrent de servir le IIIe Reich, ce qui était très peu.

Déçu par cette pauvre légion de volontaires, Shandra Bose pensa à demander aux Allemands de lui fournir les moyens de se rendre à Tokyo et y exercer une certaine pression pour demander de l'aide à l'allié nippon de Hitler.

Au cours de leur expansion rapide en Extrême Orient et dans les pays occupés par les Anglais, les Japonais n'attendirent pas Shandra Bose pour libérer les soldats indiens qui se trouvaient dans les camps japonais et les incorporer dans leur propre armée.

Photo d'un Indien en casquette de l'*Afrika Korps*. (Musée National d'Histoire Contemporaine, Ljubljana.)

Photo of an Indian wearing an Afrika Korps helmet, (National Museum of Contemporary History, Ljubljana).

Cette libération fut facilitée par la propagande japonaise qui promit aux Indiens de faire de l'Inde un pays libre et indépendant, hors de la tutelle britannique. Ainsi depuis plusieurs mois, les soldats de l'Inde combattaient aux côtés des Nippons dans leur progression sur le continent asiatique, notamment en Birmanie.

En Libye, les Italiens avaient réussi, avec les troupes allemandes, à capturer des soldats indiens et les avaient incorporés bien avant les Allemands, en bons coloniaux habitués à employer des « indigènes ».

Ils reçurent les prisonniers dans trois centres, le T pour les Tunisiens, le A pour les Arabes du Proche Orient britannique et le I pour les Indiens. Comme les Anglais se sont toujours moqués des Italiens, en particulier du Duce dans ses gesticulations ridicules, les Indiens ainsi recrutés ne voulurent pas porter l'uniforme d'une armée italienne qui n'avait pas bonne réputation.

Parmi les 17 000 prisonniers indiens, 3 500 acceptèrent de s'engager, dans l'armée allemande à la réputation plus prestigieuse !

Le centre I, de son côté, ne put convaincre que 400 Indiens, 200 Arabes et 1 200 Italiens installés en Egypte, Palestine, Syrie et Soudan. Ce groupe prit le nom de flèches rouges, en souvenir des flèches noires envoyées en Espagne aux côtés des armées de Franco, au cours de la guerre civile, sous la forme d'une unité de volontaires fascistes.

Le recrutement fut difficile car les Indiens ne parlaient pas l'allemand et il fallut trouver des instructeurs anglophones. Il y en avait très peu et finalement ce furent des prisonniers anglais germanophones qui traduisirent les règlements allemands. D'autre part, les haines séculaires entre Sikhs, Thugs, bouddhistes, hindouistes, Pakistanais et musulmans conduisirent Shandra Bose à « unifier » tous ces courants. Ce fut presque une révolution. Enfin, l'entraînement très dur, « à la prussienne » changeait pour les recrues indiennes habituées à l'entraînement ferme mais plus souple des Anglais, davantage adapté au caractère oriental.

Les soldats protestaient pour un rien. Ainsi firent-ils un scandale quand ils surent que les recrues arabes portaient un insigne comportant une inscription en caractères arabes et allemands, alors que le leur ne portait que des caractères allemands et rien en hindi!

Une première unité indienne fut créée, le régiment 950, à trois bataillons, composé de 2/3 de musulmans et 1/3 d'hindouistes, portant des turbans de couleur différente, peu réglementaires, et quelquefois remplacés par une sorte de calot turban en tissu de l'Afrika Korps, très mal toléré par les officiers allemands.

Le centre I de son côté, avait formé le bataillon *Azad-Hindustan* composé d'Italiens installés au Proche Orient et d'Indiens. Cette unité devait servir derrière les lignes ennemies grâce à un peloton parachutiste dont l'entraînement se déroula à Tarquinia. Elle comprenait surtout une compagnie de fusiliers, motorisée, composée d'Indiens, une compagnie de mitrailleurs également indiens, les Italiens composant un « *overseas platoon* » à des fins mal connues.

Malgré cette organisation, l'état-major comprit que cette unité ne serait jamais fiable. Ils eurent confirmation de leurs doutes quand ces Indiens se mutinèrent et se débandèrent à la bataille d'El Alamein en 1942 ! Ceux qui furent rattrapés réintégrèrent les camps de prisonniers ou furent fusillés.

Les Allemands composèrent leur régiment 950 avec :
3 bataillons d'infanterie à 4 compagnies chacun
1 compagnie de mitrailleurs (13ᵉ)

had still not entered into the Nazi leader's head to incorporate dozens of millions of men from faraway "non-Aryan" countries.

His ethnologists made him understand that the Indians were really much more Aryan than some of his soldiers from ex-Yugoslavia. So he agreed to try out the experience.

Among the numerous Indian soldiers in the prison camps, only about 2,000 agreed to serve in the 3rd Reich, which was very few.

Deceived by this poor legion of volunteers, Chandra Bose thought about asking the Germans to provide him with the means to go to Tokyo and exert certain pressure there to ask for help from the Hitler's Nippon ally.

Throughout the course of their rapid expansion in the Far East and in the countries occupied by the British, the Japanese did not wait for Chandra Bose in order to free the Indian soldiers that were to be found in the Japanese camps and to incorporate them into their own army. This liberation was facilitated by Japanese propaganda promising the Indians that it would make India free and independent, outside of British guardianship. Thus, after several months, the Indian soldiers fought beside the Nippon in their progression through the Asian continent, notably in Burma.

In Libya, the Italians had managed, with the German troops, to capture the Indian soldiers and incorporated them much earlier than the Germans, as hardened colonists, accustomed to using "indigenous people".

The prisoners were received in three centres: "T" for the Tunisians, "A" for the Arabs from the British Near East and "I" for the Indians. As the British had always mocked the Italians, in particular "Il Duce" and his ridiculous gesticulations, the Indians so-recruited didn't want to wear the uniform of the Italian Army, which did not have a good reputation.

Among the 17,000 Indian prisoners, 3,500 agreed to enlist, though in the German Army of more prestigious reputation!

The "I" centre, on the other hand, only managed to convince 400 Indians, 200 Arabs and 1,200 Italians who were established in Egypt, Palestine, Syria and Sudan. This group was given the name "the red arrows", in memory of the black arrows fired in Spain from Franco's army lines during the course of the civil war, in the formation of a voluntary fascist unit.

Recruitment was difficult, as the Indians didn't speak German and English-speakers had to be found. There were very few available and it was the German-speaking English prisoners who translated the German regulations, in the end. On the other hand, secular hatred between Sikhs, Thugs, Buddhists, Hindus, Pakistanis and Muslims led Chandra Bose to "unite" all these streams. It was almost a revolution. Finally, the very hard training in the Prussian manner was modified for the Indian recruits accustomed to the firm but more flexible British training, more suitable for the oriental character.

The soldiers complained for petty things. They armed a scandal when they saw the Arab recruits wearing an insignia carrying an inscription in both Arabic and German characters, while their uniforms only carried German characters and nothing in Hindi!

A first unit was created, the 950th Regiment, with three battalions, composed of two-thirds of Muslims and one-third of Hindus, wearing not very regulation different coloured turbans, sometimes replaced by a sort of turban-cap in Afrika Korps material, which was very poorly tolerated by the German officers.

Le drapeau indien « Inde libre » de la division avec le tigre bondissant et les couleurs de l'Inde.

The Indian flag "Free India" of the division with the leaping tiger and colours of India.

1. Photo d'un Indien avec turban, barbe et moustaches traditionnelles sikhs. (même origine)

2. Veste Afrikakorps et demi calot turban pour les soldats indiens avec le grand V inversé (blanc pour l'infanterie). (Photo J-M Barris.)

1. *Photo of an Indian with turban, beard and moustaches traditional among the Sikhs (same source).*

2. *Afrikakorps jacket and turban-cap for the Indian soldiers, with the large upside-down 'V' (white for the infantry), (Photo: J-M Barris,).*

la 14ᵉ de chasseurs de chars
le 15ᵉ du génie, 1 compagnie d'honneur
81 véhicules et 700 chevaux

Le régiment indien levé par les Allemands devait devenir plus tard le *Panzer-Grenadier-Regiment 950*, les 2/3 étant musulmans, le 1/3 restant composé de Sikhs, Hindous, Jats, Rajput, Marathas, Garhwali…
En 1943, les Indiens musulmans furent incorporés dans la 13ᵉ SS de volontaires de Bosnie Herzégovine, division de montagne, également composée de musulmans. Mais les soldats restèrent bien « européens » pour les uns, très « indiens » pour les autres, l'amalgame ne s'est donc pas fait.

L'unité fut mutée aux Pays-Bas, un drapeau lui fut confié, aux couleurs de l'écusson de bras et une décoration fut établie par Shandra Bose (2) :

1ʳᵉ classe : elle porte le nom de « *Sher-e-Hind* » (Tigre de l'Inde). Le revers de toutes les pièces est marqué du signe ou numéro du graveur.

2ᵉ classe : elle porte le nom de « *Sardar-e-Jang* » (Seigneur de la Guerre).

3ᵉ classe : elle porte le nom de « *Vir-e-Hind* » (Héros de l'Inde). Le ruban seul pouvait être porté à la boutonnière de la vareuse.

Médaille dorée : elle porte le nom de « *Thamga-e-Bahaduro* » (Médaille du Combattant) ; il paraît certain que des modèles sans sabre ont été attribués.

Médaille argentée : elle porte le nom de « *Thamga-e-Azadi* » (Médaille de la Liberté) ; il semble que les médailles avec sabres aient été attribuées à des légionnaires comptant un an et demi de service.

Médaille de bronze : elle porte le nom de « *Shahid-e-Bharat* » (Martyr de l'Inde) ; le modèle avec sabres

(2) Sur ce sujet on consultera : *AMIlitaria – Belgique*, Eric Tripnaux (FBA).

The "I" Centre trained the Azad-Hindustan battalion composed of Italians established in the Near East and Indians. This unit was to serve behind the enemy lines, thanks to a parachutist squad, so the training took place at Tarquinia. The unit comprised a company of riflemen, motorised and composed of Indians, and a company of machine-gunners, also Indian. The Italians formed an "overseas platoon", for unknown reasons.

Despite this organisation, the sergeant major understood that this unit would never be feasible. These doubts were confirmed when the Indians mutinied and disbanded at the battle of El Alamein in 1942! Those who were recaptured and reintegrated into the prison camps were shot by firing squad.

The Germans composed their Regiment 950 with:

3 infantry battalions with 4 companies each

1 company of machine-gunners (13th)

The 14th tank destroyers

The 15th engineers, 1 company of honour

81 vehicles and 700 horses

The Indian regiment raised by the Germans later became the Panzer-Grenadier-Regiment 950, two-thirds being Muslims and the remaining third comprised Sikhs, Hindus, Jats, Rajput, Marathas, Garhwali…

In 1943, the Muslim Indians were incorporated into the 13th SS of Bosnia-Herzegovina volunteers, a mountain division, equally composed of Muslims. However, some of the soldiers remained very "European" while others were very "Indian", hence amalgamation was never achieved.

The unit was transferred to the Netherlands and a flag was assigned to it with the colours of the coat of arms and decoration that was established by Chandra Bose (2):

(2) On this subject, consult: AMIlitaria – Belgium, Eric Tripnaux (FBA).

était attribué automatiquement à titre posthume à tous ceux qui avaient perdu la vie pour la libération de l'Inde.

L'*Abwehr* avait prévu que la légion indienne accompagnerait les forces de l'Axe dans le Caucase, puis l'Iran, vers l'Inde pour y anéantir l'influence anglaise. Il avait même été question de parachuter des Indiens dans le pays pour le pousser à la révolte (régiment de parachutistes 800). En janvier 1942, l'opération Bayadère fut lancée et une centaine d'Indiens furent parachutés à l'est de l'Iran pour infiltrer l'Inde en passant par le Belouchistan. Ils commencèrent le sabotage contre les installations anglaises.

Mais, la défaite de Stalingrad annula définitivement la poursuite du scénario devenu irréalisable en raison de l'avance soviétique dans toutes les régions du Caucase, et du rembarquement des troupes allemandes dans le secteur du détroit de Kertch en Crimée...

Soldat indien sikh surveillant le ciel. (Musée National d'Histoire Contemporaine, Ljubljana, Slovénie.)

Indian Sikh soldier surveying the sky, (National Museum of Contemporary History, Ljubljana, Slovenia). Purchased

1st class: It carried the name "Sher-e-Hind" (Tiger of India). The back of all the pieces are marked with the engraver's sign or number.

2nd class: It bore the name "Sardar-e-Jang" (Lord of War).

3rd class: It carried the name "Vir-e-Hind" (Hero of India). The ribbon alone could be worn in the tunic buttonhole.

Gold medal: It bore the name "Thamga-e-Bahaduro" (Medal of the Fighter); it seems that some models were awarded without the sabre.

Silver medal: It carried the name "Thamga-e-Azadi" (Medal of Freedom); medals with sabres appear to have been attributed to legionnaires completing one and a half year's service.

Bronze medal: It bore the name "Shahid-e-Bharat" (Martyr of India); the model with the sabres was automatically awarded to those who had lost their life for the liberation of India.

The Abwehr had planned for the Indian Legion to accompany the Axe forces in the Caucasus and then in Iran, towards India to there devastate the British influence. It was even considered to parachute the Indians into the country to pressure for a revolt (regiment of 800 parachutists). In January 1942, operation Bayadère was launched and a hundred Indians were parachuted into Eastern Iran to infiltrate India, by passing through Balochistan. They began the sabotage against the British installations.

However, the defeat of Stalingrad permanently cancelled the pursuit of the scenario, which had become unrealistic due to the Soviet advance into all the Caucasian regions and the re-boarding of the German troops in the Kertch Strait sector in Crimea... In Asia, the Japanese troops marched to the Indian border. It was at that point that Chandra Bose left for Japan to increase pressure on India and overthrow the British Regime. The Germans provided them with a highly equipped submarine a long-range action (type IX D1, U 180) under the command of Frigate Captain Muzenberg. Bose left for Japan with his collaborator, who had shortly before been named 'representative of the free India' by General Oshima, Japanese Ambassador in Berlin. The submarine took on fuel in Madagascar and soon reached Sumatra on the 6th May 1943, travelled from Singapore to Tokyo and entered the large Malay island a little later to establish the "Provisory Government of Free India". Bose had agreed with the Japanese that they would provide him with the necessary to form three divisions to fight against the 14th British Army in Burma, composed of Indians already recruited amongst the prisoners from the Japanese camps.

The Germans then organised a mission carried out with a boat camouflaged as a self-styled Swedish boat, the Brand III, with a crew essentially from the famous Brandebourg Division, created, as we know, for somewhat special operations (4). Indian soldiers selected from the best took part in the operation. Four "Blockadebrecher" (blockade breakers) could then take action. The first blockade breaker left from Malmö, passed through the English Channel and was subjected to British inspection at Gibraltar. The iron ore and papers presented showed that the ship was effectively making the journey from Sweden to the foundries in South Africa...

The Brand III managed to get through the Suez Cannel and underwent a second inspection, this time by a US Navy ship in the Bay of Bengal, with no hitches (The Brandebourg soldiers were even selected who could speak Swedish!). Shortly afterwards, the ship was noticed by a Japanese cruiser which preceded it to its destination.

En Asie, les troupes japonaises piétinaient à la frontière indienne. C'est alors que Shandra Bose partit au Japon pour inciter les Nippons à accentuer la pression sur l'Inde et faire basculer le régime britannique. Les Allemands lui fournirent un sous-marin très bien équipé, à long rayon d'action (type IX D1, U 180) sous le commandement du capitaine de frégate Muzenberg. Bose partit au Japon avec son collaborateur, nommé peu de temps auparavant représentant de l'Inde libre par le général Oshima, ambassadeur japonais à Berlin. Le sous-marin fit du carburant à Madagascar, atteignit bientôt Sumatra le 6 mai 1943, voyagea de Singapour à Tokyo et entra dans la grand île malaise un peu plus tard pour y implanter le « gouvernement provisoire de l'Inde libre ». Bose avait décidé les Japonais à lui fournir de quoi former trois divisions qui combattraient contre la 14e armée anglaise en Birmanie, composée d'Indiens déjà recrutés parmi les prisonniers issus des camps japonais.

Les Allemands organisèrent alors une mission effectuée avec un bateau camouflé en navire soi-disant suédois, le *Brand III*, composé d'un équipage essentiellement issu de la fameuse division Brandebourg, faite comme on le sait, pour les opérations un peu spéciales (4). Des soldats indiens choisis parmi les meilleurs feraient partie de l'opération. Quatre « Blockadebrecher » (briseurs de blocus) pourraient alors agir. Le premier « briseur de blocus », parti de Malmö, passa par la Manche et il subit l'inspection anglaise à Gibraltar. Le minerai de fer et les papiers présentés montrèrent que le bateau faisait bien le trajet de Suède vers l'Afrique du sud pour des fonderies…

Le *Brand III* franchit le canal de Suez et subit une seconde inspection, cette fois par un navire de l'*US Navy* dans la mer du Bengale, sans aucun accroc (On avait même choisi des soldats du Brandebourg parlant le suédois!). Un peu plus tard, le bateau fut pris en compte par un croiseur japonais qui le précéda jusqu'à sa destination.

Le second « Blockadebrecher » eut moins de chance. Passé par le plus long chemin en contournant l'Afrique, il fut pris en chasse au Cap de Bonne Espérance par un navire de guerre, trouvant ce cargo un peu trop rapide pour ce qu'il était. Le commandant du briseur de blocus n°2 prit peur, fonça vers le grand sud et ses dangers. On ne l'a jamais revu…

En Europe, la légion indienne, toujours stationnée aux Pays-Bas, fut mutée dans un secteur destiné à servir dans la défense côtière. Une autre unité partit pour le mur de l'Atlantique, à Saint-André de Cubzac, où le climat convenait mieux à ces Orientaux…

Le régiment 950 fut assigné à Zandwoort et une partie fut relevée par le bataillon d'infanterie géorgien 822.

Les autres unités stationnées dans l'île de Texel furent relevées par le bataillon nord caucasien 803 et partirent aussi pour la France dans la région des Sables d'Olonnes. La légion indienne s'installa le long de la côte Atlantique : 2 300 hommes sous les ordres de Rommel, jadis à l'origine de leur capture…

L'unité fut mise sous contrôle de la *Waffen-SS* avec pour chef le *SS-Oberführer* Heinz Bertling. L'uniforme resta celui de la *Wehrmacht* mais si l'on vit quelquefois dans les ouvrages de documentation la patte de col noire portant une tête de tigre, c'est qu'elle a peut-être été manufacturée, mais certainement jamais portée.

La légion indienne resta à Lacanau, près de Bordeaux, deux mois après le débarquement des Alliés en Normandie. Le risque d'un débarquement allié en Méditerranée força la légion à quitter la côte Atlantique pour rejoindre l'Allemagne. Leur premier trajet

Sous-officier indien (bordure dorée au col et aux pattes d'épaule. (*Amilitaria.*)

Indian non-commissioned officer, with a golden border on the collar and shoulder pads, (Amilitaria).

Médailles, insignes de bras et livret de solde. (*Amilitaria, Belgique, Eric Tripnaux, FBA.*)

Medals, arm insignia and soldier's booklet, (Amilitaria, Belgium, Eric Tripnaux, FBA).

1. Indiens posant une barrière de barbelés avec un sous-officier de la Wehrmacht. (Musée National d'Histoire Contemporaine, Ljubljana, Slovénie.)

2. Indien souriant fraternisant avec un soldat allemand. (Musée National d'Histoire Contemporaine, Ljubljana, Slovénie.)

3. Insigne de bras et timbres émis par les services de l'Inde libre de Shandra Bose.

1. Indians erecting a barbed wire fence with a non-commissioned officer of the Wehrmacht, (National Museum of Contemporary History, Ljubljana, Slovenia).

2. Smiling Indian fraternising with a German soldier, (idem).

3. Arm insignia and stamps released by the services of Chandra Bose's Free Indian.

The second Blockadebrecher was less fortunate. Having taken the longest route contouring Africa, it was pursued at the Cape of Good Hope, by a war ship that found that it was travelling a little too fast for what it was. The commander of the No. 2 blockade breaker got scared and rushed towards the great south and its dangers. It was never seen again... In Europe, the Indian Legion, still stationed in the Netherlands, defected from a sector destined to serve the coastal defence. Another unit left for the Atlantic Wall, at Saint-André de Cubzac, where the climate was more suitable for these Orientals...

Regiment 950 was assigned to Zandwoort and a party was relieved by the Georgian infantry battalion 822. The other units stationed on the Isle of Texel were relieved by the North Caucasian battalion 803 and also left for France, to the region of Sables d'Olonnes. The Indian legion became established along the Atlantic Coast: 2,300 men under Rommel's orders, at their former place of capture...

The unit was placed under the control of the Waffen-SS with the SS-Oberführer Heinz Bertling in charge.

se fit en train jusqu'à Poitiers mais des résistants FFI les attaquèrent et plusieurs soldats furent blessés. Ils continuèrent néanmoins à pied vers le département de l'Allier, vers Chatrou. Arrivés sur le canal du Berry, ils furent opposés aux forces françaises régulières et perdirent leurs premiers soldats dans des combats de rue.

La retraite continua vers Luzy, marchant de nuit et se cachant le jour, la légion perdit le lieutenant Ali Khan, le sous-officier Kalu Ram et le caporal Mela Ram. Les Indiens traversèrent enfin la Loire et arrivèrent à Dijon après un engagement contre les blindés alliés à Nuit-Saint-Georges. Ils marchèrent vers Remiremont, puis l'Alsace, puis enfin arrivèrent à Oberhoffen près de Haguenau. La légion fut recueillie par des civils allemands et fila ensuite vers les froidures de Heuberg. Elle y resta jusqu'en mars 1945, elle essaya ensuite de passer en Suisse, en marchant désespérément le long des rives du lac de Constance.

Les Américains et les Français les capturèrent puis les remirent aux Britanniques et aux Indiens restés fidèles à la Couronne. Quelques-uns furent fusillés par les Français pour les atrocités commises par quelques soldats tout au long du lent trajet depuis Lacanau jusqu'en Alsace.

Les derniers « Hindous » furent rapatriés en Inde où ils furent emprisonnés au Fort Rouge de Delhi. En raison de leur lutte pour l'indépendance de leur pays et leur longue guerre inutile au cours de laquelle ils furent souvent maltraités par les Allemands, les Indiens de la Freies Indien furent traités avec indulgence.

Il faut dire que leur leader Shandra Bose était mort entre-temps dans un accident aérien. L'avion Mitsubishi Ki 21 type 97 dans lequel il se trouvait s'écrasa au décollage de l'aéroport de Taï Peh le 18 août 1945. Subbah Shandra Bose partait pour la Mandchourie. Le bruit a longtemps couru qu'il avait survécu à ses brûlures et agit pour la Chine communiste pendant de longues années.

Aucune preuve de cette histoire n'a pu être fournie. Les membres de la division Brandebourg se sont engagés dans la légion étrangère à Saïgon, en Indochine. Certains sont morts sous le drapeau français en combattant contre les Viet Minh communistes, selon leurs idées de toujours.

4) Les Arabes

On ignore souvent que des milliers d'Arabes d'Afrique du Nord ou du Proche Orient ont combattu aux côtés des troupes allemandes entre 1941 et 1945. De la Brigade Nord Africaine de 1941 aux parachutistes arabes du Bataillon 845 en 1945, de petits groupes de ces hommes ont vaillamment combattu en respectant leur serment à Hitler. D'autres se sont moins bien comportés.

Ces quelque 6 000 hommes ne représentent que peu au regard de ceux servant dans l'armée française d'Afrique qui devait un jour débarquer en Italie, puis en France en août 1944, mais il est intéressant de connaître leurs pérégrinations au cours des combats de la Seconde Guerre mondiale.

* La Brigade Nord Africaine

La première unité arabe levée pour combattre aux côtés des Allemands sera la tristement célèbre Brigade Nord Africaine qui, en fait de brigade, ne comprendra qu'environ 300 hommes, même pas un bataillon. Le recrutement en Afrique du Nord en 1941 aura été un échec et les Nord Africains recrutés ainsi seront commandés par un individu peu recommandable, un certain Lafont, nommé « *Hauptsturmführer* » c'est-à-dire capitaine, par la SS.

The uniform was still that of the Wehrmacht, though the manufactured version that appears in documentary works, with the black collar lapel carrying the tiger's head, was certainly never worn.

The Indian legion stayed at Lacanau, near to Bordeaux, two months after the Allied landings at Normandy. The threat of an allied landing in the Mediterranean forced the legion to leave the Atlantic Coast and return to Germany. The first part of the journey was made to Poitiers, but the FFI Resistance attacked them and several soldiers were injured. Nevertheless, they continued on foot towards the department of Allier, to Chatrou. When they reached the Berry canal, they were confronted with the regular French forces and lost their first soldiers in the ensuing street combats.

The retreat continued towards Luzy, marching at night and hiding themselves by day; the legion lost Lieutenant Ali Khan, Non-commissioned Officer Kalu Ram and Corporal Mela Ram. The Indians finally crossed the Loire and arrived at Dijon after an encounter with the allied armoured vehicles at Nuit-Saint-Georges. They marched to Remiremont, then Alsace and finally arrived at Oberhoffen near Haguenau. The legion was received by German civilians and then marched to the cold of Heuberg. The soldiers remained there until March 1945, when they tried to reach Switzerland, marching desperately along the banks of Lake Constance.

The Americans and the French captured them and returned them to the British and to those Indians who had remained loyal to the Throne. Some were shot by the French for the atrocities committed by some of the soldiers during the slow journey from Lacanau to Alsace.

The last "Hindus" were repatriated to India, where they were imprisoned in the Red Fort at Delhi. Because of their fight for independence of their country and the long useless war throughout which they were mistreated by the Germans, the Indians from the Free Indians (Freies Indien) were treated with indulgence. It must be said that their leader Chandra Bose died in an aeroplane accident. The Mitsubishi Ki 21 type 97 aeroplane in which he died crashed when taking off from Tai Peh Airport on the 18th August 1945. Subhas Chandra Bose was going to Manchuria. For a long time, it was rumoured that he had survived the flames and worked for Communist China for many years afterwards.

No historical evidence has ever been provided for this. The members of the Brandebourg division were enlisted in the Foreign Legion Saigon, in Indochina. Some died under the French flag fighting against the Viet Minh communists, sticking to their fixed ideals.

4) The Arabs

It is often overlooked that thousands of Arabs from North Africa or the Near East fought on the same side as the German troops between 1941 and 1945. From the North African Brigade to the Arab parachutists in 1941, from Battalion 845 en 1945, these small groups of men fought valiantly respecting their oath to Hitler. Others behaved not so well.

These some 6,000 men represented very few, compared to those serving the French African Army who were to land in Italy and later in France in August 1944, but it is interesting to learn of their movements throughout the course of the Second World War combats.

*The North African Brigade

The first Arab unit raised to fight on the side of the Germans was the sadly famous North African Brigade, which though categorised as a brigade, only had

1. Mannequin indien photographié au Musée de Le Gua près de Royan. (M. Le Lorrain.)
2. Deux soldats indiens que l'on a rarement vu casqués. (photo de salon, Musée de Le Gua.)
3. Recrutement des Arabes d'Afrique du Nord. Ils portent le casque allemand. Le fanion, dont une banderole porte la croix gammée montre une inscription (Troupes d'Algérie. Gloire à nous Dieu est avec nous…). (Photo d'archives de l'ECPA Réf. DAK 278 L 24.)

1. Indian mannequin photographed in the Museum of Le Gua near Royan, (M. Le Lorrain).
2. Two Indian soldiers, as rarely seen wearing helmets, (studio photo, Museum of Le Gua).
3. Reproduction of ECPA photos with flags carrying the inscriptions of Algeria and Tunisia (the smaller flags of Algeria and Tunisia are the current ones).

ALLAH WITH US

TROOPS OF ALGERIA
GLORY FOR US

about 300 men, not even the size of a battalion. The 1941 recruitment in North Africa was a failure and the North Africans thus recruited were commanded by a not very commendable person, a certain Lafont, named "Hauptsturmführer" by the SS, which means captain.

The role of this unit was limited to pursuing the FFI and FTP Resistance in the South West, where it committed atrocities, including rape and pillage, with the militia… It disappeared in 1945 and some of its members were found in Algeria, while others dispersed into the countryside.

The African Phalange

The second unit, this time raised by the French, was called the African Phalange and was destined to combat the free Anglo-American and French "invaders" who may land in North Africa, rumours having been diffused that such an attack was imminent. This small army was created by three people: Darnand, a veteran of both the 1914-1918 and 1939-1940 wars, future great chief of the Militia, de Bernonville and Deloncle, who were pro-Germanic and still assisted by Benoist Méchin, a renowned historian of Arabic and Turkish affairs.

Le government of Vichy didn't want North Africa to fall into the hands of the Anglo-Saxons! It was 1941. The Germans also received the French government's consent to enter Syria to transport its convoys of weapons and ammunition to help the Iraqi pro-German leader Gailani, who was responsible for the coup against the pro-British Iraq.

It was Georges Guilbaud who recruited and trained the Phalange from his office in Tunis. Of the hundreds of millions of Arabs, only 400 enlisted, with some

Jeunes gens français au bureau de recrutement de la Phalange africaine. (*39-45 Magazine,* Heimdal.)

Young French people in the recruitment office of the African Phalange, (*39-45 Magazine,* Heimdal).

French and Italian colonists among them. It was a bitter failure, like that of the North African Brigade…

In view of the small number of volunteers, these 400 soldiers were incorporated into the Wehrmacht under the pompous name of the "Französiche Freiwillige Legion" (French Voluntary Legion), which fought the British in 1943.

*The Freies Arabien Legion

The third unit was the Freies Arabien (the Free Arab Legion). El Gailani's Iraqi adventure had run aground, the British had resumed their influence in the Middle East and the Arabs wanted to serve in the German Army to one day recover the independence of their respective countries. Among the prisoners, who fought on the British side, were found Libyans, Palestinians, Egyptians, nomadic Bedouins, Senoussis, Saudi and Jordanians.

Le rôle de cette unité se limitera à chasser les FFI et les FTP de la résistance dans le Sud Ouest, où elle commettra des atrocités, viols, pillages, avec la milice… Elle disparaîtra en 1945, les uns se retrouvant en Algérie, les autres se dilueront dans la nature.

* La Phalange Africaine

La seconde unité, levée cette fois par les Français, s'appellera Phalange Africaine et sera destinée à combattre les « envahisseurs » anglo-américains et français libres qui risquent de débarquer en Afrique du Nord, le bruit ayant couru que cette agression était imminente. Cette petite armée a été créée par trois personnes: Darnand, ancien de 14-18 et 39-40, futur grand chef de la Milice, de Bernonville et Deloncle, pro germanistes de toujours aidés par Benoist Méchin, historien connu des questions arabes et turques.

Le gouvernement de Vichy ne veut pas que l'Afrique du Nord tombe aux mains des Anglo-Saxons! Nous sommes en 1941. Aussi les Allemands reçoivent l'accord du gouvernement français de pénétrer en Syrie pour acheminer des convois d'armes et de munitions pour aider le leader pro allemand irakien Gailani, auteur du coup d'état contre les pro britanniques en Irak.

C'est un certain Georges Guilbaud qui formera et recrutera la Phalange avec un bureau à Tunis. Sur des centaines de milliers d'Arabes, 400 seulement se présenteront, avec parmi eux des colons français et italiens. C'est un échec cuisant, tout comme celui de la Brigade Nord Africaine…

Vu le petit nombre de volontaires, ces 400 soldats seront incorporés dans la *Wehrmacht* sous le nom pompeux de « Französiche Freiwillige Legion » qui combattra les Anglais en 1943.

* La Légion Freies Arabien

La troisième unité sera la *Freies Arabien* ou légion arabe libre. L'aventure irakienne d'El Gailani a échoué, les Anglais ont repris leur influence au Moyen Orient et les Allemands recrutent dans leurs camps de prisonniers tous les Arabes désirant servir dans l'armée allemande et récupérer un jour l'indépendance de leurs pays respectifs. Parmi ces prisonniers, qui combattaient aux côtés des Anglais, se trouvent des Libyens, des Palestiniens, des Egyptiens, des bédouins nomades, Sénoussis, Saoudiens et Jordaniens.

Insignes des différentes unités (Freies Arabien) phalange africaine, les trois symboles d'Algérie, Maroc et Tunisie, insigne de casque avec la francisque, le croissant et étoile, les trois couleurs. En bas à droite, l'insigne du *Sonderverband 287.*

Insignia of different units (Freies Arabien – Free Albanians) African phalange, the three symbols of Algeria, Morocco and Tunisia, insignia with the helmet and francisque (Franc and Germanic war axe), the crescent and star and the three colours. Bottom right: the insignia of Sonderverband 287.

Pour ne pas mourir dans les camps allemands, cette fois, des Arabes se laisseront recruter en grand nombre. L'armée irakienne pro-allemande a quitté de son côté l'Irak repris par les Britanniques et avec elle sera formée le *Sonderstab F*, unité commandée par son créateur le général Helmut Felmy, en 1942. Les dirigeants, le grand Mufti, l'ex leader irakien El Gailani et le leader syrien Fauzi Kaikyi ne s'entendent pas, les factions naissent aussitôt, dans le style oriental.

Aussi les Allemands emmènent-ils la *Freies Arabien* loin des guêpiers politiques, en Grèce, au Cap Sounion, où ils seront entraînés. Malheureusement, et malgré le choix judicieux d'instructeurs allemands connaissant le monde arabe et la langue parlée, la discipline prussienne s'accorde mal avec le caractère oriental. Les instructeurs ne peuvent empêcher les « sous-officiers germaniques » de considérer les Arabes comme des « laquais tire-au-flanc ». Les recrues sont habituées aux méthodes disciplinaires britanniques beaucoup plus souples.

L'unité prendra bientôt le nom de *Bataillon 133* et se verra dotée de nouvelles recrues venant d'anciens légionnaires français d'origine allemande, commandées par le capitaine allemand Schober, fin 1941.

* Le Sonderverband 287

Une quatrième unité, le *Sonderverband 287*, sera formée au mois d'août 1942, trois bataillons portant un insigne de bras spécifique à swastika et soleil entouré de palmes. Cette unité comprend des éléments allemands et des Arabes commandés par une minorité d'officiers arabes également, du *Bataillon 133*.

En URSS, l'armée allemande lance le 28 juin 1942 son offensive vers le sud pour s'approprier les régions pétrolifères et gêner les intérêts britanniques en Iran. Le *Sonderverband 287* participera à l'opération avec deux bataillons, le 133 restant en Grèce à Sounion. Rattaché à la *1. Panzer-Armee*, le 287 va se retrouver dans le secteur de Kouma, avec des soldats Kalmouks, des volontaires ukrainiens et des nord Caucasiens.

Depuis longtemps, au sein de ces unités, couvaient des dissensions, des hommes désertaient, aussi les troupes arabes furent-elles vertement tancées par le général Felmy, à l'origine, on s'en souvient, du *Sonderstab F* et en conséquence du *Sonderverband 287*.

En octobre 1942, Felmy rappela aux Arabes qu'il avait admiré leur comportement autrefois à Gaza en 1917, alors qu'ils servaient dans l'armée turque. Il vantait leur courage et leur valeur militaire et leur déclara ne pas avoir de mots pour critiquer leur défaitisme du moment. Quelques soldats furent envoyés en rééducation et on promit aux autres la nationalité allemande après la victoire finale…

Après la chute de Stalingrad et la reddition de la 6e Armée, début 1943, et le débarquement allié en Afrique du Nord en novembre 1942, le *Sonderverband 287* est rapidement retiré d'URSS et se retrouve en Méditerranée: Le premier bataillon en Sicile, le second à Palerme et le troisième en Tunisie avec des compagnies au Cap Bon, Nabeul, Hammamet, Porto Farnia et Bizerte.

Plus de 3 500 Arabes allaient être confrontés aux forces américaines du XXXe corps, à la 1re et 8e Armées anglaises, sans oublier le 13e Corps des forces françaises libres.

Le bataillon de parachutistes du capitaine Schacht, composé de soldats arabes, fit son devoir jusqu'au bout, fait d'armes reconnu par les Allemands!

* La Deutsche-Arabien Lehr-Abteilung

Une cinquième unité avait été formée en Tunisie avant la retraite allemande, le lieutenant-colonel Meyer

To avoid dying in the German camps, this time, the Arabs were recruited in their numbers. The pro-German Iraqi Army had lost Iraq from its side, retaken by the British, and formed the Sonderstab F, a unit commanded by its creator General Helmut Felmy, in 1942. The leaders, the Great Mufti, the ex-Iraqi leader, El Gailani and the Syrian leader Fauzi Kaikyi didn't agree and factions were born at once, in the oriental style.

Also, the Germans took the Freies Arabien far away from the political wasp's nest, to Cape Sounion in Greece, where they were trained. Unfortunately and in spite of the wise judgement of the German trainers, familiar with the Arab world and spoken language, Prussian discipline did not agree with the oriental character. The trainers couldn't criticize the Germanic non-commissioned officers from considering the Arabs as "shirking lackeys". The recruits were used to more flexible British disciplinary methods.

The unit soon assumed the name of "Battalion 133" and received new recruits from old French legions of German origin, commanded by the German Captain Schober, at the end of 1941.

*The Sonderverband 287

A fourth unit, the Sonderverband 287, was formed in August 1942, with three battalions carrying a special insignia on the arm of a swastika and sun surrounded by palms. This unit contained German elements and Arabs commanded by a minority of Arab officers, equally from Battalion 133.

In USSR on the 28th June 1942, the German Army launched an offensive against the south to take control of the petroleum regions and to awaken British interest in Iran. The Sonderverband 287 participated in the operation with two battalions, le 133rd remaining in Greece at Sounion. Attached to the 1. Panzer-Armee, the 287th found itself in the Kouma sector, with Kalmyk soldiers, Ukrainian volunteers and North Caucasians.

Since long ago, dissentions had been brewing at the heart of these units and the men deserted; the Arab troops were vivaciously incriminated by General Felmy. At the beginning, one remembers Sonderstab F and consequently Sonderverband 287.

In October 1942, Felmy reminded the Arabs that he had once admired their behaviour at Gaza in 1917, when they served in the Turkish Army. He praised their courage and military merit and he stated that he could not find the words to criticise their current defeatism. Some soldiers were sent for retraining and others were promised German nationality after the final victory…

After the fall of Stalingrad, the surrender of the 6th Army at the beginning of 1943 and the Allied landing in North Africa in November 1942, the Sonderverband 287 was quickly pulled out of the USSR and sent to the Mediterranean: The first battalion was posted in Sicily, the second at Palerme and the third in Tunisia with companies at Cap Bon, Nabeul, Hammamet, Porto Farnia and Bizerte.

More than 3,500 Arabs went to face the 30th American Corps and the 1st and 8th British Armies, not to forget the 13th Corps of free French forces.

Captain Schacht's parachutist battalion, composed of Arab soldiers fulfilled its duty to the very end and its war efforts were recognised by the Germans!

*The Deutsche-Arabien Lehr-Abteilung

A fifth unit was formed in Tunisia before the German retreat; Lieutenant-Colonel Meyer Risch and Captain Schober had decided to conduct a second recruitment campaign: The DAL (Deutsche Arabien Lehr-Abteilung) was destined to organise the teams of labourers and Tunisian workers employed in the

1, 2, 3 et 4. Photos (de mauvaise qualité) issues d'un film allemand d'époque montrant, en couleurs, le recrutement des soldats d'Afrique du Nord portant encore la chéchia et l'uniforme français.

Photos (of poor quality) from a German film of the epoch, showing in colour, the recruitment of soldiers from North Africa still wearing the Chechnian headdress and French uniform.

Un imam d'une division du Turkestan est venu transmettre les recommandations du Coran aux Arabes du Sonderverband 287. En effet, si les légions musulmanes formées dès 1941 avaient leurs imams et leurs mollahs, en particulier chez les Bosniaques, les Arabes d'Afrique du nord en manquaient. Il porte un insigne de col très rare, grade et croissant avec étoile.

An Imam of a Turkestan division relaying the recommendations of the Koran to the Sonderverband 287 Arabs. In effect, while the Muslim legions formed in 1941 had their Imams and Mollahs, especially the Bosnian legions, the Arabs in North Africa had need of them.

construction of fortifications and bunkers. More than 6,000 Arabs were recruited to fortify the region, but Meyer Risch and Schober were killed during an American air raid. Colonel von Hippel replaced them.)

The Tunisian battalions were accidentally partly destroyed by the German cannons. The rest were prisoners, 2,000 of whom found themselves in the American camps and some were shot by the French for treason.

What was left of Battalion 287 reinforced the units that had left Greece and rejoined the battalion that had left the USSR for Palerme, in Sicily.

*Battalion 845

A sixth unit, Battalion 845, was formed with the German corps returned from the USSR and sent to Greece at the end of May 1943.

This unit was sent to Dollersheim in Austria for training and later attached to the 68th Army Corps and a good group of parachutists was thrown in for good measure. They had been trained by the famous Witzig, a parachute officer who had experienced the operations of Eben Emaël, at the Corinthian Canal and in Crete!

Battalion 845 was to serve in the fight against the Greek resistance, the E.L.A.S. with such savagery that the Arab soldiers were to leave behind them a deplorable reputation in the country.

Risch et le capitaine Schober ayant décidé de créer un deuxième recrutement: La *DAL (Deutsche Arabien Lehr-Abteilung)* destiné à organiser des équipes d'ouvriers et de travailleurs tunisiens employés à l'érection de fortifications et de bunkers. Plus de 6 000 Arabes furent recrutés pour fortifier la région, mais Meyer Risch et Schober devaient être tués au cours d'un bombardement de l'aviation américaine. Le colonel von Hippel les remplaça.

Les bataillons tunisiens devaient être détruits en partie, par erreur, par les canons allemands. Les autres furent prisonniers, 2000 d'entre eux se retrouvant dans les camps américains, certains furent fusillés par les Français pour trahison.

Ce qui restait du bataillon 287 renforça les unités qui avaient quitté la Grèce, et rejoint le bataillon qui quittait l'URSS pour rallier la Sicile, à Palerme.

* **Le Bataillon 845**

Une sixième unité, le Bataillon 845, avait été formée avec le corps allemand revenant d'URSS et qui se retrouva en Grèce fin mai 1943. On envoya cette unité s'entraîner en Autriche à Dollersheim, rattachée plus tard au 68e Corps d'armée et on en tira même un bon groupe de parachutistes entraînés par le célèbre Witzig, officier para qui avait connu les opérations d'Eben Emaël, du canal de Corinthe et de Crète!

Le Bataillon 845 devait servir dans la lutte contre les résistants grecs de l'E.L.A.S. avec une sauvagerie telle que ces soldats arabes laissèrent dans ce pays une réputation déplorable.

En avril 1944, le Bataillon 845 avec 4 000 soldats allemands furent opposés à la 2ᵉ division de partisans grecs de l'E.L.A.S., dans les monts Helicon. Leur action devait se poursuivre dans le Péloponnèse, le golfe de Corinthe et dans la région de Jannina. Leur participation à Kyriaki fut marquée par les pillages, les viols et autres atrocités.

In April 1944 and with 4,000 German soldiers, Battalion 845 was confronted by the 2nd division of Greek E.L.A.S. partisans in the Helicon Mountains. Their actions then took them to Peloponnese, the Corinthian Gulf and into the Jannina region. Their participation at Kyriaki was marked by pillage, rape and other atrocities.

Territoires de Grèce où les Arabes du bataillon 845 se sont battus contre les résistants grecs.

Territories of Greece where the Arabs from Battalion 845 fought against the Greek Resistance.

Partisans grecs de l'E.L.A.S. avec leurs popes, dans la région de Jannina. (Musée National d'Histoire Contemporaine, Ljubljana, Slovénie.)

Greek partisans of the E.L.A.S. with their "popes" (priests), in the Jannina region, (National Museum of Contemporary History, Ljubljana, Slovenia).

Arabes qui ont combattu en Grèce dans le bataillon 845, considérés comme d'excellents combattants par les Allemands.

Arabs who fought in Greece in Battalion 845, considered to be excellent fighters by the Germans.

Leur valeur fut si bien reconnue par les Allemands que l'*OKW* décida de former un second bataillon à Dollersheim, début septembre 1944.

Le 1er bataillon se retrouva en Yougoslavie quand la *Wehrmacht* quitta la Grèce et le 845 fut décimé par l'aviation et les partisans de Tito. Une partie des soldats atteignit la Poméranie et finit à Berlin en mai 1945.

Une partie du Bataillon 287 devait être mutée en 1943 dans le Sud de la France où il devint 92e régiment de grenadiers motorisés. Il fut envoyé en Serbie en mai et participa à la bataille de Belgrade en 1944. Il fut encore transformé en janvier 1945 en brigade motorisée et retrouva dans ce pays le Bataillon 845 qui revenait de Grèce.

La 7e unité (pour mémoire) fut une unité de parachutistes qui combattit en Tunisie sous les ordres du commandant Schacht, ancien de Corinthe et de Crète en 1941. L'unité fut déployée d'abord sur Bizerte puis sur Tunis et fut essentiellement composée d'Arabes. Formée en novembre 1943, le groupe connut bien malheureusement une centaine de désertions en 1944. Ils finirent en Poméranie en 1945.

Comme l'ont bien montré tout au long de leur étude Oleg Valentinovich Romanko et Antonio Muñoz, ainsi que le général Felmy dans son rapport sur le sujet, les Allemands ont compris trop tard le profit exceptionnel qu'ils auraient pu tirer de l'immense population arabe, dont une grande partie réclamait avant-guerre son indépendance vis-à-vis des Français et des Britanniques.

Dès le début des recrutements, les « volontaires » arabes furent équipés de vieux uniformes, mal armés, mais surtout méprisés et mal considérés, voire molestés par les sous-officiers allemands. On ne leur permit l'accès aux grades d'officiers que dans une petite minorité des cas et leur entraînement fut mené avec une discipline trop rigide pour l'activité qu'on leur réservait. Il a fallu attendre la fin de l'année 1944 pour se rendre compte, en Tunisie, en Grèce, en Yougoslavie et même en URSS, que ces hommes pouvaient se battre jusqu'à la mort si on leur faisait

Their worth was so well recognised by the Germans that the OKW decided to form a second battalion at Dollersheim, at the beginning of September 1944.

The 1st battalion returned to Yugoslavia when the Wehrmacht left Greece and the 845th was decimated by aircraft and the partisans of Tito. One party of soldiers remained at Pomerania and ended up in Berlin in May 1945.

A party from Battalion 287 defected in the South of France in 1943 where they became the 92nd regiment of motorised grenadiers. It was sent to Serbia in May and participated in the Battle of Belgrade in 1944. It was transformed once again in January 1945 into a motorised brigade and rejoined in the same country Battalion 845, which had just returned from Greece.

The seventh unit (for memory's sake) was a unit of parachutists who fought in Tunisia under the orders of Commander Schacht, a veteran of Corinth and Crete in 1941. The unit was first deployed at Bizerte and later Tunis and was essentially composed of Arabs. Formed in November 1943, the group most unfortunately suffered some hundred desertions in 1944. It ended up in Pomerania en 1945.

As demonstrated by Oleg Valentinovich Romanko and Antonio Muñoz throughout their study, as well as by General Felmy as far as the subject concerns him, the Germans were very late to recognise the exceptional benefit that they could have taken from the immense Arab population, as a large proportion of them reclaimed their independence from the French and British before the war.

From the beginning of the recruitment process, the Arab "volunteers" were provided with old uniforms and were poorly armed, but overall, they were misunderstood and poorly esteemed, even harassed by the German non-commissioned officers. They were deprived from accessing officers' positions, except for a small minority of cases and their training was conducted with too strict a discipline for the activity assigned to them. It was not until the end of 1944 that it became apparent to the Germans that in Tunisia, Greece, Yugoslavia and even in the USSR, these men could fight to the death if confidence was placed in them and if they were appropriately equipped, but by then it was too late.

Combattants de la Freies Arabien au combat en Grèce. (Musée de Ljubljana.)

Fighters of the Freies Arabian at battle in Greece, (Museum of Ljubljana).

confiance et si on les équipait correctement, mais c'était déjà trop tard.

L'armée française et l'armée britannique, qui connaissaient bien le monde arabe et qui surent organiser des troupes dont une bonne partie des officiers et sous-officiers étaient arabes, ont employé entre 1900 et 1945 des centaines de milliers de soldats musulmans. Plusieurs dizaines de milliers de « tirailleurs » sont morts pour la France pendant les deux guerres mondiales et se sont battus aux côtés de leurs camarades européens. Un grand nombre d'entre eux ont combattu après guerre en Indochine, et même en Algérie, dans l'armée française.

The French and British Armies, that knew the Arab world well and knew how to organise the troops with a good proportion of the officers and non-commissioned officers being Arab, had employed hundreds of thousands of Muslim soldiers between 1900 and 1945. Several dozen thousands of "skirmishers" died for France during the two world wars as they fought beside their European comrades. A great number of them fought after the war in Indochina and even in Algeria, in the French Army.

1. Soldat arabe lisant le magazine rédigé dans sa langue envoyé par les services de propagande.

2. De nombreux Arabes sont restés fidèles aux Allemands et ont combattu contre les alliés américains, anglais et français lors de la retraite allemande en Tunisie. Sur le dessin, les croissants et étoiles rouges montrent les endroits où les Arabes pro Allemands ont combattu.

3. Les opérations de Tunisie, la poussée des alliés contre les troupes allemandes et les parachutistes de Schlacht.

1. Arab soldier reading a magazine written in his language sent by the propaganda services.

2. Numerous Arabs remained loyal to the Germans and fought against the American, British and French Allies after the German retreat, in Tunisia. On the drawing, the crescents and red stars show the areas where the pro-German Arabs fought.

3. The Tunisian operations, the surge of Allies against the German troops and Schlacht parachutists.

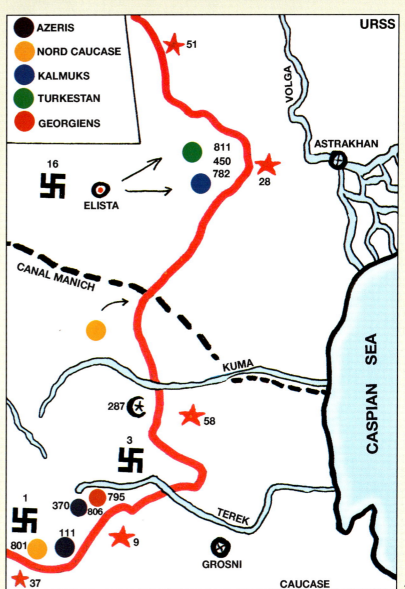

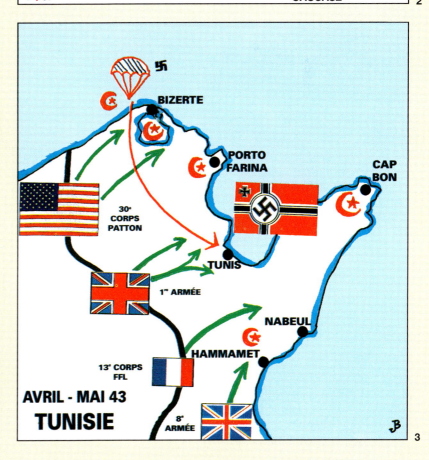

95

1. Soldat arabe de retour dans le sud de la France. (DR.)
2. Jeune soldat des troupes arabes portant la tenue de l'Afrika Korps. (Timmy Van Den Bergh.) (Reconstitution.)

1. Arab soldier returning to the South of France.
2. Young soldier from the Arab troops wearing Afrika Korps attire, (Timmy Van Den Bergh).

Quelques minorités ralliées

* Les Libanais

Un Libanais, Ahmed Al Akhdary, descendant d'une famille de marchands a eu l'opportunité, au cours d'un voyage en Allemagne en 1936, de rencontrer très vite des ressortissants nazis. Ouvrier dans une usine, et ne pouvant s'inscrire au parti du fait de ses origines raciales, il s'adressa directement à son chef de la fabrique pour lui demander de l'aider. Il devint ainsi un personnage, fit des discours aux ouvriers, représentant en quelque sorte le parti nazi dans cette grande industrie de chimie et produits destinés à l'agriculture.

Il fut présenté en 1937 à des leaders et participa à la mise sur pied d'une milice qui contrôlerait les usines du pays. Cette milice portait un uniforme bleu foncé avec une croix gammée au col, argent pour les soldats, et dorée pour les officiers. Les deux chefs de milice portaient une croix gammée rouge. Après quelques bagarres de rues contre des groupes anti nazis et communistes, Ahmed que l'on nommait désormais Dory retourna au Liban pour y fomenter un ralliement à l'Allemagne nazie. Il réussit à intéresser un groupe qui, malheureusement, fut repéré par les autorités françaises. Les Allemands envoyèrent alors un bateau à Beyrouth pour les récupérer.

Dory, dès son retour, continua son action et organisa un groupe de 300 hommes, Syriens et Libanais avec une minorité d'Egyptiens. Quand l'Allemagne envahit la France, Dory réussit à former une troupe qui pourrait être envoyée au Liban et y fomenter une sorte de révolte anti française. Cette initiative fut acceptée par les autorités allemandes et huit avions sans aucune marque d'identification allèrent déposer, dans une zone aride du Liban, une troupe armée sans uniformes dont la mission était de saboter la voie ferrée qui reliait la Syrie au Liban, les deux pays sous protectorat français.

Un petit groupe déroba des uniformes français et s'en alla massacrer des civils dans un village près de Tyr. Quand les autorités arrivèrent pour voir ce qui se passait, les civils furieux les massacrèrent à leur tour, les croyant coupables et responsables de la tuerie. Le feu venait d'être mis dans le sud du Liban! Les Allemands occupaient la France, la situation au Liban stagnait, Dory et ses hommes restèrent en partie au port de Beyrouth pour observer les événements et informer les Allemands.

Dory devait par la suite servir de commando avec ses hommes pour l'invasion de la Grèce, puis en Afrique du Nord dans l'*Afrika Korps*, où il fut blessé dans son char. Dory abandonna alors son nom et s'appela à nouveau Ahmed. Il rentra chez lui au Liban, puis vécut ensuite en Egypte, où il ne raconta cette histoire qu'en 1963.

« Major Dory » narra son histoire à Mr. Mustapha Assad à Sidon, au Liban. Mr. Antonio Muñoz l'a rencontré à son tour en 1989 et a écouté le récit de cet homme, hors du commun, qui a commandé la plus petite troupe des volontaires de la Wehrmacht au cours de la Deuxième Guerre mondiale.

* La brigade Sandjak

Une des minorités les plus caractéristiques fut certainement la Brigade Sandjak, tribu montagnarde de l'est du Monténégro, qui se rendit célèbre entre 1943 et 1944 dans les combats qui opposaient les partisans de Tito, les armées allemandes et italiennes mais aussi les fameux Tchetniks, Serbes et orthodoxes.

Dès le début des hostilités, les Sandjaks très attachés à leur religion musulmane et derniers descendants des Ottomans dans ce secteur, s'organisèrent en milice d'auto-défense, craignant à la fois les Tchetniks chrétiens et les communistes de la Résistance de Tito. Un premier combat eu lieu contre les Tchetniks et des massacres eurent lieu des deux côtés, en février 1943.

L'armée allemande, considérant que ces Sandjaks représentaient une force armée capable de combattre avec elle les partisans communistes, en fit une force d'environ 8 000 hommes, puis une troupe commandée par le colonel von Krempler, dont le siège était à Sjenika.

Les troupes allemandes, très renforcées, équipèrent alors la milice Sandjak, très indisciplinée et comprenant de nombreux enfants armés. En février 1944, 5 000 hommes formaient la « Krempler Moslem Militia » et participaient aux combats contre les partisans communistes. En juillet, les Sandjaks furent organisés en 4 bataillons (22118, 23051, 24 125 et 24983) de Police auto défense, composant un régiment, 4 000 hommes.

De nombreux combats eurent lieu jusqu'en octobre 1944, période qui vit la fin de la Milice, décimée, dont les soldats finirent dans des camps communistes ou furent fusillés.

Officier de la phalange africaine en casque allemand, capote française, tenue de l'Afrika Korps. (*Amilitaria*, Belgique.)

Officer of the African phalange in a German helmet, French cape and Afrika Korps attire, (Amilitaria, Belgium).

Some minorities mustered together

*The Lebanese

A Lebanese, Ahmed Al Akhdary, descendant from a family of merchants, travelled to Germany in 1936 and quickly had the opportunity to meet Nazi nationalists. As a factory worker, he could not join the party because of his racial origins, so he went straight to the factory manager to ask him for help. Thus he became a personality, gave speeches to the workers, representing the Nazi party in a way, in this large chemical agricultural products industry.

In 1937, he was presented to the leaders and participated in the growth of a militia that would control the country's factories. This militia wore a dark blue uniform with the swastika on the collar, silver for the soldiers and gold for the officers. The two militia chiefs wore red swastikas. After several street brawls against ant-Nazi and communist groups, Ahmed, who was henceforth called Dory, returned to Lebanon to foment a rallying to Nazi Germany. He managed to spark the interest of a group that, was unfortunately located by the French authorities. The Germans then sent a ship to Beirut to collect them.

After his return, Dory continued his work and organised a group of 300 men: Syrians and Lebanese with a minority of Egyptians. When Germany invaded France, he managed to form a troop that could be sent to Lebanon and provoke a sort of anti-French revolt. This initiative was accepted by the German authorities and eight aeroplanes without any identifying marks were sent to an arid zone of Lebanon with an armed un-uniformed troop, as the mission was to sabotage the railway linking Syria with Lebanon, both countries being under French protectorate.

A small group stole some French uniforms and went to massacre the civilians of a village near Tyr. When the authorities arrived to find out what had happened, the furious civilians massacred all of them, believing them to have been responsible for the slaughter. The fire had been sparked in the south of Lebanon! The Germans occupied France, the situation in Lebanon stagnated and Dory and some of his men stayed at the port of Beirut to observe the events and inform the Germans.

Dory then served as commando with his men during the invasion of Greece, then in North Africa in the Afrika Korps, where he was injured in his tank. Dory then abandoned his nickname and once again called himself Ahmed. He went home to Lebanon and later went to live in Egypt, where he kept this story secret until 1963.

"Major Dory" told his story to Mr. Mustapha Assad at Sidon, in Lebanon. Mr. Antonio Muñoz then met with him in 1989 and listened to this uncommon account from a man who had commanded the Wehrmacht's smallest volunteer troop during the course of the Second World War.

*The Sandjak Brigade

One of the most characteristic minorities was certainly the Sandjak Brigade, a mountain tribe from Eastern Montenegro, which became famous between 1943 and 1944 in the combats against the partisans de Tito, the German and Italian Armies, but also the famous Chetniks, Serbs and Orthodox.

From the start of the hostilities, the Sandjak, highly attached to their Muslim religion and the last descendants from the Ottoman in the sector, organised themselves into a self-defence militia, simultaneously fearing the Christian Chetniks and the communists of the Tito Resistance. An initial combat took place against the Chetniks and massacres were suffered on both sides, in February 1943.

The German Army, considered that the Sandjaks represented an armed force capable of fighting the communist partisans with their help, so a force of about 8,000 men, then a troop commanded by Colonel von Krempler were formed, with the headquarters at Sjenika.

The German troops, well supplied with reinforcements, equipped the Sandjak militia, very undisciplined and contained numerous armed children. In February 1944, 5,000 men formed the "Krempler Moslem Militia" and participated in the combats against the communist partisans. In July, the Sandjaks were organised into four battalions (22118, 23051, 24 125 and 24983) of self-defence police, comprising one regiment of 4,000 men.

Numerous battles took place up to October 1944, a period that saw the end of the militia, when the soldiers ended up in communist camps or were shot by firing squad.

4 — Les Osttruppen non slaves en Europe de l'Ouest
The non-Slav Osttruppen in Western Europe

Ce paisible asiate, installé paisiblement le long de la côte bretonne, avec sa bicyclette, ne devait pas avoir d'intention hostile. (photo Le Berre)

This chubby Asian, peacefully along the Breton coast, with his bicycle, could not have had hostile intentions, (photo: Le Berre).

L'arrivée des troupes caucasiennes et asiatiques sous l'uniforme allemand, en Europe de l'Ouest, surtout en France, plus rarement en Belgique et aux Pays-Bas, a provoqué dans les régions occupées un étonnement mêlé de frayeur. La présence de Turkmènes et autres ethnies très éloignées du modèle aryen dans la *Wehrmacht*, très pointilleuse en matière de racisme, laissa penser aux habitants de notre pays qu'une page venait d'être tournée.

On crut un instant qu'il s'agissait de contingents envoyés par l'armée impériale japonaise, ou des Chinois pro-Japonais comme il en existait aussi en Inde. Des « hindous » faisaient en effet partie de ces curieux soldats, on les reconnaissait à leur turban et leurs moustaches. On apprit au cours des semaines suivantes qu'il s'agissait d'hommes d'origine asiatique ou caucasienne, pays qui faisaient partie de l'Union Soviétique.

On se mit à les appeler « Mongols » sans distinction des races, du moment qu'ils avaient les yeux bridés. Quant aux autres, Arméniens et Turcs, les rapports furent plus simples, car il y avait en France, déjà de très nombreux Arméniens échappés au génocide turc de 1916.

Les Asiatiques allaient et venaient dans les villes où on les avait affectés, s'étonnant de tout, des voitures, des églises, des monuments. Ils ne cherchaient pas à communiquer, se sentant isolés parmi tous ces gens habitués à une vie qu'ils ne soupçonnaient même pas.

Il ne faut pas oublier que la plupart de ces soldats avaient quitté leur steppe, pour être lancés sur le front en juin 1941, qu'ils s'étaient retrouvés prisonniers des Allemands, enfermés dans des camps, enrôlés dans la *Wehrmacht*, et emmenés en Europe de l'Ouest après la défaite de Stalingrad ! Plongés en quelques mois dans le malheur et la déchéance, les « *Osttruppen* » vivaient en circuit fermé, moqués et houspillés par les Allemands, qui continuaient à les considérer comme des « sous hommes »…

Les contacts franco-allemands se faisant assez facilement, tout au moins au début, les *Osttruppen* crurent comprendre qu'il existait entre les gens de ce pays et leurs occupants une sorte de modus vivendi qui les rendit méfiants. Quand la Résistance commença ses activités, tuant des Allemands, faisant sauter les trains et les installations des ennemis, les « Mongols » durent participer aux représailles et commirent en conséquence des exactions regrettables.

Les plus malins comprirent que les Français étaient en train de devenir ennemis des Allemands, et leur situation empira. En effet, quelques « Mongols » désertèrent pour passer dans la Résistance car on parlait un peu partout dans leurs conversations entre *Osttruppen*, des défaites allemandes. Le passage dans le camp anti allemand leur parut donc judicieux.

Mais comme les Russes étaient des alliés des anglo-américains, la victoire des Alliés devenait aussi un danger, car les Russes ne leur pardonneraient pas d'avoir porté l'uniforme allemand !

Enfin, quelques « Mongols », engagés dans la Résistance, furent capturés par les soldats de la *Wehrmacht* et fusillés sur place !

De n'importe quel côté qu'ils se tournent, les *Osttruppen* étaient en conséquence voués à la mort ou à la déportation. Seul le débarquement allié, en juin 1944 devait apporter une bonne solution à quelques-uns d'entre eux, car être prisonniers des Alliés représentait une issue favorable. On disait en effet dans les cantonnements que les Américains ne fusillaient pas les prisonniers, qu'ils étaient de grands bonshommes aimables et civilisés, distributeurs d'une véritable manne céleste en matière de nourriture et de conditions de détention.

The arrival of Caucasian and Asian troops in German uniforms in Western Europe, especially in France and more rarely in Belgium and the Netherlands, provoked surprise mixed with fright. The presence of the Turkmen and other ethnicities very far removed from the Arian model of the Wehrmacht, highly fastidious on matters of racism led the inhabitants of France to believe that a new page had been turned.

For an instant, it was believed that they were contingents sent by the Japanese Imperial Army or pro-Japanese Chinese, as had occurred in India. The Hindus were in fact present among these curious soldiers, recognisable by their turbans and moustaches. It was learnt over the course of the following weeks that the men were of Asian or Caucasian origin, the latter forming part of the Soviet Union.

Those with slit-eyes were quickly named "Mongols", with no distinction for race. Regarding the others, the Armenians and Turks, their identification was easier, as in France, there were already quite a number of Armenians who had escaped from the Turkish genocide in 1916.

When the Asians went to the towns, they were surprised by everything: the cars, the churches and the monuments, etc. They didn't try to communicate, feeling isolated among all these people used to a live that they could never have imagined.

It should not be forgotten that the majority of these soldiers had left their steppes to be sent to the front in June 1941, that they had been taken prisoner by the Germans, enclosed in the camps, enlisted into the Wehrmacht and taken to Western Europe after the defeat of Stalingrad! Immersed in a question of months into a declining situation of bad luck, the Osttruppen lived in a closed circuit, mocked and bullied by the Germans, who still considered them as "sub-human"…

The Franco-German contact took place quite easily, at least at the beginning and the Osttruppen were led to understand that a kind of modus vivendi existed between the people of this country and its occupants, which made them suspicious. When the Resistance began its activities, killing the Germans, blowing up trains and enemy installations, the "Mongols" took part in the acts of revenge and consequently committed regrettable extortions.

The smartest of them understood that the French were becoming enemies of the Germans and that the situation would worsen. In effect, some "Mongols" deserted to join the Resistance as the conversations among the Osttruppen often revolved around the subject of German defeats. Hence passing over to the anti-German field seemed wise to them.

However, as the Russians were allies of the Anglo-Americans, allied victory also became a threat, as the Russians would never forgive them for having worn the German uniform!

Finally, some "Mongols", enlisted in the Resistance, were captured by Wehrmacht soldiers and shot on the spot!

Whichever side they turned to, the Osttruppen were consequently either destined to die or be deportation. Only the Allied landings in June 1944 was able to offer a good solution to some of these men, as becoming Allied prisoners represented a favourable escape. It was rumoured at camp that the Americans did not shoot their prisoners, that they were great good and men, pleasant and civilized, distributors of a real godsend in terms of food and detention conditions.

On a souvent confondu, pendant le séjour des *Osttruppen* en France, les « Russes » et les autres légions géorgiennes, arméniennes, asiatiques etc. Les dessins ci-dessous montrent la différence entre « Russes » de la légion de Vlassov ou les Cosaques et les nombreuses autres légions, caucasiennes ou d'Asie Centrale, dont les soldats n'avaient pas tous les yeux bridés.

1) Insigne de bras de l'armée Vlassov (Russkaya, osvoboditielnaya armiya). **2)** Ecusson des Cosaques du Terek. **3)** Cocarde des hommes du rang. **4)** Patte d'épaule de capitaine. **5)** Patte d'épaule de colonel. **6)** Cocarde d'officier. **7)** Cosaques du Don. **8)** Cocarde de Cosaque du Kouban (hommes du rang). **9)** Patte de col des Cosaques. **10)** En haut, de gauche à droite : Cosaque du Terek Volga, Cosaque de Sibérie (2ᵉ modèle) et régiment d'une unité de Cosaques (3ᵉ bataillon) ; en bas, de gauche à droite : Cosaque du Kouban, Sibérie (1ᵉʳ modèle) et Volga Don.

During their stay in France, the Osttruppen and "Russians" have often been confused as well as the other Georgian, Armenian and Asian legions… The drawings below show the difference between "Russians" from Vlassov's Legion and the Cossacks and numerous other legions, Caucasians or from Central Asia, where the soldiers didn't all have slit eyes.

1) Arm insignia of the Vlassov Army (Russkaya, osvoboditielnaya armiya). **2)** Crest of the Cossacks from Terek. **3)** Rosette of ranked men. **4)** Captain's shoulder patch. **5)** Colonel's shoulder patch. **6)** Officer's rosette. **7)** Cossacks of Don. **8)** Kouban Cossack's rosette (ranked men). **9)** Cossack collar lapel. **10)** Above, from left to right: Cossack from Terek Volga, Cossack from Siberia (2nd model) and regiment of a unit of Cossacks (3rd Battalion); below, from left to right: Cossack from Kouban, Siberia (1st model) and Volga Don.

Aussi, dès que ce fut possible, surtout les Géorgiens engagés sur le front de Normandie, n'hésitèrent pas à assassiner leurs chefs allemands pour montrer aux Alliés quel camp ils avaient choisi pour finir leur guerre. Des « Mongols » se trouvaient là aussi, peu combatifs ni assassins, qui abandonnèrent leurs tâches secondaires pour lever les bras devant les soldats du débarquement.

L'étonnement fut grand quand les GI'S virent ces soldats demi-turcs et moustachus qui déclaraient venir de Géorgie, alors que c'est un état américain : Bien plus grande encore fut la surprise à la vue de soldats allemands aux yeux bridés, pris encore une fois pour un contingent expéditionnaire japonais !

L'interrogatoire de ces prisonniers fut un véritable casse-tête quand on se souvient des mélanges de races perpétrés volontairement par les autorités soviétiques dans ces pays caucasiens ou ceux d'Asie centrale ! On interrogeait des soldats habillés en allemands, portant des papiers les désignant comme Russes, mais parlant la langue ouzbek alors qu'ils étaient originaires du Tadjikistan... De grands blonds aux yeux bleus dont les parents avaient été exilés au pays des Bouriates lors de la répression de décembre 1825, ne parlaient qu'un russe approximatif et préféraient s'exprimer dans la langue des bords du lac Baïkal !

Les Américains de l'état-major savaient depuis longtemps que les Allemands employaient des *Osttruppen* qui portaient des insignes spéciaux au col et sur la manche (1) et que ces troupes étaient composées de races très différentes, issues de Russie, mais aussi de Sibérie, du Caucase et d'Asie Centrale. Les GI's, quant à eux, en juin 1944, en Normandie, ne pouvaient être tous au courant de tels soldats qui ne ressemblaient en rien au grand militaire allemand rasé de près, tiré à quatre épingles et aux bottes luisantes de leur journal préféré, le *Saturday Evening Post ou l'Infantry Journal* distribué sur le front toutes les semaines.

(1) Russian National Serving in the German Forces, Supreme Head Quarters allied expeditionary forces G2 intelligence division T.I.S. c/o N°1 APDC London W1 April 1941 (Paul Gaujac, Militaria Magazine N°189, page 54).

Les Américains, mis au courant dès 1942, des actions racistes des Allemands ont été très étonnés de voir ces Asiates en uniforme allemand. Actuellement encore, les Américains ne savent pas que d'innombrables Asiatiques, indiens et musulmans ont servi plus ou moins de plein gré dans la WH et même la *Waffen-SS* !

The Americans, aware of the Racist German actions since 1942, were very surprised to see these Asians in German uniform. Actually, the Americans didn't know that countless Asians, Indians and Muslims served more or less of their own freewill in the WH and even in the Waffen-SS!

Also, as soon as it became possible, these soldiers, especially the Georgians enlisted at the Normandy front, didn't hesitate to assassinate their German chiefs to demonstrate to the Allies which side they had chosen to finish the war on. The "Mongols" also found themselves there, though they hardly fought or killed and abandoned their secondary tasks to raise theirs hands before the disembarking soldiers.

The GI's were greatly surprised to see these half-Turkish soldiers with moustaches who claimed to come from Georgia, which they thought to be just an American state: Their surprise was even greater when they saw the slit-eyed German soldiers, once again mistaken for a Japanese dispatch contingent!

Interrogating these prisoners was a real brainteaser, especially considering the racial mixes perpetrated intentionally by the Soviet authorities in these Caucasian and Central Asian countries! Soldiers dressed as Germans were questioned, carrying papers which identified them to be Russians, though they spoke the Uzbek language, whereas they originated from Tajikistan... They were tall and blonde, with blue eyes, as their parents had been exiled to the Buryat's country, during the December 1825 repression, they only spoke basic Russian and preferred to express themselves in the language from the banks of Lake Baikal!

The Americans from headquarters had long since known that the Germans employed the Osttruppen, who bore special insignia on their collars and sleeves (1) and that these troops were composed of very different races, originating from Russia, but also from Siberia, the Caucasus and Central Asia. However, the GI's landing at Normandy in June 1944, were not informed about the existence of these soldiers that looked nothing like the well-shaven great German soldier, smartly turned out with shiny boots as seen in their favourite newspaper, the Saturday Evening Post or the Infantry Journal distributed to the front every week.

Distribution of the Osttruppen in France, the Netherlands and Belgium

Organisation and orders

At the end of 1943, the losses suffered by the German soldiers were such that the OKW decided to organise the replacement of the Wehrmacht divisions occupying France with Osttruppen units formed in training camps in Germany and Poland.

After all, it was believed at headquarters that the Caucasians, Georgians, Mountain Caucasians and other ethnicities were perfectly capable of maintaining order in the occupied regions, with a limited German supervision. The French seemed willing to cooperate, the Resistance would be defeated and the English Channel and North Sea well protected.

Of the three million six hundred thousand Russians captured, an irreducible one and a half million, who remained loyal to their country and refused to enlist in the Wehrmacht, were consequently eliminated progressively in repression. The rest preferred survival, but were to regret their decision when the Russians "recovered" them in France, 1944.

Since their arrival from Eastern Germany, the Osttruppen were lodged in abandoned installations and empty French barracks at Valdahon, Sissonne, Cöetquidan, Le Larzac, Caylus, Souges, Rivesaltes and Saint-Antoine du Tarn.

Faced with such a variety of ethnicities, the Germans grouped together as best as possible soldiers of neighbouring origins, while the Russians, whether

(1) Russian National Serving in the German Forces, Supreme Head Quarters allied expeditionary forces G2 intelligence division T.I.S. c/o No. 1 APDC London W1 April 1941 (Paul Gaujac, Militaria Magazine No. 189, p. 54).

Répartition des *Osttruppen* en France
Organisation et commandements

A la fin de l'année 1943, les pertes subies par l'armée allemande sont telles que l'*OKW* a décidé d'organiser le remplacement des divisions de la *Wehrmacht* en occupation en France par des unités d'*Osttruppen* formées dans les camps d'entraînement en Allemagne et en Pologne.

Après tout, on pense en haut lieu que les Caucasiens, Géorgiens, Bergcaucasiens et autres ethnies seront parfaitement capables de maintenir l'ordre dans des régions occupées, avec un encadrement allemand limité. Les Français ont l'air de collaborer, la Résistance sera combattue, les côtes de l'Atlantique, la Manche et la mer du Nord bien protégées.

Sur les trois millions six cent mille Russes capturés, un million et demi d'irréductibles, fidèles à leur patrie, ont refusé de s'engager dans la Wehrmacht, et vont en conséquence être éliminés au fur et à mesure des répressions. Les autres ont préféré la survie mais ils le regretteront quand les Russes viendront les « récupérer » en France en 1944.

Dès leur arrivée depuis l'est et l'Allemagne, les *Osttruppen* vont être encasernés dans les installations abandonnées et les casernes vides de l'armée française, à Valdahon, Sissonne, Cöetquidan, le Larzac, Caylus, Souges, Rivesaltes et Saint-Antoine du Tarn.

Devant ces ethnies si variées, les Allemands ont groupé le mieux possible les soldats dont les origines sont voisines, alors que les Russes, qu'ils soient tsaristes ou communistes, avaient fait le contraire. Il n'a pas été question tout de même de réussir à 100 % et il y aura encore des blonds aux yeux clairs dans les troupes du « Turkestan » (Asie Centrale) et des petits aux yeux bridés parmi les Caucasiens.

Tsarist or communist did just the opposite. It was never a question of being 100% successful and there were still some blue-eyed blond soldiers among the Turkestan troops (Central Asia) and small men with slit-eyes among the Caucasians.

Two sorts of units were formed. Legions and battalions were created with 11,000 Armenians, 14,000 Georgians, 13,500 Azerbaijanis and 10,000 the North Caucasus. The auxiliary troops (transport, constructions and supplies) from 7,000 Armenians, 6,800 Georgians, 4,800 Azerbaijanis and 3,000 North Caucasians. Finally, the officers were organised into seven Turkestan battalions and one Azerbaijani battalion.

The command of the Osttruppen in France had its headquarters in Paris, with General von Wartenberg at the head of these units. The platoons and training were assigned to General Heygendorff, who spoke fluent Russian. The battalions so formed were incorporated into the Wehrmacht and commanded by German officers. Each battalion had four or five companies, each with 200 men. The men were equipped with salvaged Soviet weapons, as the Osttruppen were familiar with them, having used them when they were in the Red Army.

The atmosphere was not very good, as the German soldiers, well indoctrinated, found it difficult to tolerate these foreigners who were their ancient enemies and who had been decreed in 1940 as inferior beings. The Osttruppen soldiers were also often maltreated and humiliated.

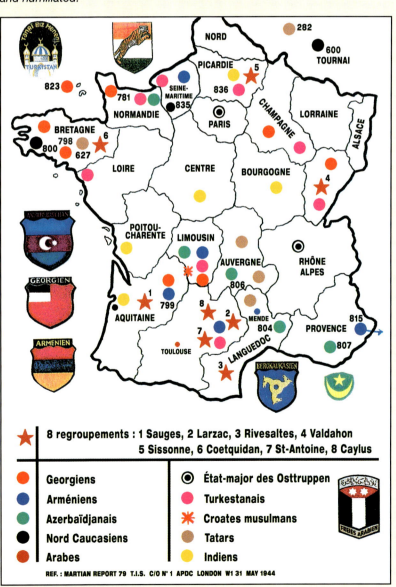

Répartition approximative des « Osttruppen » en France. A noter que les unités ont souvent été déplacées pour qu'elles ne puissent se renseigner sur les réseaux de résistance et les moyens de les contacter pour déserter.

Les huit regroupements :

Etoile rouge : 1 : Souges 2 : Larzac 3 : Rivesaltes 4 : Valdahon 5 : Sissone 6 : Coetquidan 7 : Saint Antoine du Tarn 8 : Caylus.

Les unités : géorgiennes (rouge) arméniennes (bleu) azerbaïdjanaises (vert) nord caucasiennes (noir) arabes (oranger) turkestanaises (roses) indiennes (jaune) tatars (brun) croates (astérisque rouge) Etat-major à Paris (cercle noir bordé de blanc).

Référence : Martian Report 79 c/o N° 1 APDC London WI, 31 May 1944 confié par M. John Bourke, USA.

Approximate distribution of the "Osttruppen" in France. It should be noted that these units were often replaced by those who were unable to become informed about Resistance networks and means of contacting them for desertion.

The eight groups:

Red star: 1 Souges; 2 Larzac; 3 Rivesaltes; 4 Valdahon; 5 Sissone; 6 Coetquidan; 7 Saint Antoine du Tarn and 8 Caylus.

The units: Georgians (red) Armenians (blue) Azerbaijanis (green) North Caucasians (black) Arabs (orange) Turkestani (pink) Indians (yellow) Tatars (brown) Croatians (asterisk red) Headquarters at Paris (black circle bordered in white).

Reference: Martian Report 79 c/o No. 1 APDC London WI, 31 May 1944 provided by M. John Bourke, USA.

On en fera deux sortes d'unités. Des légions et des bataillons pour 11000 Arméniens, 14000 Géorgiens, 13500 Azerbaïdjanais, et 10000 Nord Caucasiens. Des troupes auxiliaires (transport, constructions, intendance) pour 7000 Arméniens, 6800 Géorgiens, 4800 Azerbaïdjanais et 3000 Nord Caucasiens. Enfin, des cadres, Turkestanais : 7 bataillons et Azerbaïdjanais : 1 bataillon.

Le commandement des Osttruppen en France siège à Paris et c'est le général von Wartenberg qui est à la tête de ces unités. La section et l'instruction appartiennent au général Heygendorff, qui parle couramment le russe. Les bataillons ainsi formés sont incorporés dans la *Wehrmacht* et commandés par des officiers allemands. Chaque bataillon est à quatre ou cinq compagnies de 200 hommes chacune. Les hommes sont dotés d'armes soviétiques de récupération car les Osttruppen les connaissent bien pour les avoir utilisées quand ils étaient dans l'Armée Rouge.

L'ambiance n'est pas très bonne car les soldats allemands, bien endoctrinés, supportent difficilement ces étrangers qui sont leurs anciens adversaires qu'on leur avait décrit en 1940 comme étant des êtres inférieurs. Aussi les soldats des Osttruppen sont-ils souvent maltraités et humiliés.

Répartition par nationalités (2)

* Arméniens :

1) Bataillon 804 et 810: Massif Central,

2) Bataillon 813 en Normandie, près de Dieppe,

3) Les 4ᵉ bataillons des régiments allemands 917 et 918 sont dans le Midi (Cap Nègre, îles d'Hyères) près de Toulon,

4) Bataillon 808, juin 1943,

Bataillon 809, janvier 1944 à Jabekke,

Bataillon 809 à Ostende et De Haan (Belgique),

Bataillon 813 à Allenay (Somme),

Bataillon 2 ou 21 à Mende (Lozère).

Il y aurait eu aussi des bataillons 822, 823, et 824. (photo 8-4)

* Géorgiens :

Les volontaires de Géorgie ont été entraînés à Vesola en Pologne et sont partis combattre les partisans.

Distribution by nationalities (2)

*Armenians:

1) Battalion 804 and 810: Massif Central;

2) Battalion 813 in Normandy, near Dieppe;

3) The 4th battalions from German Regiments 917 and 918 were stationed in the Midi (Cap Nègre, îles d'Hyères) near Toulon;

4) Battalion 808, June 1943;

Battalion 809, January 1944 at Jabekke;

Battalion 809 at Ostende and De Haan (Belgium);

Battalion 813 at Allenay (Somme);

Battalion 2 or 21 at Mende (Lozère).

There were also battalions 822, 823, and 824.

*Georgians:

The volunteers from Georgia were trained at Vesola in Poland and left to fight the partisans. The headquarters was installed in the Pyrenees in October, where eight battalions were already located, commanded by Colonel Machts and the Georgian Captain Sharabidzé. The battalions were numbered from 195 to 802. (Report from Lieutenant Lombatidzé PW D2/3095 M. CS D.I.C. UK SIR 455). The training of these troops, poorly accustomed to the very rigid discipline of the German Army had to be adapted to the way of life of these mountain people. It was no less hard and the Osttruppen suffered from being treated so harshly.

Considering the urgent need for fighters and also works auxiliaries, the Germans could not afford to eliminate too many subjects, keeping only those in very good physical health and who had passed the physical examination. The weakest and also those who did not understand German were assigned to the transport, construction, warehouses and supplies. Another party was essentially reserved to hunt down and eliminate the partisans.

Battalion 795 at Cherbourg

Battalion 796 at Cherbourg

Battalion 797 at Coutances

Battalion 797 at Granville

Cotentin, Normandy

Battalion 798 at Surzur and Vannes, in Morbihan, Bretagne

Battalion 799 at Egletons near Clermont-Ferrand (3), also comprising Azerbaijanis

Battalion 800 in the Netherlands

Battalion 801 on the Anglo-Norman island of Jersey

Battalion 802 in Italy and one battalion (824) at Toulouse

At Berlin representatives of the Georgian battalions were present (Lieutenant Kuchenbach, previous Georgian resident, Lieutenant Alchibaev and Doctor-Lieutenant Gabliani).

*Azerbaijanis:

Eight battalions: 804 to 807 and 817 to 820.

German Documents:

(2) D'après un des documents américains et britanniques du 31 mai 1944 T.I.S. N°1 APDC London W1, sur les Arméniens et les Géorgiens.

(2) According to one of these American and British documents dated the 31st May 1944, T.I.S. No. 1 APDC London W1, on the Armenians and Georgians.

Les Osttruppen en Bretagne. (*La Bretagne à l'épreuve*, A. Le Berre, A. Legrand.)

Osttruppen in Bretagne. (*La Bretagne à l'épreuve*, A. Le Berre and A. Legrand.)

Le quartier général s'installera en octobre dans les Pyrénées, où se trouvent déjà 8 bataillons commandés par le colonel Machts et le capitaine géorgien Sharabidzé. Les bataillons sont numérotés de 195 à 802. (Rapport du lieutenant Lombatidzé PW D2/3095 M. CS D.I.C. UK SIR 455).

L'entraînement de ces troupes, peu habituées à la discipline très rigide de l'armée allemande, a dû être adapté à la façon de vivre de ces montagnards. Elle n'en est pas moins sévère et les Osttruppen ont souffert d'être ainsi traités « à la dure ».

Compte tenu du besoin urgent de combattants et aussi d'auxiliaires pour les travaux, on ne peut se permettre d'éliminer trop de sujets et on gardera ceux qui sont en très bonne santé physique et ayant satisfait aux examens sportifs. Les plus faibles, mais aussi ceux qui ne comprennent pas l'allemand seront versés dans des unités de transport, de construction, de dépôts à garder, et d'approvisionnements. Une autre partie sera essentiellement réservée à la chasse aux partisans et à leur élimination.

Bataillon 795 à Cherbourg

Bataillon 796 à Cherbourg

Bataillon 797 à Coutances

Bataillon 797 à Granville

Cotentin, Normandie

Bataillon 798 à Surzur et Vannes, Morbihan, Bretagne

Bataillon 799 à Egletons près de Clermont-Ferrand (3), composé aussi d'Azerbaïdjanais

Bataillon 800 aux Pays-Bas.

Bataillon 801 à Jersey, île Anglo-Normandes

Bataillon 802 en Italie plus un bataillon (824) à Toulouse

Il y a à Berlin des représentants des bataillons géorgiens (lieutenant Kuchenbach ancien résident en Géorgie, le lieutenant Alchibaev et le docteur lieutenant Gabliani).

* Azerbaïdjanais :

8 bataillons 804 à 807, 817 à 820.

Documents allemands :

804 : Mende, Millau, Rodez en Aveyron et Lozère (Massif Central)

806: Aveyron et Lozère

807: détaché au 765ᵉ régiment d'infanterie de la 242ᵉ division allemande à Saint-Tropez, sud de la France.

Documents alliés 1945 :

805 : Rodez (Aveyron), Etterbeck, Pays-Bas en décembre 1943 ?

T.I.S. Martian Report 98

(3) Unités signalées dans l'ouvrage de Monsieur Penaud comme étant stationnées en Dordogne et Périgord.

(3) Units mentioned in the work by Mr. Penaud as being stationed in the Dordogne and Périgord.

Les Géorgiens en Normandie. On ne les distinguait pas des Allemands, ils restèrent souvent fidèles à leur serment de servir l'Allemagne.

The Georgians in Normandy. They were not distinguished from the Germans and often remained loyal to their vows to serve Germany

Les « Chinois » de Deauville, ici découpant le mouton en méchoui, habitaient dans le domaine de Guillaume le conquérant et faisaient leurs prières musulmanes sous les pommiers normands. (DR.)

The "Chinese" of Deauville, cutting mutton roasted on the spit, while living in the domain of William the Conqueror and saying their Muslim prayers beneath the Norman apple trees, (DR).

804: Mende, Millau, Rodez in Aveyron and Lozère (Massif Central)

806: Aveyron and Lozère

807: Detached from the 765th Infantry Regiment of the 242nd German Division at Saint-Tropez, in the South of France.

Allied Documents 1945:

805: Rodez (Aveyron), Etterbeck, the Netherlands, December 1943?

T.I.S. Martian Report 98

Arrivée des *Osttruppen* dans le Massif Central. (Musée Départemental de la Résistance de Rodez.)

Arrival of the Osttruppen in the Massif Central, (Departmental Resistance Museum, Rodez).

* Nord Caucasiens :

Documents allemands :

Bataillons 800 et 801: Finistère entre la pointe du Raz et Douarnenez.

Bataillon 803 : Pays-Bas

Bataillon 835 : Pays de Caux, Normandie (affecté à la 17. Luftwaffen-Feld-Division)

Documents alliés : Bataillon 837: Arcachon, Gironde. Martian Report 98

* Tatars :

Documents alliés :

Bataillon 826 : Pays-Bas

Bataillon 827 : Belgique

Bataillon 627 : Matignon, Côtes du Nord, France

Bataillon 827 : Nivelle, France

832e, 833e, 834e Cadres

Unités indéterminées dans le Larzac, Albi dans le Tarn et aussi au Puy (Massif Central)

Unité Tatar mobile 200 à Kaulille, Belgique

* Turkestan :

Documents alliés : Bataillons 781-792-793-794-839-840-841-842 (450-452 en URSS)

Le 781 viendra à Honfleur (Normandie, novembre 1943)

2. Turkestan-Ersatz-Regiment : Bitsch en Lorraine

3. Turkestan-Ersatz-Regiment: Mâcon, Saône et Loire

Les Osttruppen dans les Iles Anglo-Normandes

Les Allemands ayant envahi la France en 1940 et occupé toute la partie nord de ce pays, il était prévisible que les Iles de la Couronne britannique situées à quelques encablures de la presqu'île du Cotentin seraient à leur tour très vite envahies. Elles devaient l'être sans bataille et sans histoire.

Déjà, à l'été 1941, persuadé que les alliés prendraient pied un jour sur le sol de France, Hitler y installa une unité composée de 40000 hommes, la 319.Infanterie-Division, une des divisions les plus importantes

*The North Caucasus:

German Documents:

Battalions 800 and 801: Finistère between Raz Point and Douarnenez.

Battalion 803: The Netherlands

Battalion 835: Pays de Caux, Normandy (allocated to the 17. Luftwaffen-Feld-Division)

Allied Documents: Battalion 837: Arcachon, Gironde. Martian Report 98

*Tatars:

Allied Documents:

Battalion 826: The Netherlands

Battalion 827: Belgium

Battalion 627: Matignon, north coast of France

Battalion 827: Nivelle, France

832nd, 833rd and 834th Officers

Undetermined units in the Larzac, Albi in the Tarn and also at Puy (Massif Central)

Mobile Tatar Unit 200 at Kaulille, Belgium

*Turkestan:

Allied Documents: Battalions 781, 792, 793, 794, 839, 840, 841, 842 (450-452 in the USSR)

Battalion 781 went to Honfleur (Normandy, November, 1943)

2. Turkestan-Ersatz-Regiment: Bitsch in Lorraine

3. Turkestan-Ersatz-Regiment: Mâcon, Saône and Loire

The Osttruppen in the Anglo-Norman Islands

The Germans invaded France in 1940 and occupied all the northern part of the country and it was predictable that the Isles pertaining to the British Crown situated at several cable lengths (200m) from the Cotentin Peninsula would quickly be invaded. They remained without battle or history.

In the summer of 1941, Hitler, was already convinced that the Allies would set foot on French soil, so he installed a unit composed of 40,000 men, the 319.Infanterie-Division, one of the most important divisions of the Wehrmacht, with a highly dispropor-

de la Wehrmacht, aux effectifs très disproportionnés, à l'époque, par rapport au risque de débarquement !

L'état-major s'installa à Guernesey avec le régiment 583, renforcé, plus tard par deux bataillons, le 643 composé de Russes de l'armée de libération (POA en caractères cyrilliques) et le 823 composé de Géorgiens et de Caucasiens (automne 1941). Ensuite arriva le bataillon 828 pour l'île de Guernesey, et le bataillon 582 composé d'Ukrainiens pour Jersey.

Ceux qui avaient refusé de servir dans l'armée allemande et survivants des camps allemands de prisonniers devaient se retrouver un jour à Jersey pour y construire un énorme hôpital souterrain où les conditions de vie étaient très dures. Ces Russes restés fidèles à l'URSS furent confiés à la garde de soldats ukrainiens qui maltraitèrent durement leurs coreligionnaires et en firent mourir certains.

La *319.Infanterie-Division* était formée d'hommes provenant d'autres divisions, dont les 87ᵉ, 169ᵉ, 299ᵉ et 351ᵉ qui avaient combattu en Pologne puis en France, et qui arrivèrent à Jersey après un entraînement prolongé au Wehrkreiss IX en Allemagne.

Certains régiments de la *319.Infanterie-Division* venaient de France où ils avaient reçu une formation spéciale pour l'opération Seelöwe, destinée à l'invasion de l'Angleterre. On les avait habitués à se servir de moyens amphibies, barges de débarquement sur les plages situées près de Carentan et Saint-Lô. Adolf Hitler devait se contenter de Jersey et Guernesey pour seule victoire dans les îles britanniques…

Ces îles deviendraient, d'après lui, des bastions fortifiés d'où l'on pourrait partir pour envahir l'Angleterre, après le succès complet de l'opération Barbarossa, en URSS.

La division devait être un peu plus tard renforcée en personnel et en artillerie en 1942.

Les habitants des îles n'eurent pas à souffrir beaucoup de la présence des Allemands ni des Osttruppen russes. L'uniforme et les insignes de ces soldats les faisaient rire car sur l'écusson de ces Russes se trouvait une croix de Saint André bleue, et surtout les trois lettres POA dont le R était remplacé par un P cyrillique, ce qui signifiait, pour les humoristes jersiais « Pal of Adolf » (copain d'Adolf).

tionate number of soldiers, with regard to the risk of a landing taking place!

The headquarters were installed at Guernsey with Regiment 583, later reinforced with two battalions: The 643rd, composed of Russians from the liberation army (POA in Cyrillic characters); and the 823rd, composed of Georgians and Caucasians (autumn 1941). Then Battalion 828 reached the Isle of Guernsey and Battalion 582 composed of Ukrainians arrived at Jersey.

Those who had refused to serve in the German Army and survivors from the German prison camps were later sent to Jersey to build and enormous underground hospital where the living conditions were very hard. Those Russians who had remained loyal to the USSR were placed under the guard of Ukrainian soldiers, who severely maltreated their brothers in religion, which resulted in the death of some of them.

The 319.Infanterie-Division was formed with men coming from other divisions, being the 87th, 169th, 299th and the 351st, who had fought in Poland and later in France, and who arrived at Jersey after prolonged training at Wehrkreiss IX in Germany.

Certain regiments of the 319.Infanterie-Division came from France or had received special training for Operation Sealion destined for the invasion of Britain. They had become accustomed to the use of amphibious material, such as the landing barges on the beaches near Carentan and Saint-Lô. Adolph Hitler would have to be content with Jersey and Guernsey as his sole victory in the British Isles…

According to him, these islands would become fortified bastions from which to invade Britain, after the complete success of Operation Barbarossa, in the USSR.

Shortly afterwards, the division was reinforced in personnel and artillery in 1942.

The island's inhabitants were not to suffer greatly from the presence of the Germans or Russian Osttruppen. These soldiers' uniforms and symbols made them laugh, as the Russian crest contained the blue Saint Andrew's cross and especially the three letters "POA", as the 'R' had been replaced by a Cyrillic 'P', which meant for the Jersey humorists "Pal of Adolph".

Les Allemands dans les îles anglo-normandes. Les Allemands défilent dans les rues de Saint Hélier. (photo Carel Toms/la Société Jersiaise de Saint Hélier à Jersey.)

The Germans on the Anglo Norman Islands. The Germans parading on the streets of Saint Helier, (photo: Carel Toms/the Société Jersiaise of Saint Helier of Jersey).

La présence de tous ces hommes en grand nombre dans les îles anglo-normandes avait fait pester le général Walter Warlimont, qui considérait que bien des soldats manquaient sur le front de l'Est alors que ces dizaines de milliers de « planqués » se reposaient là où il ne se passait rien (4). Jusqu'à la fin des hostilités la 319ᵉ Division resta dans les îles et n'eut à tirer aucun coup de canon.

Les Osttruppen s'y conduisirent bien, il n'y eut ni rébellion ni désertion, à part deux soldats russes qui furent fusillés, selon l'ouvrage de M. Ginns.

Les autorités allemandes se rendirent sans histoire à la délégation qui arriva en 1945 au port de Saint Hélier. La garnison intacte rejoignit les camps de prisonniers en Angleterre. Jersey et Guernesey, ainsi que les petites îles alentour, reprirent leur vie normale et accueillirent désormais les touristes pour leur montrer les installations allemandes.

The presence of all these men in great numbers on the Anglo-Norman Islands plagued General Walter Warlimont, who considered that soldiers were lacking at the eastern front, while these dozens of thousands of these "hideaways" were resting there where nothing ever happened (4). Until the end of hostilities, the 319th Division remained on the islands without ever having to fire a single cannon shot.

The Osttruppen behaved well there; there was neither cases of rebellion nor desertion, except for two Russian soldiers who were shot, according to the work by M. Ginns.

The German authorities surrendered without ado to the delegation that arrived at the port of Saint Hélier in 1945. The intact garrison rejoined the prison camps in Britain. Jersey and Guernsey, as well as the small islands in the vicinity resumed their normal lives and henceforth received tourists to show them round the German installations.

(4) Les Allemands dans les Iles Anglo-Normandes, George Forty.

(4) The Germans on the Anglo-Norman Islands, George Forty.

Une image qui pourrait faire croire à l'invasion de l'Angleterre par les Allemands. La scène se passe dans une rue de Saint Hélier, île de Jersey, un officier de la Luftwaffe parle à un « bobby » jersian. (photo *Deutscher Militär Verlag*, Berlin 1963, Ed. Leipzig 1966.)

An image that could have been mistaken for the invasion of Britain by the Germans. The scene took place in a Saint Helier street, on the Isle of Jersey; a Luftwaffe officer is speaking to a Jersey "bobby", (photo: Deutscher Militär Verlag, Berlin 1963, Ed. Leipzig 1966).

1. La Komandantur à l'hôtel Crown de Jersey, Saint Hélier.
1. The Komandantur at the Crown Hotel of Jersey, Saint Hélier.

2. La garde devant la Komandantur de Saint Hélier. (photo *Channel Islands at War*, Agerman Perspectives, 1999.)
2. The guard in front of the Komandantur of Saint Hélier, (photo: Channel Islands at War, Agerman Perspectives, 1999).

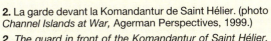

3. Les soldats de la division 319 se sont entraînés à la guerre pendant quatre ans, sans avoir jamais à combattre.

3. The soldiers of Division 319 were trained for war during four years, without ever having fought.

4. Officiers de la 319e division observant les manœuvres de leurs soldats.
4. Officers of the 319th Division observing their soldiers' manoeuvres.

5. Inspection quotidienne des troupes de la 319e Division.
5. Daily inspection of the troops of the 319th.

Libération des îles anglo-normandes, dessin de la collection Will Payne, Bert Hill.

Liberation of the Anglo-Norman Isles, illustration from the Will Payne Collection, Bert Hill.

Pendant l'occupation, les Jersians imprimaient aux quatre coins de leurs timbres, un petit A qui n'existait pas sur les timbres avant l'occupation. Les quatre A formaient, en anglais, les initiales d'une phrase signifiant: « rentre donc chez toi Adolphe ».

During the occupation, the people of Jersey printed a small 'A' at the four corners of their stamps that did not exist prior to occupation. The four A's represented the initials of the following phrase: "turn back home Adolf".

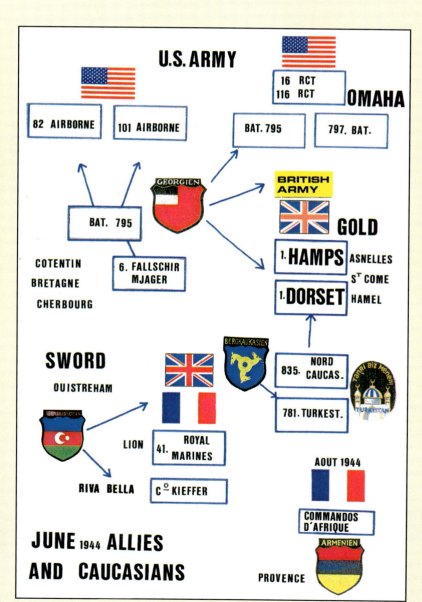

Pendant les opérations du débarquement, les Géorgiens furent amenés à combattre les Américains des 16ᵉ et 116ᵉ RCT et les Britanniques des Hamps and Dorset Regiment (Omaha et Gold). Les Azerbaïdjanais combattirent sur Sword les commandos franco-britanniques. Les Nord Caucasiens et les troupes du Turkestan s'opposèrent au Dorset Regiment. Les Arméniens furent opposés très peu de temps aux commandos d'Afrique, le jour du débarquement en Provence.

Throughout the landing operations, the Georgians were taken to fight the Americans of the 16th and 116th RCT and the British from the Hamps and Dorset Regiments (Omaha and Gold). The Azerbaijanis fought under "Sword" the Franco-British commandos. The North Caucasians and Turkestan troops faced the Dorset Regiment. The Armenians fought the African commandos for a very short time, on the day of their landing in Provence.

Les Osttruppen aux Pays-Bas

Les côtes de la mer du nord, trop près de l'Allemagne d'où de nombreux renforts et des avions pouvaient arriver rapidement pour contrer un éventuel débarquement allié, furent très peu fournies en unités de combat...

On y installa toutefois au début de l'année 1943 des positions où se trouvaient de nombreux soldats des Osttruppen, qui y occupèrent des emplacements entre janvier et juillet.

Les effectifs étaient les suivants :

691e bataillon d'Ukrainiens, unité du Génie

787e bataillon du Turkestan dépendant de la 747e Division d'infanterie allemande.

803e bataillon de Nord Caucasiens dépendant aussi de la 747e Division.

812e bataillon d'Arméniens dépendant de la 719e Division d'infanterie

822e bataillon de Géorgiens dépendant de la division « Nederland » composée de volontaires hollandais.

826e bataillon de Tatars de la Volga dépendant de la 719e Division

Il y a au nord des Pays-Bas et non loin de la côte une longue file de petites îles très rapprochées les unes des autres, dont la plus grande borde la Waddenzee. Occupée par un groupe d'Osttruppen, depuis janvier 1943, rien de spécial ne s'y était passé jusque-là, dans cette île de Texel où les soldats occupaient des bunkers abritant des pièces d'artillerie.

The Osttruppen in the Netherlands

The coasts of the North Sea, too close to Germany, from where numerous reinforcements and aeroplanes could quickly arrive to thwart an eventual allied landing, were very poorly supplied with combat unit...

In any case, positions were established at the beginning of 1943, where numerous Osttruppen soldiers were to be found, occupying their posts between January and July.

The following units were posted:

691st Battalion of Ukrainians, engineers unit.

787th Battalion of Turkestanis reporting to the 747th German Infantry Division.

803rd Battalion of the North Caucasus, also reporting to the 747th Division.

812th Battalion of Armenians reporting to the 719th Infantry Division.

822nd Battalion of Georgians reporting to the "Dutch" Division composed of Dutch volunteers.

826th Battalion of Tatars from the Volga reporting to the 719th Division.

Not far from the North Netherlands Coast, there is a long line of small islands, very close to one another, the largest of which borders the Waddenzee. Occupied by a group of Osttruppen since January 1943, nothing special happened there, on the Isle of Texel, where the soldiers occupied the bunkers guarding their pieces of artillery.

Soldats du 822e bataillon de Géorgiens division « Nederland ». (Musée Militaire de Budapest, Tamas Baczoni.)

Soldiers from the 822nd Battalion of the Georgian Division "Nederland", (Military Museum of Budapest, Tamas Baczoni)

Soldats azerbaïdjanais photographiés en France. (Uniformi, Parma, Italie.)

Azerbaijanis soldiers photographed in France, (Uniformi, Parma, Italy)

A l'annonce des défaites allemandes et de l'avance alliée, les Géorgiens de l'île de Texel tuent leurs officiers et essaient par tous les moyens d'alerter les Anglais qui ne sont qu'à 150 km à Great Yarmouth et qui pourraient venir les chercher. Les Géorgiens oubliaient que les accords entre les Russes et les Anglo-Américains stipulaient que tous les sujets d'origine russe, servant dans l'armée allemande à titre volontaire, et faits prisonniers, devaient être remis aux autorités soviétiques dans les plus brefs délais. Les Anglais ne purent en aucune façon venir en aide aux mutins de Texel. Les renforts allemands devaient bientôt arriver, tous les révoltés furent fusillés.

When the German defeat and Allied advance was announced, the Georgians on the Isle of Texel killed their officers and tried all possible means to alert the British who were only 150 km away at Great Yarmouth and who could have come and get them. The Georgians had forgotten the agreements between the Russians and Anglo-Americans stipulating that all subjects of Russian origin serving in the German Army as volunteers and taken prisoner must be returned to the Soviet authorities with the least possible delay. The British were not at all able to come and help the mutineers. The German reinforcements shortly arrived and all the soldiers who had revolted were shot.

Prisonniers allemands dans le Cotentin et parqués près de Cherbourg. Les Géorgiens, Arméniens et Azerbaïdjanais se trouvaient parmi eux. (Photo du 29 juin 1944 PL 10300 E 433 Pool Brandt 333 267- 13448 O/R/S/Sec: F (g) PRI)

German prisoners in the Cotentin and parks near Cherbourg. Georgians, Armenians and Azerbaijanis were found amongst them, (Photo taken 29th June 1944, PL 10300 E 433 Pool Brandt 333 267- 13448 O/R/S/Sec.: F (g) PRI).

La division des cadres volontaires en France

1er régiment à Castres :
I/372e bataillon du Turkestan (photo 12-4)
II/4e bataillon Géorgiens
I/9e bataillon Géorgiens
II/4e bataillon Nord Caucasiens
2e régiment à Mende :
II/9e bataillon Arméniens
804e, 806e bataillon Azerbaïdjanais
832e, 833e, 834e bataillon Tatars Volga
3e régiment à Mâcon : 792e, 794e, 839e, 841e, 842e du Turkestan

The voluntary officers division in France

1st Regiment at Castres:
I/372nd Battalion - Turkestanis
II/4th Battalion - Georgians
I/9th Battalion - Georgians
II/4th Battalion - North Caucasians
2nd Regiment at Mende:
II/9th Battalion - Armenians
804th and 806th Battalions - Azerbaijanis
832nd, 833rd and 834th Battalions - Tatars from the Volga
3rd Regiment at Mâcon: 792nd, 794th, 839th, 841st and 842nd from Turkestan

Une brigade SS de cavalerie (Waffen Gruppe)

W. Gruppe 1 : Géorgiens, 2 bataillons, 1 et 2
W. Gruppe 2 : Azerbaïdjanais, 2 bataillons, 3 et 4
W. Gruppe 3 : Arméniens, 2 bataillons, 5 et 6
W. Gruppe 4 : Nord Caucasiens, 2 bataillons, 7 et 8

Voir : Paul Gaujac, Militaria Magazine, N° 187 et N°189
The East came West, Oleg Valentinovich Romanko, Antonio Muñoz, USA

An SS cavalry brigade (Waffen Gruppe)

W. Gruppe 1: Georgians, two battalions, 1 and 2
W. Gruppe 2: Azerbaijanis, two battalions, 3 and 4
W. Gruppe 3: Armenians, two battalions, 5 and 6
W. Gruppe 4: North Caucasians, two battalions, 7 and 8

See : Paul Gaujac, Militaria Magazine, No. 187 and No. 189
The East came West, Oleg Valentinovich Romanko, Antonio Muñoz, USA

Le commandement supérieur des volontaires étrangers du IIIe Reich en 1944 en zone sud (France)

Le 1er avril 1944, le *Generalleutnant* Heinrich Niehoff va disposer de forces militaires pour réprimer les actes de résistance et de sabotage contre l'armée allemande qui occupe le territoire français, en zone sud.
Bataillon de l'Est 406 : Saint-Michel-de-Maurienne
Bataillon géorgien 799 : Tulle
Bataillon de l'Est 615 : Louhans
Début avril : trois compagnies de la Stamm-Division de volontaires étrangers de Lyon
1er régiment de la Stamm-Division de Lyon à Castres, Albi et Carcassonne
2e régiment de la Stamm-Div. à Mende et Le Puy
3e régiment de la Stamm-Div. à Lyon
4e régiment de la Stamm-Div. à Bourg
5e régiment de la Stamm-Div. à Chaumont et Langres
Fin avril : bataillons géorgiens 698 et 799
bataillon géorgien 795 (photo 35-4)
Juillet : bataillon du Turkestan 781
Ces unités participeront aux combats contre la Résistance, en minorité par rapport aux forces allemandes qui les encadrent dont sept bataillons « Sicherung » (sécurité et auxiliaires de police), bataillon 18 de *SS- Panzer-Grenadier,* régiment de SS-Polizei n° 19, et plusieurs unités de Feldgendarmerie.

The superior command of 3rd Reich foreign volunteers in the southern zone (France) in 1944

On the 1st April 1944, Generalleutnant Heinrich Niehoff went to prepare military forces to punish the acts of resistance and sabotage against the German Army occupying French territory, in the southern zone.
Eastern Battalion 406: Saint-Michel-de-Maurienne
Georgian Battalion 799: Tulle
Eastern Battalion: Louhans
Beginning of April: Three companies from the Stamm-Division with foreign volunteers from Lyon
1st Regiment of the Stamm-Division from Lyon to Castres, Albi and Carcassonne
2nd Regiment of the Stamm-Div. at Mende and Le Puy
3rd Regiment of the Stamm-Div. at Lyon
4th Regiment of the Stamm-Div. at Bourg
5th Regiment of the Stamm-Div. at Chaumont and Langres
End of April: Georgian Battalions 698 and 799
Georgian Battalion 795
July: Turkestan Battalion 781
These units participated in the battles against the Resistance, in minority compared to the German forces that flanked them in seven battalions "Sicherung" (security and police auxiliaries), Battalion 18 from the SS-Panzer-Grenadier, a regiment of the SS-Polizei No. 19 and several units from the Feldgendarmerie.

Stationnement d'Osttruppen dans le Massif Central

D'après les extraits du journal de marche de von Brodowski, le général de division commandant de l'état-major principal 12/4/4 de liaison 588 de Clermont-Ferrand (Haupt-Verbindungs-Stab 588) :

Le Puy : Verb. Stab. 995, 3 compagnies de Tatars, Fg Trupp. 993, 1 batterie artillerie du Bataillon 28.
Saint Flour : Rgt Stab. 1000, 11./Sich. Regt. 95. I. et II./1000, 3 compagnies d'Azerbaïdjanais. 1 batt. art. Bat 28

(Musée départemental – Résistance – Déportation de Rodez).

Stationing the Osttruppen in the Massif Central

According to extracts from von Brodowski's marching journal, the division general commanded the main headquarters 12/4/4 of liaison 588 at Clermont-Ferrand (Haupt-Verbindungs-Stab 588):

Le Puy: Verb. Stab. 995, three companies of Tatars, Fg Trupp. 993, one artillery battery from Battalion 28.
Saint Flour: Rgt. Stab. 1000, 11./Sich. Regt. 95. I. and II./1000, three companies of Azerbaijanis. One artillery battery, Bat. 28.

(Departmental Museum of the Resistance and Deportation, Rodez).

Les Caucasiens dans le Midi

Arméniens : IV./918 Infanterie-Regiment. 242. Infanterie-Division à Hyères et Porquerolles.
IV./917 Infanterie-Regiment. 242. Infanterie-Division à Cap Nègre, îles du Levant et Port Cros (bataillon 807).
Azerbaïdjanais : IV./765 Infanterie-Regiment. 242. Infanterie-Division à Saint-Tropez.
Bataillons 804, 806, I./73 à Rodez et Mende, au Brouzet dans le Gard.
Géorgiens : Castres I./9
Albi I./295 II./4

(D'après Guy Lalanne, 39/45 Magazine N°8, décembre 1995, pages 24 et 25)

The Caucasians in the Midi

Armenians: IV./918 Infanterie-Regiment; 242 Infanterie-Division at Hyères and Porquerolles.
IV./917 Infanterie-Regiment. 242. Infanterie-Division at Cap Nègre, Islands of Levant and Port Cros (Battalion 807).
Azerbaijanis: IV./765 Infanterie-Regiment. 242. Infanterie-Division at Saint-Tropez.
Battalions 804 and 806, I./73 at Rodez and Mende, at Brouzet in Gard.
Georgians: Castres I./9
Albi I./295 II./4

(According to Guy Lalanne, 39/45 Magazine No. 8, December 1995, pp. 24-25)

Ordre de bataille des unités numérotées Selon le rapport Martian n°98 (annexe V au T.I.S., Grande Bretagne) F : France, B : Belgique, NL : Pays-Bas

Nationalités indéterminées : 165 à Nîmes (F), 366 à Cayons (F), 404 à Montpellier (F), 406 à Modane (F), 454 (cavalerie) dans le Jura (F), 600 à Tournai (B), 605 à Licques (F), 606 à Sète (F), 616 à Modane (F), 618 à Colembert (F), 636 à Plouharnel (F), 642 à Caen (F), 652 à Chambéry(F), idem/654, 661 à Grasse (F), 666 à Fleury (F), 669 à Cherbourg (F), 350, 400, 430, 439, 447, 716 dans le Calvados (F), 681 à Marseille (F)

Bataillons Tatars : -282 à Kaulille (B) 827 à Nivelle (F)
Bataillons du Turkestan : -781 à Honfleur (F) 787 à St Martensburg (NL)
Bataillons Géorgiens : -795 à St Martensbourg (NL) 798 à Surzur (F) 824 à Toulouse (F)
Bataillons Nord Caucasiens : -800 à Gestel (F 837 à Arcachon (F)
Bataillons Azerbaïdjanais : 805 à Rodez
Bataillons Arméniens : -809 à Ostende, De Haan (B) 813 à Allenay (F)
Régiments dans les divisions allemandes
16. Luftwaffen-Feld-Division : 1 régiment géorgien à Haarlem et 1 bataillon à Leyden (NL)
719. Infanterie-Division : 1 régiment arménien à Schouwen et Overflakke (NL), avec 1 bataillon Tatar dans l'île de Voorne (NL)
712. Infanterie-Division : 1 régiment (pas d'information)
85. Infanterie-Division : idem
708.Infanterie-Division : 1 régiment indien
242.Infanterie-Division : 1 régiment (pas d'information)
Bataillons dans les divisions allemandes
347.Infanterie-Division : 787ᵉ Bataillon du Turkestan, 347. Bataillon ukrainien

712.Infanterie-Division : 809ᵉ Bataillon arménien
182.Infanterie-Division : 1 bataillon russe (pas d'information)
348.Infanterie-Division : 813ᵉ Bataillon arménien (et un autre arménien)
711.Infanterie-Division : 781ᵉ Bataillon du Turkestan
709.Infanterie-Division : 1 bataillon géorgien et 1 bataillon d'Azerbaïdjan
Les autres divisions ont des bataillons de Russes, Cosaques, mais pas de Caucasiens, Musulmans, Indiens ou du Turkestan.
319.Infanterie-Division : 2 bataillons géorgiens
721. Division ZbV : 627ᵉ Bataillon tatar
343.Infanterie-Division : 1 bataillon azerbaïdjanais de transport
265. Infanterie-Division : 2 bataillons bergcaucasiens (ethnie rarement représentée)
275.Infanterie-Division : 798ᵉ Bataillon géorgien
159. Infanterie-Regiment : 795ᵉ Bataillon géorgien

Battle order of the numbered units
According to Martian Report No. 98
(Annex V to T.I.S., Great Britain)
F: France, B: Belgium, NL: The Netherlands

Nationalities undetermined: 165 at Nîmes (F), 366 at Cayons (F), 404 at Montpellier (F), 406 at Modane (F), 454 (cavalry) in Jura (F), 600 at Tournai (B), 605 at Licques (F), 606 at Sète (F), 616 at Modane (F), 618 at Colembert (F), 636 at Plouharnel (F), 642 at Caen (F), 652 at Chambéry(F), idem/654, 661 at Grasse (F), 666 at Fleury (F), 669 at Cherbourg (F), 350, 400, 430, 439, 447, 716 in Calvados (F), 681 at Marseille (F)

Tatar Battalions: 282 at Kaulille (B); 827 at Nivelle (F)
Turkestani Battalions: 781 at Honfleur (F); 787 at St. Martensburg (NL)
Georgian Battalions: 795 at St. Martensbourg (NL); 798 at Surzur (F); 824 at Toulouse (F)
North Caucasians Battalions: 800 at Gestel (F); 837 at Arcachon (F)
Azerbaijani Battalions: 805 at Rodez
Armenians Battalions: 809 at Ostende, De Haan (B); 813 at Allenay (F)
Regiments in the German divisions
16. Luftwaffen-Feld-Division: One Georgian regiment at Haarlem and one battalion at Leyden (NL)
719. Infanterie-Division: One Armenian regiment at Schouwen and Overflakke (NL), with one Tatar battalion on the Isle of Voorne (NL)
712.Infanterie-Division: One regiment (no information available)
85.Infanterie-Division: idem
708.Infanterie-Division: One Indian regiment
242.Infanterie-Division: One regiment (no information available)
Battalions in the German divisions
347.Infanterie-Division: 787th Turkistani Battalion, 347. Battalion of Ukrainians
712.Infanterie-Division: 809th Armenian Battalion
182.Infanterie-Division: One Russian battalion (no information available)
348.Infanterie-Division: 813th Armenian Battalion (plus another Armenian one)
711.Infanterie-Division: 781st Turkestan Battalion
709.Infanterie-Division: One Georgian battalion and one Azerbaijani battalion.
The rest of the divisions were Russian or Cossack, though not Caucasian, Muslim, Indians or Turkestan.
319.Infanterie-Division: Two Georgian battalions
721. Division ZbV: 627th Tatar Battalion
343.Infanterie-Division: One Azerbaijani transport battalion
265.Infanterie-Division: Two Bergkaucasien battalions (ethnicity rarely represented)
275.Infanterie-Division: 798th Georgian Battalion
159.Infanterie-Regiment: 795th Georgian Battalion

5

Les Osttruppen non slaves,
Musulmans bosniaques et Arabes sous uniforme allemand en France, récits et témoignages

The non-Slav Osttruppen,
Muslim Bosnians and Arabs in German uniform in France: Accounts and testimonies

Soldats asiatiques faits prisonniers en France par la Résistance et les Américains. (Musée Militaire de Budapest, Tamas Baczoni.)

Asian soldiers taken prisoner in France by the Resistance and the Americans, (Military Museum of Budapest, Tamas Baczoni).

Grâce aux témoignages de personnes ayant servi dans la Résistance, des associations de Résistants et d'Anciens Combattants, des archives départementales et des nombreux observateurs de l'époque, nous avons pu recueillir quelques histoires sur l'existence, en France, des troupes étrangères du Troisième Reich.

Ces hommes, à qui on avait promis l'indépendance de leurs pays respectifs après la victoire, se sont quelquefois engagés dans la *Wehrmacht* par patriotisme. D'autres ont choisi l'aventure plutôt que d'être maltraités dans les camps, très peu l'ont fait par amour du régime nazi.

Arrivés dans un pays occupé comme la France, qui venait d'être vaincue, les *Osttruppen* ont eu des comportements très variés. Certains ont suivi fidèlement les ordres, en poursuivant les Résistants, allant jusqu'à les fusiller et les torturer. D'autres sont passés au maquis dès qu'ils sentirent le vent tourner et

Thanks to the testimonies of the people who served in the Resistance and War Veterans, departmental archives and numerous observers from the epoch, we have been able to collect some stories on the life of the Third Reich foreign troops in France.

These men, who had been promised the independence of their respective countries after victory, sometimes enlisted in the Wehrmacht out of patriotic motives. Others had chosen the adventure in preference to being maltreated in the camps; very few did so for love of the Nazi Regime. When they arrived in an occupied country like France, which had just been conquered, the Osttruppen displayed a wide variety of behaviours. Some remained loyal to their orders and pursued members of the Resistance, even shooting and torturing them. Ohers joined the Maquis as soon as they felt the wind change and the approaching Allied landing; and others still tried to survive without embarking on dangerous actions and gave themselves in to the Allies as soon as they had the chance.

Some Georgians fought on the German side against the Allies, but on the whole, it cannot be confirmed that they were great warlords throughout their stay in the country.

Everything changed when they had to flee towards the northeast, fighting the Allies who were coming up the Rhone Valley and those descending towards Paris, who would then head east to enter Germany.

The rallying point at Bourgogne was a long way from the Atlantic coast where the Osttruppen surveyed the cannon batteries. As soon as they took to the road, they were attacked repeatedly by the Resistance, by isolated snipers and also by the populations who feared pillage and had consequently taken arms.

Many of the Osttruppen hence became dangerous and starving fugitives, often travelling on foot, traversing villages at night and pillaging the farms to feed themselves, when they didn't indulge themselves to committing atrocities. Their passage left behind it misery, fire, rape and destruction and their arrival in the north was much worse, as they were almost all captured and delivered to the Russians, who had come to collect them for hanging or death by firing squad...

We have selected from the stories the most outstanding ones and the testimonies of numerous provincial inhabitants, those who were able to provide an idea about the frame of mind and regrettable behaviour of the Osttruppen who freed themselves after the German defeat.

l'approche du débarquement allié, d'autres encore ont essayé de survivre sans se livrer à de dangereuses actions et se rendirent aux Alliés dès qu'ils le purent.

Quelques Géorgiens ont combattu aux côtés des Allemands contre les Alliés, mais dans l'ensemble on ne peut pas affirmer qu'ils furent des foudres de guerre tout au long de leur séjour dans notre pays.

Tout bascula lorsqu'il leur fallut fuir vers le nord-est, battant en retraite devant les Alliés qui remontaient la vallée du Rhône et ceux qui descendaient vers Paris, puis passaient vers l'est pour entrer en Allemagne.

Le point de ralliement en Bourgogne était bien loin de la côte Atlantique où les *Osttruppen* surveillaient les batteries de canons. Lorsqu'ils se mirent en chemin, ils furent attaqués maintes fois par la Résistance, par des franc tireurs isolés et aussi par les populations qui craignaient le pillage et s'étaient armées en conséquence.

Bien des *Osttruppen* devinrent alors des fugitifs dangereux et affamés, faisant souvent la route à pied, traversant les villages de nuit et pillant dans les fermes pour se nourrir, quand ils ne se livraient pas à des atrocités. Leur passage a laissé bien des misères, des incendies, des viols, des destructions et leur arrivée dans le nord a été bien pire, car la quasi-totalité d'entre eux fut capturée, livrée aux Russes venus les chercher pour les pendre ou les fusiller…

Nous avons choisi parmi les histoires les plus marquantes et les témoignages des nombreux habitants de nos provinces, celles qui pouvaient donner une idée de l'état d'esprit et des regrettables conduites de ces *Osttruppen* livrés à eux-mêmes après les défaites des Allemands.

Périgord et Limousin (Géorgiens)

(Extraits de textes de Guy Penaud, *Histoire de la Résistance en Périgord* et de l'article de J.P. Duquesnoy, *Revue Lemouzi* N° 151)

Entre septembre 1943 et mai 1944, le *Bataillon Ost 799* se trouve en Périgord. Il est composé essentiellement de Géorgiens, dont l'un deux, Pietr Kitiachvili, s'est engagé dans une suite d'aventures qui a commencé en 1941 et qui mérite d'être contée.

Sous-lieutenant de l'Armée Rouge, Kitiachvili est tombé aux mains des Allemands, à Tarnopol pendant l'opération Barbarossa, peu de temps après le début de l'invasion en juin. Il est alors emprisonné en Pologne, d'où il s'évade une première fois, parcourt 1500 km pour parvenir à Kiev où il est repris en hiver 1941-1942. Interné en Ukraine près de Vinnitsa, il s'évade à nouveau. Repris, il est interné dans un camp de la mort en Pologne, Ouman, et au printemps 1942, il est envoyé au camp de Xholm d'où on ne peut pas s'échapper. Il s'engage alors comme volontaire dans la *Wehrmacht*, avec les arrières pensées que l'on devine et se retrouve dans un groupe anti partisans pour éliminer les résistants polonais.

Il va tout faire pour les prévenir chaque fois qu'une opération se prépare. Les Allemands s'en aperçoivent, tout le groupe est alors passé par les armes, sauf lui! On ne sait pas pourquoi il est envoyé en Alsace en 1943, où il se débrouille pour contacter la Résistance française. Des Yougoslaves, près de Bar-le-Duc lui proposent de le faire passer en Suisse grâce à des résistants de Mussey. Il refuse, il veut se battre contre les Allemands. Malheureusement, l'unité allemande à laquelle il est rattaché est mutée à Sissonne, puis à Périgueux, où Kitiachvili arrive en septembre 1943.

Périgord and Limousin (Georgians)

(Extracts from texts written by Guy Penaud, *Histoire de la Resistance en Périgord* and the article by J.P. Duquesnoy, *Revue Lemouzi* No. 151)

Between September 1943 and May 1944, the Battalion Ost 799 was positioned at Périgord. It was essentially made up of Georgians, one of the two, Pietr Kitiachvili, embarked upon a series of adventures that began in 1941 and deserve to be retold.

Red Army Second Lieutenant Kitiachvili fell into the hands of the Germans at Tarnopol during Operation Barbarossa, shortly after the invasion in June. He was then imprisoned in Poland, from where he escaped a first time, covering 10,500 km to reach Kiev where he was recaptured in the winter of 1941-42. Confined in the Ukraine near Vinnitsa, he escaped once again. Recaptured, he was taken to a death camp in Poland, Ouman, in spring 1942, and was then sent to the camp at Xholm from which escape was impossible. There he enlisted as a volunteer in the Wehrmacht, with such ulterior motives as one could imagine and he found himself in an anti-partisan group for eliminating Polish resistance.

He did everything possible to warn them each time an operation was prepared. The Germans noticed and the whole group was killed by firing squad, except for him! It is not known why he was sent to Alsace in 1943, where he managed to contact the French Resistance. Some Yugoslavs, near Bar-le-Duc offered to get him to Switzerland with the help of the Mussey Resistance. He refused, as he wanted to fight the Germans. Unfortunately, the same German unit to which he had been assigned was posted to Sissonne and then to Périgueux, where Kitiachvili arrived in September 1943.

The Georgian and his friend, Lieutenant Abramidze, tried to contact the Resistance in the Dordogne at Aubas with the help of an FTP communist, Juillat. The Georgians henceforth formed part of the Maquis party called "Jacquou le Croquant".

This sequel of spectacular escapes persuaded the Russian officers who had come to look for ex-German prisoners that had defected to the enemy in order to punish them. Those who had wanted to join the Resistance, like Kitiachvili, would be decorated and would parade at Moscow on the day of victory in May 1945.

It should be noted that these cases are quite rare and that after the war, the majority of the Georgian "Osttruppen" had… big problems.

Two other Georgians, Ketagourov and Chaverdochvili, who were to be imprisoned at the camp of Struthof in Alsace, had an equally comical adventure. They managed to break the door of the wagon that was taking them to the death camp and jumped out, on the road near Nancy, where they made contact with the Author network. They wanted at any cost to steal a German aeroplane and go to Britain, one of the pair being a pilot! Their landlady, who lodged them for a long time, wanted to set an ambush for the German pilots to disguise her protégés and to facilitate their escape! They were unfortunately captured beforehand!

As the months progressed, more and more Georgians from Battalion 799 escaped to join the Resistance, while other Georgians, loyal to the Germans did everything possible to devastate the FTP Maquis from Mavaleix. The anti-German attacks were committed in the region by a group of foreigners called the M.O.I. (main-d'œuvre immigrée – immigrant workers) but also by the communist Maquis.

Le Géorgien et son ami, ex lieutenant Abramidze, essaient de contacter la Résistance mais ils sont dénoncés et arrêtés avec trois autres Géorgiens. Tout le groupe est condamné à mort mais s'évade en bloc en octobre et passe à la Résistance en Dordogne à Aubas grâce à un communiste FTP, Juillat. Les Géorgiens vont désormais faire partie du maquis nommé « Jacquou le Croquant ».

Cette suite d'évasions spectaculaires a séduit les officiers russes venus chercher les « ex-prisonniers des Allemands passés à l'ennemi » pour les punir. Et ceux qui, dès le début, ont voulu passer à la Résistance, comme Kitiachvili, seront décorés et défileront à Moscou le jour de la victoire en mai 1945.

A noter que ces cas ont été assez rares et que la plupart des Géorgiens « *Osttruppen* » ont eu par la suite... de gros ennuis.

Deux autres Géorgiens, Ketagourov et Chaverdochvili, qui devaient être internés au camp de Struthof en Alsace, eurent une aventure aussi cocasse. Ils parvinrent à casser la porte du wagon qui les emmenait au camp de la mort, sautèrent sur la voie près de Nancy, où on les mit en contact avec le réseau Author. Ils voulaient à tout prix voler un avion allemand pour rejoindre l'Angleterre, l'un deux étant pilote! Leur logeuse qui les hébergea longtemps, voulait de son côté tendre un guet-apens à des pilotes allemands pour habiller ses protégés et leur faciliter l'évasion ! Ils furent hélas repris avant !

Au fur et à mesure que les mois passent, de plus en plus de Géorgiens du bataillon 799 s'évadent et rejoignent la Résistance pendant que d'autres Géorgiens, fidèles aux Allemands font tout pour anéantir le maquis FTP de Mavaleix. Les attentats anti allemands seraient commis dans cette région par un groupe d'étrangers nommés M.O.I. (main-d'œuvre immigrée) mais aussi par les maquis communistes.

Les Allemands capturent les Géorgiens et les fusillent dans les bois de Notre-Dame de Sanilhac. Quelques mois après, en 1944, des maquisards viendront fusiller au même endroit dix soldats allemands, à titre de représailles... Un monument commémoratif a été élevé en cet endroit en 1946.

Près de 230 Géorgiens furent ainsi récupérés par la Résistance et parvinrent à Fumel puis à Montcabrier, et seuls ceux-là réussirent à s'en sortir, car les autres, désirant se cacher chez l'habitant, furent repris car les populations se méfiaient, craignant les provocateurs, et dénonçaient les fugitifs.

Ce n'est qu'en mai 1944 que les Allemands perdirent toute confiance dans ces Géorgiens. Hitler avait d'ailleurs signé l'ordre de créer des bataillons caucasiens à contre cœur, et sur l'insistance du professeur Öberlander, persuadé de la fidélité de ces hommes. Il devait, par la suite, le reprocher à ce soi-disant spécialiste du Caucase et de ses habitants.

Pour arrêter les désertions et par le message secret TA 6262/44 du 3 mai, le bataillon géorgien du Périgord fut muté très loin de là, au camp de Sissonne d'où il était très difficile de contacter la Résistance en raison de la situation du camp. Et pourtant on peut dire que la Résistance avait tout fait pour faire passer au maquis le plus de Géorgiens possible, désirant même que le bataillon 799 entier entre dans la Résistance !

Deux mois avant le débarquement, les maquis avaient reçu des armes, mais pas assez pour un grand nombre de soldats, aussi durent-ils limiter leurs opérations pour libérer les Géorgiens. Ceux-ci auraient pu déserter peut-être avec « armes et bagages », mais leur armement, d'origine soviétique, était du vieux matériel, avec des munitions en nombre limité, ceci pour une raison bien simple : la méfiance des Allemands pour les Géorgiens.

Soldat du *Bergkaukasien*. (DR.)

Soldier from Bergkaukasien. (DR.)

Soldats des *Osttruppen* de la colonne Wurzer. (Musée Militaire de Budapest, Tamas Baczoni.)

Osttruppen soldiers from the Wurzer column, (Military Museum of Budapest, Tamas Baczoni).

The Germans captured the Georgians and shot them in the Notre-Dame forest at Sanilhac. Several months later, in 1944, some Maquisards went to the same place to kill ten German soldiers, by way of revenge... A commemorative monument was erected on the site in 1946.

Almost 230 Georgians were thus recovered by the Resistance and they reached Fumel, then Montcabrier. Only these Georgians managed to escape, because the others wanting to hide among the local residents, were recaptured, as the locals mistrusted them, fearing the agitators and denounced the fugitives.

It wasn't until May 1944 that the Germans lost all confidence in these Georgians. Besides, Hitler had signed orders to create Caucasian battalions against his will and under the insistence of Professor Öberlander, was persuaded about these men's loyalty. He later reproached this so-called specialist on the Caucasus and its inhabitants.

In order to put a stop to these desertions and by secret message TA 6262/44 on the 3rd May, the Georgian Battalion at Périgord was posted far away, at the camp of Sissonne, from where it was very difficult to contact the Resistance due to the camp's location. It can nevertheless be said that the Resistance did everything in its power to make as many

Il aurait fallu attaquer les dépôts de munitions, ou recevoir du ciel des armes britanniques en masse, ce qui n'était pas le cas.

Deux personnages avaient participé activement aux évasions, d'abord la princesse Volkonski, qui avait fui le régime soviétique en 1918 et s'était établie en France. Bien que noble, elle n'hésita pas à aider les communistes. Elle accueillait résistants et fuyards dans son château. Toutefois son rôle à l'époque a été jugé ambigu par la suite. Puis, Samson Roche, nommé « Coco l'Ancien » qui faisait la distribution de tracts dans la caserne même des Géorgiens, était aidé dans cette dangereuse opération par un évadé russe, Chetagouroff. Les Allemands se méfiaient de plus en plus de leurs Géorgiens et le *Bataillon 799* fut désormais surveillé et très encadré par des officiers et des sous-officiers allemands.

C'est à cette époque que l'on va assister à une curieuse incursion de responsables soviétiques dans notre pays. Les ressortants russes « débarquèrent » très tôt dans les maquis FTP pour les galvaniser et les contrôler. Il s'agissait d'officiers venus d'URSS pour organiser et installer deux « états-major » stationnés en Corrèze, l'un à Tulle, l'autre à Cosnac près de Brive où ils visitèrent les maquis jusqu'à la libération.

Ils vont former des unités relevant directement de l'ambassade d'URSS à Paris (très vite arrivée dès le mois d'août 1944...) et Sacha Khetagorov sera investi du commandement de tous les Géorgiens de Corrèze dans les unités de Résistants. A la fin août 1944 on vit arriver dans de grosses voitures à étoile rouge, des officiers généraux, qui organisèrent avec une curieuse autorisation des Français, 70 camps de Géorgiens jouissant de l'extra territorialité!

Commence alors une situation assez extraordinaire. Les Géorgiens se livrent à des beuveries, des exactions, les populations se plaignent mais la police française est impuissante en raison des accords avec l'URSS. Les *Osttruppen* sont redevenus des Soviétiques et s'imaginent être les maîtres du pays. On est obligé de leur organiser une maison de tolérance, il y a des vols et des viols dans le pays et les officiers soviétiques n'hésiteront pas à fusiller des délinquants de chez eux pour calmer le jeu.

Georgians as possible join the Maquis, even wanting the whole Battalion 799 to enter the Resistance!

Two months before the landing, the Maquis had received weapons, though insufficient for such a large number of soldiers, so they had to restrict their operations to freeing the Georgians. Some were able to desert with their "weapons and luggage", but their weaponry of Soviet origin was old material with limited ammunition, for a quite simple reason: The Germans mistrust of the Georgians.

It was necessary to attack the ammunition depots or receive masses of British weapons from the sky, which never happened.

Two people actively participated in the escapes, firstly Princess Volkonski, who had fled the Soviet regime in 1918 and settled in France. Though she was a noble, she did not hesitate to help the communists. She received members of the Resistance and runaways in her castle. However, the role she played during the epoch was later judged ambiguously. Then, Samson Roche, named " Coco l'Ancien" who even distributed leaflets in the Georgian barracks themselves, was assisted in this dangerous operation by an escaped Russian, Chetagouroff. The Germans became more and more untrusting of their Georgians and Battalion 799 was henceforth highly supervised by the German officers and non-commissioned officers.

It was at that time when a curious incursion of Soviet officials arrived in the country. The resulting Russians "landed" very close to the FTP Maquis to stimulate their activities and control them. They were officers from the USSR, who had come to establish two "headquarters" stationed in Corrèze, one at Tulle and the other at Cosnac near Brive, where the Maquis were to visit them until the liberation of France.

They formed units reporting directly to the USSR Embassy at Paris (they were very quick to arrive after August 1944...) and Sacha Khetagorov was charged with commanding all the Georgians in Corrèze within the Resistance units. At the end of August 1944, general officers arrived in large cars carrying red stars; they organised with curious French authorisation, 70 camps of Georgians enjoying extra-territoriality!

Géorgiens devant leur Volkswagen. (photo A. Le Berre.)

Georgians in front of their Volkswagen, (photo: A. Le Berre)

Le lieutenant Evrard dit « lieutenant Bastien », responsable FTP, un des négociateurs avec son cousin Albert Roth dit « commandant Gérard », du ralliement des Arméniens de l'*Ost Legion* de Mende au maquis. (Collection R. Genest.)

Lieutenant Evrard, nicknamed "Lieutenant Bastien", responsible for the FTP; one of the negotiators with his cousin Albert Roth called "Commander Gerard", during the rallying of Armenians from the Ostlegion at Mende to the Maquis, (Collection R. Genest).

Souvent les préfets devront s'incliner devant les demandes exagérées des Soviétiques qui estiment que la France a souvent collaboré avec les Allemands.

Les Soviétiques ont continué à se considérer en pays conquis, les 37 autorités françaises locales ne voulant pas d'histoires avec l'ambassade soviétique à Paris... Nous sommes au début de l'année 1945.

Les Géorgiens de Tulle (1), dans le camp de Virevialle en particulier continueront leurs excès et s'en prendront quelquefois aux soldats allemands prisonniers au dépôt 123 de La Trémouille, tout près de là. Ils les insulteront, les traiteront en esclaves en les faisant travailler au camp de Virevialle où règne l'ivrognerie et la débauche.

En Haute Corrèze, des Géorgiens non enrégimentés traînent dans les campagnes, et commettent des vols. Cette fois c'est un commandant de la mission militaire soviétique de Paris qui demande aux gendarmes d'Ussel de les arrêter tous et de les emprisonner...

Début juillet 1945, après d'innombrables plaintes déposées par les populations françaises à propos des exactions commises, non plus par les Allemands, mais cette fois par les Russes ex *Osttruppen*, devenus ressortissants soviétiques, enrégimentés ou non, la réponse du Garde des Sceaux du 4 juillet 1945 est, en résumé, la suivante : « *Aucun accord avec les autorités françaises, anglo-américaines et soviétiques n'existe pour juger les auteurs de délits soviétiques sur le sol français* ». Ces pays doivent juger leurs propres délinquants dans leurs tribunaux nationaux... Rien ne sera fait en conséquence pour dédommager les victimes, même des années après.

Les anciens occupants des camps de « maquisards soviétiques » auront des destinées diverses, mais plusieurs seront indirectement punis de leurs méfaits sur le territoire français. En effet, très peu vont échapper au rapatriement en URSS. La France en renverra en URSS plus de 100 000, avec soulagement...

En 1944-1945, l'armée française va capturer près de 15 000 Soviétiques combattant auprès des Alle-

(1) L'équipement : blouson et pantalon de ski bleu marine et béret noir. Ceinturon allemand, boucle inconnue. Musette de toile beige en bandoulière et armement disparate. Brassard blanc au bras gauche avec probablement : « *Im Dienst der deutschen Wehrmacht* ».

Des officiers soviétiques en uniforme venus en France récupérer les « *Osttruppen* » des maquis, avec le lieutenant-colonel Peytavin, dit Ernest, chef des FFI de la Lozère, son épouse et le commandant Gardon, à Mende, juste après la libération. (Collection R. Genest.).

Soviet officers in uniform arrived in France to recover the Osttruppen from the Maquis, with lieutenant colonel Peytavin, named Ernest, chief of the Lozère FFI, his spouse and Commander Gardon, at Mende, just after the liberation, (Collection R. Genest).

Then a quite extraordinary situation began. The Georgians took to heavy drinking and though the population complained, the French police did nothing, because of the agreements with the USSR. The Osttruppen once again became Soviets and thought themselves to be among the country's masters. It was necessary to arrange a brothel for them; there were thefts and rape in the country and the Soviet officers did not hesitate to shoot their delinquents in order to calm down the game.

The prefects often declined the exaggerated demands of the Soviets, who esteemed that France had collaborated with the Germans on many occasions.

The Soviets continued to consider themselves to be in a conquered country and the 37 French authorities didn't want to get into trouble with the Soviet Embassy at Paris... It was the beginning of 1945.

The Georgians at Tulle (1), particularly those in camp Virevialle continued their excess and sometimes took German soldiers taken prisoner to dépôt 123 at Trémouille, not far away. There, they insulted them, treated them as slaves and made them work at camp Virevialle where drunkenness and debauchery reined.

In Haute Corrèze, the non-regimented Georgians trained in the countryside and committed rape. This time, it was a commander of the Soviet Military Mission from Paris who demanded the gendarmes from Ussel to arrest and imprison them all...

At the beginning of July 1945, following countless complaints made by the French population, regarding the acts committed, no longer by the Germans, but this time by the Russian ex-Osttruppen, become Soviet nationals, whether regimented or not. The response of the Keeper of the Seals on the 4th July 1945 was summarised as follows: "No agreement with the French authorities, Anglo-Americans or Soviets exists to judge those responsible for Soviet crimes committed on French soil." Each country should judge their own delinquents in their national courts... Consequently, nothing was done to compensate the victims, even years later.

The old residents of the "Soviet Maquisard" camps met with a variety of ends, but many were indirectly punished for their wrongdoings in French territory. In effect, very few escaped to be repatriated in the USSR. France sent more than 100,000 soldiers to the USSR, with relief...

In 1944-1945, the French Army captured almost 15,000 Soviets fighting for the Germans, 20,400 had deserted the German Army and 8,000 were regrouped in the French Resistance.

(1) Equipment: Navy blue shirt and ski trousers and a black beret. German belt, unknown buckle. Musette (French bagpipes) made of beige cloth slung over the shoulder and disparate weaponry. White armband on the left arm, probably with: "Im Dienst der deutschen Wehrmacht" ("In service of the German Wehrmacht") on it.

mands, 20400 avaient déserté l'armée allemande, 8 000 s'étaient regroupés dans la Résistance française.

Tous les Soviétiques quitteront la France, les derniers en 1947, et seront considérés en URSS comme « contaminés » par « leur séjour hors du système ». Ils passeront alors dans des camps de « rééducation ». Les uns seront fusillés ou pendus, les autres finiront dans les goulags, en déportation en Sibérie, où ils disparaîtront. Seuls ceux qui n'avaient pas porté l'uniforme allemand, et gagné les maquis FTP ou FFI, dès le début, et agi dans le sens et selon les ordres de Moscou, comme « taupes » déjà, dans l'armée allemande, s'en sont tirés avec l'aide et le témoignage des communistes français de la Résistance.

C'est ce vieux monsieur d'Objat, rencontré en 1979, qui a donné de cette période une opinion d'homme simple et de bon sens : « *Parmi les soldats russes ralliés par les Allemands, très peu furent enrôlés de force, ils se sont engagés par intérêt personnel. Quand l'étoile de l'Allemagne a pâli, rares sont ceux qui sont restés fidèles, il y en a eu toutefois des centaines. Les autres ont voulu "tourner leur veste", toujours par intérêt, quelques-uns par besoin de se faire pardonner, d'autres pour essayer de rester en France après, pour "services rendus à la Résistance". Les Soviétiques ont agi comme toujours. Il n'y eut pas trois catégories de gens, deux seulement: les fanatiques communistes infiltrés par Moscou dans les unités allemandes et passées au maquis, et puis les autres, les traîtres, à démolir* »....

Massif Central (Azerbaïdjanais)

(Témoignage de M. Jean Normand, de Sainte-Affrique, en Aveyron)

Il semble que les « Mongols » stationnés à Rodez, Millau et Mende aient été en réalité des Azerbaïdjanais, qui eurent très vite dans le département une réputation de grande férocité. Mais ils n'étaient pas tous de race asiatique et un des premiers déserteurs, qui se disait pianiste et Russe, parlait le français et « buvait comme un trou ». Un autre, de type asiatique, costaud et très sympathique, s'appelait Alemo Alexis Rakim.

Dans le maquis, ils se sont bien intégrés, ont participé aux corvées quotidiennes, l'Asiatique devait être un peu plus tard, tué au combat près de La Pézade, et nous en avons recueilli d'autres après la bataille de Saussac. Le capitaine de Genouillac dit Galiot, en fit une unité de combat qui se comporta très bien au cours d'une opération aux confins du Larzac contre les Allemands déjà rencontrés à La Pézade. Malheureusement, les commissions soviétiques arrivées après le débarquement de Provence en août 1944 « ramassèrent » tous les Azerbaïdjanais qui avaient servi au maquis et les emmenèrent à Bourges. Ils sont tous passés en cour martiale, deux seulement ne furent pas fusillés, car selon le colonel Alvernhe, ils seraient devenus officiers de liaison de l'armée soviétique! Ces deux-là devaient être des « taupes » envoyés pour espionner les maquis.

En Aveyron, les *Osttruppen* étaient surtout composés de soldats soviétiques raflés dans les camps de prisonniers, la plupart des Asiatiques, Azerbaïdjanais, Turkmènes et Ouzbeks. Il y avait aussi des Arméniens et des Géorgiens. Tous étaient conscients de se trouver promis à la fusillade si l'Allemagne perdait la guerre et aux représailles certaines des staliniens victorieux, donc aucune issue!

Le contact avec ces Russes est pris par l'intermédiaire de Raymond Chauliac et de Clément de Brauwer dit Valère. On a joint trois sous officiers de la légion d'Azerbaïdjan cantonnée à Rodez, de façon à organiser la révolte des recrues russes contre leurs

Des *Osttruppen* se sont évadés de la prison de Pont Château au début de 1943 et sont entrés dans la Résistance. On en voit deux sur la photo avec des FTP. (Photo A. Le Berre.)

The Osttruppen escaped from the prison of Pont Château at the beginning of 1943 and joined the Resistance. Two can be seen in the photo with the FTP, (Photo: A. Le Berre).

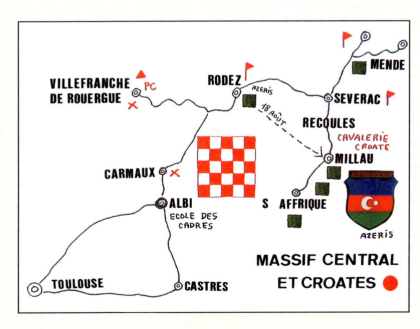

Carte de la région du Massif Central où se sont déroulés les événements avec les Croates de Villefranche de Rouergue.

Map of the Massif Central region, where the events with the Croatians from Villefranche de Rouergue took place.

En mai 1945, les officiers soviétiques sont venus défiler à Toulouse pour récupérer des *Osttruppen* passés au maquis et les juger. (Photo Jef.)

In May 1945, the Soviet officers came to parade at Toulouse and to recover the Osttruppen who had joined the Maquis and to judge them, (Photo: Jef).

maîtres allemands. L'état-major du maquis FFI leur assure que leur unité est une force officielle française et non pas une bande de combattants isolés. Il faudra être très prudent, prévoir d'habiller et d'équiper les transfuges azerbaïdjanais. Le 15 août, un agent de liaison interprète entre les FFI et les Azerbaïdjanais est arrêté par les Allemands, il sera fusillé le 17 août 1944 à Sainte-Radegonde.

La capture de l'agent va entraîner l'échec de la révolte, la troupe est désarmée, Rodez encerclée. Une cour martiale est constituée, par le capitaine Lieb chef du bataillon, avec le lieutenant Hastreitter juge et deux adjudants assesseurs. Quatorze sous-officiers et cinq officiers, tous Azerbaïdjanais, seront condamnés à mort. Pendant le transport vers le lieu de la fusillade, les condamnés se jettent sur leurs gardiens, cinq seront tués, mais tous les autres réussiront à s'enfuir !

En représailles, les Allemands arrêtèrent tous les cadres de la légion, soixante furent fusillés, quelques-uns purent s'échapper.

C'est le percepteur de Rodez qui, le 17 août, va conduire ces fuyards au maquis de Bozoul. On découvrira les cadavres des Azerbaïdjanais fusillés un peu plus tard, du côté de Burloup.

Plusieurs groupes originaires d'URSS se trouvaient en France durant la 2ᵉ Guerre mondiale et prirent part à la Résistance au cours de l'occupation, dans les maquis FTP.

Several groups originating from the USSR found themselves in France during the 2nd World War and took part in the Resistance during occupation, in the FTP Maquis.

All the Soviets left France, the last in 1947, who were considered in the USSR to be "contaminated" by for their "stay outside of the system." They were then sent to "re-education" camps. Some were shot or hung, others ended up in the gulags (forced work camps), were deported to Siberia, or disappeared. Only those who had never worn the German uniform and had acquired the FTP or FFI Maquis uniforms from the beginning and acted in the same direction as and according to Moscow's orders, already as "moles" within the German Army, managed to get out of the situation with the help of witnesses from the French communists of the Resistance.

An old man from Objat, found in 1979, gave this period the opinion of a simple man with good common sense: "Among the Russians soldiers rallied by the Germans, very few were enlisted forcefully; they enlisted out of personal interest. When the star of Germany faded, those remaining loyal were rare, however numbering hundreds. The others wanted to "turn jacket", always out of interest, some because they needed to be pardoned, others because they wanted to remain in France afterwards for "services rendered to the Resistance". The Soviets acted as they always do. There were not three categories of people, but rather just two: Communist fanatics infiltrated by Moscow into the German units and passed over to the Maquis and the others, traitors, to be destroyed"...

Massif Central (Azerbaijanis)

(Testimony of Mr Jean Normand, from Sainte-Affrique, in Aveyron)

It appears that the "Mongols" stationed at Rodez, Millau and also Mende were actually Azerbaijanis, who very quickly earned a reputation of great ferocity in the department. But they were not all of Asian origin and one of the first deserters was said to be a Russian pianist, spoke French and "drank like a well". Another, of Asian type, well built and very pleasant, was called Alemo Alexis Rakim.

In the Maquis, they integrated well, participating in the daily chores. The Asian was later killed in combat near La Pézade, and we have gathered together similar tales after the Battle of Saussac. Captain Genouillac called known as Galiot, created a combat unit that performed very well during an operation that took place within the confines of Larzac against the Germans already encountered at La Pézade. Unfortunately, the Soviet commissions arrived after the landings in Provence in August 1944, gathered together all the Azerbaijanis who had served the Maquis and took them to Bourges. They all passed before a Court Marshal, only two were not shot, as according to Colonel Alvernhe, they were to become liaison officers in the Soviet Army! These two were to be the "moles" sent to spy on the Maquis.

At Aveyron, the Osttruppen were mostly composed of Soviet soldiers snatched from the prison camps, the majority of them Asians, Azerbaijanis, Turkmen and Uzbeks. There were also some Armenians and Georgians. They were all aware that they would find themselves before the firing squad if Germany lost the war and be certainly avenged by victorious Stalinians with no way of escape!

Contact was made with these Russians through the intermediaries Raymond Chauliac and Clément de Brauwer known as Valère. Three non-commissioned officers from the Azerbaijani Army were gathered together, limited to Rodez, in order to organise the revolt of Russian recruits against their German masters. The FFI Maquis headquarters assured them that their unit was officially a French force and not just a band of isolated fighters. They had to be very prudent and anticipate the clothing and equipment of the Azerbaijani deserters. On the 15th August, the

- Le drame de Sainte-Radegonde :

Les Azerbaïdjanais étaient arrivés à Rodez en 1942 dès le débarquement des Américains en Afrique du Nord. Ils faisaient partie d'une troupe allemande estimée à 3000 hommes, dont 700 Azerbaïdjanais. Ces derniers semblent peu « germanisés » et l'on devine vite que la désertion est souhaitée par la plupart d'entre eux. Ils disent avoir été recrutés par la force ou pour échapper aux misères et à la mort dans les camps.

Aucun ne dira qu'il était vraiment un volontaire. Ils souhaitent surtout être faits prisonniers par les Américains et craignent les représailles des soviets, qui ne leur pardonneront pas leur « engagement » dans la *Wehrmacht*.

Les Azerbaïdjanais ont l'air paisibles et dociles, et ils ne provoqueront aucun désordre dans la population ruthénoise. Musulmans, ils ne buvaient pas d'alcool et des imams et des mollahs surveillaient leurs faits et gestes, selon les habitants de Rodez. Un bataillon stationnait à Rodez, un autre à Mende et un autre à Millau.

Le bataillon de Rodez était à 5 compagnies dont une « d'ouvriers, une de réserve et une d'éclopés ». Les cadres avaient été formés à Albi.

Au printemps 1944, plus de mille hommes quittèrent Rodez pour aller combatte les partisans de la Résistance au nord de la Lozère et dans le Cantal, munis de matériel lourd. Ils y perdirent tellement de soldats que leurs chefs demandèrent vengeance en faisant fusiller des otages à la caserne Burloup de Rodez.

C'est à l'annonce du succès du débarquement allié en Provence que les Azerbaïdjanais se révoltèrent et les fusillades commencèrent, les trois premières eurent lieu à la butte Sainte-Radegonde. Un Azerbaïdjanais connu pour ses menées pro communistes, Fuha Ogli Bayram, de Bakou, fut jugé et fusillé lui aussi le 18 juillet 1944, devant les autres, pour l'exemple.

Par contre, deux Azerbaïdjanais qui avaient perpétré des vols et des viols à Périgueux, Arbana et Abdoullah, furent graciés, curieusement ; on a dit qu'ils avaient dénoncé les autres. Quelques semaines après, dix-neuf Azerbaïdjanais furent fusillés aussi.

Les otages, qui avaient été pris pour venger la mort des soldats allemands au cours de la bataille dans le nord de la Lozère, furent condamnés à mort, non par les autorités locales allemandes qui n'auraient pas osé à cause du grand nombre de maquisards dans les environs, mais par le commandement de l'OKW en haut lieu, en raison de la croissance des attentats des Résistants.

Les 30 otages furent rassemblés et entonnèrent la Marseillaise. Ils furent massacrés à la mitraillette et achevés au revolver.

Le 20 août 1944, la colonne allemande qui se retirait vers le nord dans la vallée du Rhône avait 5 km de long de convoi motorisé. Elle avait déjà été attaquée à la sortie de Rodez. A 17 km d'Alès, les avions américains lui infligèrent de lourdes pertes et bien des Azerbaïdjanais en profitèrent pour fuir, en chemise, dans les forêts alentour.

Le 30 août, la Résistance attaquait ce qui restait de cette colonne et la détruisait entièrement, 400 Azerbaïdjanais avaient disparu en cours de route. Quelques officiers, dont le colonel Steuber et le commandant Reisener se rendirent à une unité de chars américains dans l'Ardèche, drapeau blanc à la main.

Cette reddition n'empêcha pas la fusillade de soixante Azerbaïdjanais (et autant d'Arméniens) venus du Sud et qui s'étaient joints à la colonne Steuber en cours de route. Ils furent exécutés par les FFI de liaison-interpreter between the FFI and the Azerbaijanis was arrested by the Germans and was shot on the 17th August 1944 at Sainte-Radegonde.

The capture of the agent led to the revolt's failure, the troop was disarmed and Rodez was surrounded. A Court Marshal was constituted by Captain Lieb, chief of the battalion, with Lieutenant Hastreitter as judge and two adjunct assessors. Fourteen non-commissioned officers and five officers, all Azerbaijanis, were condemned to death. During their transportation to their place of execution, the condemned threw themselves on their guardians; five were killed, but all the rest managed to escape!

In revenge, les Germans arrested all the officers of the legion; sixty were executed by firing squad and some managed to escape.

On the 17th August, the tax collector of Rodez took the runaways to the Maquis of Bozoul. The bodies of the Azerbaijanis were found shot shortly afterwards, near Burloup.

- The drama of Sainte-Radegonde:

The Azerbaijanis arrived at Rodez in 1942 after the American landings in North Africa. They formed part of a German troop estimated at 3,000 men, including 700 Azerbaijanis. The latter appeared to be poorly "Germanised" and it quickly became known that the majority of them wanted desert. They said they had been recruited forcefully or to escape from misery and death in the camps.

None of them claimed to be a real volunteer. They desired overall to be taken prisoner by the Americans and feared reprisals from the Soviets, who would never forgive them for their "enlistment" in the Wehrmacht.

The Azerbaijanis had a peaceful and docile air and did not provoke disorder among the local population. As Muslims, they didn't drink alcohol and their Imams and Mollahs supervised their actions and gestures towards the inhabitants of Rodez. One battalion was stationed at Rodez, one at Mende and another at Millau.

The Rodez battalion had five companies, including one of labourers, one reserve company and a lame company. The officers had been trained at Albi.

In spring 1944, more than a thousand men left Rodez to fight the Resistance partisans in northern Lozère and Cantal, equipped with heavy material. They lost so many soldiers there that their chiefs sought vengeance by shooting the hostages at the Burloup barracks at Rodez.

With the news of the successful Allied landing in Provence, the Azerbaijanis revolted and the fusillades began, the first three days taking place at the hill of Sainte-Radegonde. An Azerbaijani known for his pro-communist intrigues, Fuha Ogli Bayram, from Baku, was also judged and shot on the 18th July 1944, in front of the others, by way of an example.

On the other hand, two Azerbaijani who had perpetrated rape and robbery at Périgueux, Arbana and Abdoullah, were curiously pardoned; it was said that they had reported the others. Some weeks later, nineteen more Azerbaijanis were rifled.

The hostages, who had been taken in vengeance for the death of the German soldiers over the course of the battle in northern Lozère, were condemned to death, not by the local German authorities, who would not have dared to do so, due to the large number of Maquisards in the region, but rather by the commandment of the OKW in headquarters, because of the belief in Resistance attacks.

The 30 hostages were gathered together and broke out singing the Marseillaise. They were massacred

Partisans arrivant dans un village du Massif Central.

Partisans arriving in a Massif Central village.

l'Ardèche le 3 Septembre 1944 à Vals-les-Bains, pour pillages et incendies dans leur fuite vers la vallée du Rhône.

Les otages de Sainte-Radegonde étaient vengés (2).

Massif Central (Arméniens)

(Archives départementales de Rodez)

Il semble qu'il y ait eu, dans les garnisons de Rodez et de Mende, quelques Arméniens qui se sont faits incorporer dans les unités locales et provenant de bataillons disloqués après le débarquement allié du 15 août 1944 dans le Var. En effet, début juin 1944, déjà, avant l'arrivée des Alliés dans le Midi, sept Arméniens évadés de Mende parvenaient dans une unité de maquisards. Un résistant français, nous dit le texte, dont la mère est Arménienne et parle la langue, va permettre à son fils, le « capitaine Victor » de son vrai nom Victor Gardon, de prendre contact avec la garnison de Mende. Victor vient de Saint-Martial, chargé de mission par le colonel Cheval du Comité National de la Résistance (CNR) avec Rouvre comme président du M.U.R. pour l'Auvergne. Un comité secret est alors organisé au café Receveur, où tout le monde est « dans le coup ». Ce comité est dirigé par des Arméniens, en particulier le commandant Kazarian.

Le 23 juin 1944, il est question de faire déserter tous les Arméniens de la garnison de Mende, à l'occasion d'une attaque des Allemands par les FTP. Comme bien souvent, une taupe semble avoir parlé et les Allemands surveillent tous les militaires de la garnison. Le 4 juillet, les légionnaires suspectés passent au maquis ; ils sont plus de 150, avec leurs armes, bon appoint pour la Résistance. On prévoit alors une désertion beaucoup plus large et l'appui FTP est prêt dans les bois de La Loubière.

Il est question maintenant de tuer tous les officiers allemands de la garnison, qui habitent en ville. Les FTP devront faire sauter l'Hôtel de Paris où se trouve la *Kommandantur* et s'empareront des armes et des munitions. Mais si la révolte d'une unité arménienne a bien réussi dans le Tarn, la population civile de Mende risque de subir des représailles regrettables. On abandonne le projet, et les Arméniens sont

(2) La Brigade Nord Africaine débuta en surveillant les usines de Sochaux, en tant que vigiles. A la suite d'incidents avec les ouvriers, ils seront renvoyés et remplacés par des Français.

with machine-guns and finished off with revolvers.

On the 20th August 1944, the German column retreating northwards along the Rhone Valley had a 5 km long motorised convoy. It had already been attacked when leaving Rodez. At 17 km from Ales, the American aircraft inflicted heavy losses on them and many Azerbaijanis took advantage of the situation to flee in their shirts, into the surrounding forests.

On the 30th August, the Resistance attacked what was left of this column and destroyed it completely; 400 Azerbaijanis had disappeared along the way. Some officers, including Colonel Steuber and Commander Reisener surrendered to an American tank unit in the Ardèche, with white flags in their hands.

This surrender didn't prevent the execution of sixty Azerbaijanis (and as many Armenians) who had come from the south and had joined Colonel Steuber along the way. They were executed by the Ardèche FFI on the 3rd September 1944 at Vals-les-Bains, for pillages and fires during their flight towards the Rhone Valley.

The Sainte-Radegonde hostages were avenged (2).

Massif Central (Armenians)

(Rodez departmental archives)

There appear to have been, among the garrisons at Rodez and Mende, some Armenians who became incorporated into the local units and who came from battalions disbanded after the Allied landing of the 15th August in the Var. In effect, at the beginning of June 1944, the Allies had already arrived in the Midi; seven Armenians escaped from Mende reached a Maquisard unit. A French Resistant, as the text tells, his mother being Armenian and speaking the language, allowed her son, "Captain Victor", whose real name was Victor Gardon, to make contact with the garrison at Mende. Victor came from Saint-Martial, charged with the mission by Colonel Cheval from the Comité National de la Resistance (CNR), with Rouvre as president of the M.U.R. for Auvergne. A secret committee was then organised at Café Receveur, where everyone was "in the know". This committee was led by the Armenians, particularly commander Kazarian.

On the 23rd June 1944, the plan was to make all the Armenians of the Mende garrison desert, taking opportunity of a German attack by the FTP. As often happens, a mole appears to have spoken and the Germans were surveying all the soldiers in the garrison. On the 4th July, the suspected legionnaires passed to the Maquis; there were more than 150, with weapons, a good contribution to the Resistance. Hence a much larger desertion was predicted and support was offered to the FTP in the forests of La Loubière.

It then remained to kill all the German officers of the garrison, who lived in the town. The FTP was supposed to blow up the Hôtel de Paris where the Kommandantur was staying and to seize the arms and ammunition. However, though the revolt of an Armenian unit had worked well in the Tarn, the civilian population of Mende risked suffering unfortunate revenge attacks. The project was abandoned and the Armenians were obliged to desert in small groups, when departing for Bleymard and Villefort. When the column reached the Ardèche, there were hardly any Armenian legionnaires left. Unfortunately, some were recaptured and shot, including the doctor Georges Akobschanian, Ruben Sarkisian, Akob Akobdian and Babken Ghasarian.

(2) The North African Brigade began by surveying the factories of Sochaux, as guards. After a series of incidents with the workers, they were dismissed and replaced by the French.

obligés de déserter par petits groupes, lors du départ vers le Bleymard et Villefort. Quand la colonne arrivera dans l'Ardèche, il ne restera guère de légionnaires arméniens. Malheureusement, certains seront repris et fusillés, comme Georges Akobschanian, médecin, Ruben Sarkisian, Akob Akobdian et Babken Ghasarian.

D'autres s'enfuient, au dernier moment, ce que leur reprocha le commandant Kazarian, qui les traita de « partisans de la dernière heure »… C'est le cas des Arméniens de Chanac, récupérés par les FFI le 10 août 1944.

Ayant formé le 1er régiment « partisan soviétique arménien », le commandant Kazarian a été félicité et cité, à Nîmes à la libération du Gard, par le général Zeller, commandant la 16e région militaire, et aussi par le général de Gaulle.

Personne ne nous a dit ce qu'ont fait les Russes en voyant arriver en URSS, et en grande pompe, cette unité des partisans soviétiques. Les Azerbaïdjanais récupérés et regroupés à Bourges, eux, avaient été jugés, condamnés à mort et exécutés…

Mais ils n'avaient pas eu l'idée de s'organiser en régiment de partisans soviétiques et la chance d'être félicités par des grands généraux français…

Massif central (« Croates »)

(Témoignage de M. Paul Gayraud, *Revue du Rouergue*).

Le 14 août 1943, une troupe de deux cent trente hommes débarquait à Villefranche-de-Rouergue, en Aveyron. Il s'agissait d'un premier échelon de soldats « croates » ou plus exactement, pour la plupart, Musulmans bosniaques, des pionniers du Génie et encadrés par des SS. Quelques jours avant, un train d'une vingtaine de wagons avait amené du matériel venant de Millau, ainsi qu'une cinquantaine de Croates pour installer le cantonnement. Nous avons appris que le poste de commandement était à Mende, et que les autorités allemandes désiraient loger à Villefranche près de 2 500 hommes, 36 officiers et 250 chevaux. Un colonel de l'armée allemande, Oskar Kirchbaum, commandait l'unité, était Croate, non musulman et avait comme subalternes des officiers croates et un seul allemand.

Les sous-officiers traitaient rudement les soldats, à coups de bottes et semblaient mépriser les hommes qui n'étaient pas de vrais SS, mais de « race inférieure ». Des cavaliers croates se trouvaient autour de la ville, à Recoules, à Lapanouse, Séverac Gare et Séverac Le Château. Il y eut assez peu d'exactions commises par ces troupes à part deux « passages à tabac » de citoyens innocents ou pour des motifs futiles.

Le maire de Villefranche, ancien combattant de 14-18 et lieutenant-colonel de réserve parlant couramment l'allemand, inspirait beaucoup de respect aux Allemands et aux Croates, aussi fut-il tenu au courant par un médecin militaire allemand de ce qui venait de se passer dans la nuit. En effet, la population avait entendu des coups de feu et on avait vu des soldats SS traîner un cadavre de Croate dans la rue.

On apprit bientôt que les Croates s'étaient révoltés et qu'ils avaient assassiné cinq officiers! Des coups de feu continuaient à être tirés dans la ville, et les Allemands avaient téléphoné à Rodez pour demander des renforts, qui arrivèrent bientôt par camions entiers. Les mutins n'avaient pas tué tous les sous-officiers, laissant des hommes entraînés à la guerre et risquant ainsi de mater la révolte. Quand les Allemands arrivèrent, ils crurent à une collusion entre les mutins et les Villefranchois et ramassèrent des otages. Le maire réussit à parlementer avec le chef du régiment croate car il était arrivé en hâte, venu de Mende en urgence, le bruit ayant couru dans cette ville voisine que la population était complice des mutins à Villefranche

Photo datant d'octobre 1944 montrant les lieutenants Gregor Nardonov, à gauche, Nicolas Kostuchenko, à droite et au milieu, un jeune gradé des maquis. (Collection privée.)

Photo dating back to October 1944 showing Lieutenants: Gregor Nardonov to the left; Nicolas Kostuchenko to the right; and a young graded Maquis in the middle, (Private collection)

Some others ran away at the last minute and were criticised by Commander Kazarian, who treated them as "last minute partisans"… This was the case for the Armenians of Chanac, recaptured by the FFI on the 10th August 1944.

Having formed the 1st "Armenian Soviet partisan" Regiment, Commander Kazarian was congratulated and cited at Nîmes at the liberation of Gard, by General Zeller, commander of the 16th Military Region and also by General de Gaulle.

Nobody has ever told what the Soviet partisans did when they saw this unit of Soviet partisans arrive in the USSR with great pomp and circumstance. The Azerbaijanis recaptured and regrouped at Bourges, were judged, sentenced to death and executed…

But they hadn't thought of organising themselves into a group of Soviet partisans and the chance of being congratulated by the great French Generals…

Massif Central (Croatians)

(Testimony of Mr Paul Gayraud, Revue du Rouergue).

On the 14th August 1943, a troop of two hundred and thirty men disembarked at Villefranche-de-Rouergue, in Aveyron. They were first rate "Croatian" soldiers who, more exactly were mostly Bosnian Muslims, pioneer engineers supervised by the SS: Several days beforehand, a train of about twenty wagons had arrived carrying material from Millau, together with some fifty Croatians to establish the barracks.

Photographie du capitaine Roustamov, commandant le détachement de Russes de Velars sur Ouche en Côte d'Or, qui établissait des certificats d'appartenance à la Résistance, dont celui de Idris Gachimov, qui a été contresigné par le chef des FFI du département de l'Aveyron. (Pièces adressées au Dr. Borsarello par le Musée de la Culture de Bakou, Azerbaïdjan, par Emin Aliev et Maya Gabihrova)

Photograph of Captain Roustamov, commanding the detachment of Russians from Velars at Ouche in Côte d'Or, where they implemented Resistance membership certificates; Idris Gachimov's certificate was countersigned by the chief of the FFI of the Department of Aveyron, (Pieces addressed to Dr. Borsarello at the Museum of Culture of Baku, Azerbaijan, by Emin Aliev and Maya Gabihrova).

Après une loi martiale qui ne fut appliquée que peu de temps et des perquisitions dans un grand nombre de maisons qui ne montrèrent rien d'anormal, le calme revint pour la population. Par contre, les mutins furent punis, on en vit plusieurs cravachés, d'autres tués sur le bord des chemins, les témoins parlent d'une quarantaine. Un peu plus tard, on en vit fusillés, dans un pré, non loin du cimetière, où ils furent enterrés. La fosse commune aurait reçu soixante ou soixante-dix cadavres.

Les Croates, attachés, et « la tête dans un sac pour masquer les meurtrissures » avaient été vus, menés à la fusillade, ils portaient de telles blessures que le maire fut persuadé qu'ils avaient été torturés. D'ailleurs des gamins cachés derrière des buissons racontèrent qu'ils étaient là lorsque des Croates, attachés à des poteaux, avaient été torturés. Ils en tremblaient en retraçant les scènes terribles qu'ils avaient vues.

Les SS quittèrent la ville le 2 octobre après avoir pris congé du maire avec toutes les politesses possibles. C'était encore le temps où les ordres très supérieurs obligeaient les militaires à ménager les susceptibilités des Français. Les grands drames, Oradour, Ruines, Marsoulas, Figeac, n'eurent lieu que neuf ou dix mois plus tard.

Quelques Croates avaient réussi à s'échapper, près d'une centaine que la Résistance du pays parvint à retrouver et à cacher dans des familles sûres. Certains avaient gardé leurs armes. En 1944, une personnalité croate, venue par la Suisse, soit disant pour avoir des nouvelles des évadés, parut suspecte à la population. On ne sut jamais s'il était un représentant du maréchal Tito ou un membre de la Gestapo… Il a très vite disparu.

Les mutins fusillés, mal enterrés, sentaient très mauvais et le maire dut le signaler à la *Kommandantur* de Rodez, qui envoya des soldats pour répandre sur la fosse de la chaux vive et de la terre. On a pensé, après cette mutinerie que des éléments communistes auraient infiltré des Croates de Villefranche, mais aussi tous les Croates du Massif Central, grâce des communistes français de la Résistance.

Les mutins assassinés par les Allemands ne reposent plus dans une fosse commune sans aucune marque de leur sacrifice. En 1944, le nouveau maire de Villefranche-de-Rouergue a demandé au préfet l'autorisation d'exhumer les corps des fusillés afin de leur donner une sépulture plus correcte dans le cimetière. La Croix Rouge yougoslave, qui a appris cette manifestation de respect pour des martyrs croates, a désiré faire rechercher les noms des fusillés, ce qui ne sera jamais fait. En 1951 enfin, le Ministère des Anciens Combattants se porte acquéreur du terrain et un monument est érigé par les Yougoslaves, qui ont obtenu l'exterritorialité de cet emplacement.

Massif central : Mouvements des Osttruppen et stationnements dans quelques localités

(Musée de la Résistance de Rodez, *Journal de Marche* du général allemand von Brodowski, du 12 avril 1944).

- Mouvements des troupes :
15/4/44 au 3/5/44 :

Une compagnie de Géorgiens (bataillon 799) attaque des résistants, il s'agit de la 4ᵉ compagnie du bataillon, le combat a eu lieu près de Tulle. Mais le bataillon n'est pas sûr et il y eut des désertions et passage à l'ennemi. L'unité sera bientôt retirée et transférée au camp de Sissonne dans l'Aisne où se trouve déjà le 782ᵉ bataillon du Turkestan.

We have discovered that the commanding post was at Mende and that the German authorities wanted to lodge at Villefranche almost 2,500 men, 36 officers and 250 horses. A colonel of the German Army, Oskar Kirchbaum, in command of the unit, was Croatian, non-Muslim and had Croatians and one sole German for subaltern officers.

The non-commissioned officers treated the soldiers rudely, kicking them and appeared to misunderstand these men who were not really SS; but rather an "inferior race". The Croatian cavalry found itself in the vicinity of the village, at Recoules, Lapanouse, Séverac Gare and Séverac Le Château. There have been very few extortions committed by these troops, except for two "beatings" of innocent citizens, or for futile motifs.

The mayor of Villefranche, First World War veteran and reserve Lieutenant Colonel spoke fluent German and inspired a lot of respect among the Germans and Croatians, was also kept up-to-date by a German military doctor about what had just happened during the night. In effect, the population had heard gunshots and seen SS soldiers dragging a Croatian body along the street.

It was soon discovered that the Croatians had revolted and assassinated five officers! Gunshots continued to be heard in the town and the Germans telephoned Rodez to ask for reinforcements, which soon arrived in their truckloads. The mutineers had not killed all the non-commissioned officers, leaving those well practiced in war and risking the revolt being stamped out. When the Germans arrived, they believed a collusion had taken place between the mutineers and the people of Villefranche, and they took hostages. The Mayor managed to speak to the Chief of the Croatian Regiment, as he had hastily arrived from Mende to deal with the emergency, the news having travelled fast that the inhabitants of this neighbouring village had been accomplices to the mutiny at Villefranche.

After Marshal Law, which was only enforced for a short period and searches carried out in a great number of houses, with nothing out of the ordinary being found, peace returned to the population. However, the mutineers were punished: some were whipped; others were killed by the roadside; and witnesses estimated the number to be about forty. Shortly afterwards, they were seen shot, in a meadow not far from the cemetery, where they were buried. The common grave must have contained sixty or seventy bodies.

The Croatians, tied up and "with their heads in bags to prevent them from seeing the killers", were observed being taken to the firing squad; they had so many injuries that the Mayor was convinced that they had been tortured. Moreover, the children hiding behind the bushes said that they were there when the Croatians were tied to posts and tortured. They trembled while describing the terrible scenes that they had witnessed.

The SS left the town on the 2nd October, after having taken leave of the Mayor, with all possible politeness. It was still the time when very superior orders obliged the soldiers to treat French touchiness gently. The great dramas, such as Oradour, Ruines, Marsoulas and Figeac, didn't take place until nine or ten months later.

Some Croatians had managed to escape, about a hundred, who wer found by the Resistance and hidden in safe families. Some had even kept their weapons. In 1944, a Croatian personality, arrived from Switzerland, fell under the suspicion of the population; it is said that he sought news about the recent escapees. It was never known whether he was a representative of Marshal Tito or a member of the Gestapo… He quickly disappeared.

6/6/44 :

Trois compagnies de Tatars de la Volga en provenance de Saugues (près du Puy) ou du camp de Souges en Aquitaine, du groupe tactique a attaqué les résistants dans une grande opération de pacification avec la Compagnie du 95e régiment de sécurité de la région de Rodez.

28/6/44 :

Trois compagnies de Tatars de l'EML 995 sont implantées au Puy et trois compagnies d'Azerbaïdjanais à Saint-Flour dans le Cantal.

13/7/44 :

Une compagnie d'Arméniens est attaquée par les résistants à Langone, à 35 km du Puy. Seuls quelques soldats seront retrouvés vivants par les Tatars de la Volga arrivés en renfort.

15/7/44 :

Les résistants attaquent un train à Retournac et font de nombreux Tatars prisonniers.

30/7/44 :

Un officier et soixante-dix-huit Tatars passent à l'ennemi, la légion est alors retirée du combat et encasernée.

1/8/44 :

La légion Tatar est transférée à Issoire près de Clermont-Ferrand.

8/8/44 :

Une colonne d'Azerbaïdjanais est attaquée à Lampde, à 14 km de Brioude.

18/8/44 :

Les Tatars de la Volga transférés au Puy et ensuite à Saint-Etienne dans le département de la Loire. Seuls les éléments considérés comme sûrs vont être envoyés à Guéret dans la Creuse contre les partisans. Le compte rendu du 15/8/44 adressé à Paris considère que même les éléments « sûrs » ne résisteront pas longtemps aux centaines de partisans sénégalais FFI (Il y en eut quelques-uns en effet).

Toutes ces unités qui faisaient partie de la division du général Dombrowski feront retraite vers Dijon, point de rencontre des unités en route pour l'Allemagne. Elles y arriveront le 25 août après de nombreuses pérégrinations à cause des *Osttruppen* qui déserteront, malgré la surveillance des voies ferrées par les Cosaques du 615e bataillon.

Ce qui reste de la division rencontrera les chars américains à Grenant et poursuivra sa route vers l'Allemagne. Paris a été libéré entre-temps.

- Stationnements :

Le Puy (Haute Loire) : 3 compagnies de Tatars:

Verband Stab 995

Fg Truppe 993

1re batterie d'artillerie 28e bataillon

Saint-Flour (Cantal) : *Regiments-Stab 1000* et 1er et 2e bataillons de ce régiment

2e batterie d'artillerie du 28e bataillon et le bataillon 11 du régiment 95

3 compagnies d'Azerbaïdjanais

Gers

(*Le Correspondant du Gers*, Guy Labédan, Institut d'Histoire du Temps Présent).

La participation des Soviétiques issus des camps de prisonniers allemands a été très modeste dans le Gers, et ces soldats qui avaient porté la tenue de prisonnier puis l'uniforme des Russes servant dans l'armée de Hitler, n'avaient pas toujours des facilités pour s'intégrer dans les maquis.

The mutineers who had been shot and poorly buried, smelt very badly and the Mayor had to mention it to the Kommandantur of Rodez, who sent some soldiers to scatter quicklime and soil over the grave. After this mutiny, it was believed that communist elements had infiltrated the Croatians of Villefranche as well as all the Croatians of the Massif Central, thanks to the French communists of the Resistance.

The mutineers assassinated by the Germans did not remain in a common grave with nothing to mark their sacrifice. In 1944, the new Mayor of Villefranche-de-Rouergue asked the prefect for authorisation for the exhumation of the shot bodies in order to give them a correct burial in the graveyard. The Yugoslav Red Cross, which had learned about this show of respect for the Croatian martyrs, wanted to investigate the names of those shot, though the task was never carried out. Finally, in 1951, the Ministry of War Veterans purchased the land and a monument was erected by the Yugoslavs, who had obtained extra-territoriality of the site.

Massif Central: Osttruppen movements and stationing in specific areas

(Resistance Museum of Rodez, Marching Journal of the German General von Brodowski, 12th April 1944).

- Troop movements:

15/4/44 to 3/5/44:

A company of Georgians (Battalion 799) attacked members of the Resistance; it was the 4th company of the battalion and the combat took place close to Tulle. However, the battalion was not secure and desertions and defections to the enemy occurred. The unit was soon withdrawn and transferred to the camp and Sissonne in Aisne where the 782nd Turkistan Battalion was already to be found.

6/6/44:

Three companies of Volga Tatars coming from Saugues (near Puy) and the camp at Souges in Aquitaine, from the tactical group attacked the Resistance in a large pacification operation with a Company from the 95th Security Regiment in the Rodez region.

28/6/44:

Three companies of Tatars from the EML 995 were implanted at Puy and three Azerbaijani companies at Saint-Flour in Cantal.

13/7/44:

A company of Armenians were attacked by the Resistance at Langone, 35 km from Puy. Only a few soldiers were found alive by the Volga Tatars arriving as reinforcements.

15/7/44:

The Resistance attacked a train heading for Retournac and took numerous Tatars prisoner.

30/7/44:

An officer and sixty-eight Tatars defected to the enemy and the legion was hence withdrawn from combat and confined to barracks.

1/8/44:

The Tatar Legion was transferred to Issoire near Clermont-Ferrand.

8/8/44:

A column of Azerbaijanis was attacked at Lampde, 14 km from Brioude.

18/8/44:

The Volga Tatars were transferred to Puy and then to Saint-Etienne in the Loire department. Only the elements considered to be safe were sent to Guéret in Creuse against the partisans. The situation rapport of 15/8/44 addressed to Paris considered that even

Le premier, Gregor Naïdionov disait avoir été lieutenant dans l'armée soviétique et le second Nicolas Kostuchenko, civil engagé, était plutôt « du genre Moujik ». Ils disaient s'être évadés d'un chantier de Todt, avoir erré dans la campagne, puis finalement récupérés par un paysan sympathisant pour la résistance locale. Ce paysan les amena dans un camp de réfractaires, au printemps 1944, où ils ne réussirent pas à s'intégrer et furent considérés « d'un maniement difficile ».

On les muta alors au Corps Franc Fontan ou Fabrice et ils partirent dans le maquis d'Arrouède dans le Gers où se trouvaient, regroupés, les premières formations de ce que l'on devait appeler l'armée secrète. Celui qui assura leur transfert, en camion, raconta que lorsqu'ils furent arrêtés par des gendarmes, sur la route, ceux-ci préférèrent ne pas insister quand ils virent l'allure de ces individus.

Arrivés au maquis, ils se révélèrent de bons soldats, très vigilants pendant les gardes de nuit. C'est à l'occasion d'une patrouille qu'ils rencontrèrent un autre Russe, Georgi de Fierkowski, qui lui, avait fui le régime soviétique après la révolution de 1917. Il vivait en France depuis et était donc beaucoup plus âgé.

Le 3 et 4 juin 1944, le maquis fut attaqué par un détachement de la milice de Tarbes qui trouva nos Soviétiques au combat, très agressifs et courageux. Un chef milicien fut abattu, et les maquisards purent s'enfuir pour se regrouper dans un autre endroit. Quelques jours plus tard, les deux Russes participèrent encore à un combat dans une formation réorganisée du maquis.

Le 10 juin, nouveau combat à Lahitte, à 9 km d'Auch, sur la N24 où les maquisards attaquaient un convoi allemand au fusil-mitrailleur et à la mitraillette, sans perdre un seul homme et en tuant probablement quelques soldats allemands. Par contre, ils furent ce jour-là dispersés et eurent beaucoup de mal à se regrouper. Les Corps Francs Fontan et Fabrice ayant été dissous, les deux Russes passèrent au bataillon Soules, Compagnie Pradier des Corps Francs de la Libération reconstitués, où ils eurent encore l'occasion de montrer leur courage.

On ne pouvait les incorporer officiellement dans ces Corps francs compte tenu de leur situation d'étrangers. Ce n'est qu'en 1945 que l'on retrouva Naïdoinov portant les épaulettes de lieutenant soviétique à Toulouse où il s'occupait du rapatriement des citoyens soviétiques.

Il rejoignit son pays natal et écrivit quelques années après la fin de la guerre à son ancien chef du maquis Fontan pour demander une attestation de loyaux services dans une formation résistante, ce qui lui permettrait d'obtenir une décoration.

Ce résistant russe, qui avait l'approbation du maréchal Staline devait avoir d'autres raisons d'être ainsi protégé car de nombreux ex-prisonniers russes recrutés par les Allemands et même passés dans la Résistance, furent « ramassés » par les agents soviétiques arrivés rapidement de Moscou pour récupérer les citoyens de l'état d'URSS. Ces « citoyens » finirent, au mieux, dans des camps de concentration.

D'autres « Russes », appartenant à la légion du Turkestan, n'eurent pas la même chance. Ils gardaient près de Saint-Gaudens des installations pétrolières et voulaient déserter l'armée allemande pour passer au maquis, ils ne semblaient pas très combatifs. Une formation de L'O.R.A. Corps Franc Pommies, fut contactée, mais il paraît qu'à leur seule vue, l'adjudant maquisard leur dit qu'ils ne pouvaient pas entrer dans la Résistance.

the "safe" elements would not resist the hundreds of Senegalese FPI partisans (there were several defections).

All these units forming part of General Dombrowski's division were withdrawn to Dijon, the meeting point for units en route for

Germany. They arrived on the 25th August after numerous peregrinations due to the Osttruppen who deserted in spite of the supervision of the railways by the Cossacks of the 615th Battalion.

What was left of the division rejoined the American tanks at Grenant and followed the route towards Germany. Paris had meanwhile been liberated.

- Positioning:

Le Puy (Haute Loire): Three companies of Tatars:

Verband Stab 995

Fg Truppe 993

1st Artillery Battery, 28th Battalion

Saint-Flour (Cantal): Regiments-Stab 1000 and 1st and 2nd Battalions of this Regiment

2nd Artillery Battery of the 28th Battalion and the 11th Battalion of Regiment 95

Three Azerbaijani companies

Gers

(Le Correspondant du Gers, Guy Labédan, Institut d'Histoire du Temps Présent).

The participation of Soviets from German prison camps was very modest in Gers and these soldiers, who had been clothed as prisoners, then the uniform of Russians serving in Hitler's Army, did not always find it easy to integrate into the Maquis.

The first, Gregor Naïdionov claimed to have been a lieutenant in the Soviet Army and the second Nicolas, Kostuchenko, and enlisted civilian, was rather "of Mujik type" (Russian peasant). They said they had escaped from a building site chantier at Todt, roamed the countryside and finally been recovered by a farmer sympathetic to the local Resistance. The farmer took them to a Resistance camp in spring 1944, where they never managed to integrate and were considered "difficult to handle".

They were then transferred to the Franc Fontan or Fabrice Corps and departed with the Arrouède Maquis in Gers, where they were regrouped into the first formations of what was to be called the Secret Army. Those charged with their transfer by truck told of how when stopped by the gendarmes along the route, they didn't insist too much when they saw the aspect of these individuals.

When they reached the Maquis, they turned out to be good soldiers, highly vigilant during night watches. While on patrol, the soldier chanced to meet another Russian, Georgi de Fierkowski, who had fled the Soviet Regime after the 1917 revolution. He had lived in France ever since and was therefore much older.

On the 3rd and 4th June 1944, the Maquis were attacked by a detachment of Tarb militia, which met with these Soviets in combat and found them to be very aggressive and courageous. A militia chief was beaten and the Maquisards managed to escape to regroup in another area. Several days later, the two Russians participated in another battle in a reorganised Maquis formation.

On the 10th June, new combat took place at Lahitte, 9 km from Auch, along the N24 (French national road) where the Maquisards attacked a German convoy with machine guns, without losing a single man and probably killing several German soldiers. However, they became dispersed that day and found it difficult to regroup. The Francs Fontan and Fabri-

Certains soldats « russes » crurent bon de « retourner leurs armes » contre leurs officiers allemands et furent abattus avant de pouvoir passer au maquis. Leur tombe, à Confracourt à 24 km au nord-ouest de Vesoul, en Haute-Saône, portait paraît-il deux sabres croisés avec une faucille et un marteau.

Ariège (Turkmènes)

(D'après Fabrice Mainier Schall et documentation de Gilles Sigro, *39-45 Magazine N° 215* pp. 10-20)

Le 29 juin 1944, le « *Ost-Bataillon 781* » n° 781 s'installe à Saint-Gaudens avec 1500 soldats du Turkestan. Il est commandé par le *Major* Schopplein et des cadres allemands. L'unité est destinée à lutter contre la Résistance, il s'agit de cinq compagnies de 300 hommes. La réputation des soldats du Turkestan, nommés « mongols » rappelle les hordes d'Attila, de Gengis Khan, ce qui encourage les habitants à se calfeutrer chez eux.

Le maquis, composé de résistants locaux est commandé par René Plaisant, avec la 3102e compagnie de FTPF et la 3e brigade de guérilleros espagnols, ce qui représente près de 400 hommes. Le maquis attaque à 8 heures du matin dans Saint-Girons. C'est un dur combat qui a coûté la vie à René Plaisant, mais aussi à Dreyer, qui commande les douanes, SS du grade de capitaine, qui « travaillait » avec un transfuge nord africain, Berkane, tueur à gages de l'unité.

C'est alors que les Turkmènes du bataillon arrivent à Saint-Girons qui vient d'être libérée par la Résistance et y commettent des atrocités. Les résistants sont obligés de se retirer et de se disperser en direction de Foix.

Les hommes du *Major* Schopplein arrivent à Rimont le 21 août et, après un court combat contre les résistants, pénètrent dans la ville où ils assassinent plusieurs civils. La colonne Schopplein se dirige alors vers Castelnau-Durban mais elle est stoppée par la Résistance et subit de lourdes pertes avant d'occu-

ce Corps had been dissolved and the two Russians joined the Soules Battalion, in the Pradier Company of the reconstituted Corps Francs de la Libération, where they had yet another chance to demonstrate their courage.

They could not be officially incorporated in the Corps Francs, because of their situation as foreigners. It wasn't until 1945 that Naïdioinov was found carrying the shoulder patches of Soviet Lieutenant at Toulouse, where he was responsible for the repatriation of Soviet citizens.

He returned to his birth country and wrote to his old Fontan Maquis chief some years after the end of the war to ask him for a declaration of loyal service in the Resistance formation, which would permit him to receive a decoration.

This Russian resistant had the approval of Marshal Stalin and there must have been some other reason for his protection, as numerous Russian ex-prisoners recruited by the Germans, including those who had joined the Resistance, were "gathered together" by Soviet agent arrived swiftly from Moscow to recover the USSR citizens. These "citizens" ended up in the concentration camps, if they were lucky.

Other "Russians", pertaining to the Turkistan Legion, were not so fortunate. They guarded the petroleum installations near Saint-Gaudens and wanted to desert from the German Army to join the Maquis, though it seems they didn't put up much of a fight. A formation of the O.R.A. (Organisation de Résistance de l'Armée), the Corps Franc Pommiés, was contacted, but apparently, at first sight, the adjunct Maquisard told them that they couldn't join the Resistance.

Some "Russian" soldiers are believed to have "turned their arms against" their German officers and were beaten to death before being able to join the Maquis. Their grave, at Confracourt, 24 km to the northwest of Vesoul, in Haute-Saône, is reported to carry two crossed sabres with a sickle and hammer.

Ariège (Turkmen)

(According to Fabrice Mainier Schall and documentation by Gilles Sigro, *39-45 Magazine N° 215* pp. 10-20)

On the 29th June 1944, the Ost-Battalion 781 established itself at Saint-Gaudens with 1,500 Turkistan soldiers. It was commanded by Major Schopplein and his German officers. The unit was destined to fight against the Resistance and contained five companies of 300 men. The reputation of these Turkistani soldiers, called "Mongols", reminded people of Attila's Hordes and of Genghis Khan, which encouraged the inhabitants to lock well their doors at night.

The Maquis, composed of local Resistance members was commanded by René Plaisant, with the 3102nd FTPF Company and the 3rd Brigade of Spanish Guerrillas, representing almost 400 men. The Maquis attacked at 8 o'clock in the morning at Saint-Girons. It was a hard battle, which cost the life of René Plaisant as well as that of Dreyer, who commanded the customs and an SS Captain who "worked" with a North African renegade, Berkane, the unit's hit man.

It was then that the Turkmen from the Battalion arrived at Saint-Girons, who had just been freed by the Resistance and committed atrocities there. The Resistance was obliged to retreat and disperse in the direction of Foix.

Major Schopplein's men arrived at Rimont on the 21st August and after a short battle against members of the Resistance, entered the town, where they assassinated several civilians. At the time, the Schopplein column was heading towards Castelnau-Durban, but was also stopped by the Resistance and suffered

Mahmoude Arperoff à Marseille en 1945. Il a pu se procurer un uniforme d'officier soviétique.

Arperoff Mahmoude at Marseille in 1945. He was able to find his Soviet officer military dress.

per Castelnau. Les forces en présence sont épuisées mais la bataille reprend le 22 août et l'*Ost Bataillon* de Turkmènes et les douaniers allemands se dirigent vers Foix. Sur la route, ils vont être stoppés par les guérilleros de la 2e et 3e brigade de l'Ariège commandées par un lieutenant canadien et aussi un groupe de la milice patriotique du Mas d'Azil. Des renforts étant arrivés par petits groupes, la bataille fait à nouveau rage et le commandant Schopplein va finir par se rendre aux maquisards avec plus d'un millier de soldats. Au soir du 22 août 1944, l'Ariège est entièrement libérée.

Vienne et Indre

Les troupes allemandes qui remontent vers le nord arrivent à Bonnes dans la journée du 27 août, quand le pont de Chauvigny vient d'être détruit par les FFI, qui l'ont fait sauter. Furieux, les soldats saccagent les maisons (témoignage de Mme Saumonneau, institutrice retraitée) et sont obligés de faire un détour avec leurs véhicules. Cinquante hommes seront arrêtés et fusillés devant leurs familles, pendant que la troupe de soldats « Russes », probablement des Caucasiens ou des Bergcaucasiens entrent dans les maisons pour y commettre des vols et des viols.

Les FFI attaquent alors le village, défendu par les Allemands, pendant que d'autres réparent le pont. Plus de 18000 soldats vont y passer pendant des jours pour continuer leur route vers le nord-est, de nombreux « Hindous » seront aperçus, ils servaient souvent de tortionnaires avec les miliciens. Ce sont eux qui étranglèrent plusieurs femmes qui ne voulaient pas donner leurs bijoux. Un milicien nommé Dehan dirigeait les opérations avec ses complices Fouquey, Guilbaud et Tournadour. Ils furent pris plus tard, condamnés à mort et exécutés. Le capitaine qui commandait l'unité, Gartner, fut tué au cours de la retraite vers l'Allemagne.

Tous les Allemands du 60e corps d'armée se replièrent vers Dijon, avec des « Hindous », des « Russes » et des Italiens. On fusillait au passage des FFI, ce fut le cas à Anché, à Poitiers, à Chatellerault, où des officiers ont pillé la Banque de France. Des maquisards vont attaquer la colonne entre le 21 et le 31 août et feront prisonniers des « Hindous » qui, sachant écri-

heavy losses before occupying Castelnau. The forces present were exhausted, but the battle resumed on the 22nd August and the Ost Battalion of Turkmen and German customs officers headed for Foix. Along the way, they were stopped by the Guerrillas of the 2nd and 3rd Ariège Brigades commanded by a Canadian lieutenant and also a group of patriotic militia from Mas d'Azil. Reinforcements arrived in small groups, the battle raged once again and commander Schopplein ended up surrendering to the Maquisards with more than a thousand soldiers. On the evening of the 22nd August 1944, Ariège was freed completely.

Vienne and Indre

The German troops who returned northwards reached Bonnes during the day on the 27th August, when the Chauvigny Bridge had just been destroyed by the FFI, who had blown it up. Furious, the soldiers ransacked the houses (accounts from Mrs Saumonneau, retired primary school teacher) and were obliged to make a detour with their vehicles. Fifty men were arrested and shot in front of their families, while the troops of "Russian" soldiers, probably Caucasians or Bergkaukasiens entered their houses to commit rape and robbery.

The FFI then attacked the village, defended by the Germans, while the others repaired the bridge. More than 18,000 soldiers spent several days there before continuing their route towards the northeast; numerous "Hindus" were detected and often served as torturers among the militia. They also strangled several women who didn't want to give up their jewellery. A militiaman named Dehan directed the operations with his accomplices Fouquey, Guilbaud and Tournadour. They were taken later, condemned to death and executed. The captain commanding the unit, Gartner, was killed during the retreat to Germany.

All the Germans of the 60th Army Corps withdrew towards Dijon, with the "Hindus", "Russians" and Italians. FFI were shot along the way, as was the case at Anché, Poitiers and Chatellerault, where the officers pillaged the Bank of France. The Maquisards attacked the column between the 21st and 31st August and took the "Hindus" prisoner, who, being

Après le passage des *Osttruppen* à Bonnes (Photo Cl. L. Balsan.)

After the passage of the Osttruppen at Bonnes (Photo: Cl. L. Balsan).

re en anglais, distribuaient des tracts pour encourager leurs coreligionnaires à déserter. Ils furent arrêtés à Ruffec, mais passèrent aux maquis.

L'officier allemand qui commandait le groupe de passage dans les départements, Heinrich von Trott, devait expliquer quelques semaines, après son arrestation un peu plus loin, que sa troupe comprenait 59 % « d'Hindous », 25 % d'*Osttruppen* musulmans, et des « Russes » qui savaient se battre et avaient été fidèles à l'Allemagne, en particulier lors d'un combat près de Limoges, le 22 août.

D'autres néanmoins se livrèrent à des exactions à Bonneuil, La Tour, Chauvigny et Archigny. Il paraît que les « Hindous » se déshabillaient entièrement pour faire leur toilette rituelle et sortaient de leurs turbans de longues nattes de cheveux. Le 28 août, à Combeau Seize, près de Civray, 300 FFI attaquèrent une colonne allemande dans laquelle de nombreux « hindous » furent tués, et où 22 maquisards perdirent la vie.

Les « Hindous » étaient très en colère car on les avait placés en avant de la colonne pour ouvrir la voie et ils étaient les plus exposés. Déjà, c'est en Charente que les affrontements avaient commencé et des FFI avaient fusillé. Empruntant des petites routes pour être moins vulnérables, une partie de la colonne arriva à Ardentes et au Poinçonnet, puis à Sassierges, Ambrault, Bommiers et Prunier, passant à Arçay dans le Cher, le 1er septembre, vers Bourges. Les heurts se poursuivront avec les FFI les jours suivants, où les Géorgiens de l'autre colonne les rejoignirent, venant du groupe Elster.

Attaqués à Châteauroux par la Résistance, les « Hindous » avaient effectué un massacre sanglant au cours duquel ils prirent des otages, le 30 août, fusillant au fur et à mesure des civils pour faire des exemples et dissuader les FFI de continuer leurs attaques.

Ces « Hindous » surprirent beaucoup les paysans du crû qui ignoraient la présence de ces hommes dans l'armée allemande. Certains pensèrent qu'il s'agissait d'auxiliaires britanniques, déjà arrivés du nord et des lieux du débarquement. Aussi avaient-ils dessiné de petits drapeaux anglais à la hâte, en particulier à Mézières-en-Brenne, dans l'Indre, paraît-il, ainsi qu'à Martisay... Quand ces « Hindous » se mirent à saccager les villages, on pensa alors dans le pays qu'il s'agissait peut-être « d'Ethiopiens » de Mussolini passés dans l'armée allemande!

Références : Archives départementales de l'Indre (M2775)

Kriegstagebuch de l'EM de liaison N°588 de Clermont-Ferrand pour la période du 1er janvier au 23 août 1944.

Bretagne (Géorgiens)

- Le Morbihan (d'après Roger Leroux).

A partir de janvier 1943, des Géorgiens arrivent dans le Morbihan, les vols et les agressions vont commencer. Ces soldats dérobent des meubles, tuent des animaux de ferme pour les manger, attaquent des commerçants pour leur voler des montres, leurs portefeuilles et les plaignants se voient rabroués par les autorités allemandes. Pour « s'amuser », ils tirent à travers les vitres des maisons et tuent des gens. Ils en frappent certains dans les rues sans raison et en obligent d'autres à leur servir à manger et surtout à boire, ce qui ne les empêche pas de les tuer avant de partir.

Malgré ces exactions, des habitants de Vannes, de Lochrist, de Damgan procurent des vêtements à certains d'entre eux, pour les aider à déserter. Quand ils sont repris par les Allemands, les gens qui les ont recueillis et habillés sont châtiés et déportés, en par-

able to write in English, distributed leaflets to encourage their brothers in religion to desert. They were arrested at Ruffec, but then joined the Maquis.

The German officer commanding the group passing through the departments, Heinrich von Trott, had to explain, some weeks later, after his arrest a little further away, that his troop consisted of 59% "Hindus", 25% Muslim Osttruppen, and some "Russians", who knew how to fight and had remained loyal to Germany, especially during a battle at Limoges on the 22nd August.

Others gave in to extortions at Bonneuil, La Tour, Chauvigny and Archigny. It appears that the "Hindus" took off all their clothes for their ritual toilette and took out long dreads of hair from underneath their turbans. On the 28th August, at Combeau Seize, near Civray, where 300 FFI attacked a German column and numerous "Hindus" were killed and 22 Maquisards lost their lives.

The "Hindus" were very angry, so they were positioned at the front of the column where they were the most exposed. The confrontation had already begun at Charente and the FFI had been shot. Adopting the small routes in order to be less vulnerable, a party from the column arrived at Ardentes and Poinçonnet, then at Sassierges, Ambrault, Bommiers and Prunier, passing through Arçay in Cher, on the 1st September, towards Bourges. Clashes occurred with the FFI over the following days, where Georgians from another column from the Elster group rejoined them.

1. Soldats « hindous » faits prisonniers.
2. Un soldat indien s'est fait photographier au passage et on a trouvé cette photographie sur lui quand il a été fait prisonnier.

1. "Hindu" soldiers taken prisoner.
2. An Indian soldier photographed during the passage; this photo was found on him when he was taken prisoner.

Attacked at Châteauroux by the Resistance, the "Hindus" had carried out a bloody massacre during which they took hostages and on the 30th August progressively shot the civilians by way of an example and to dissuade the FFI from continuing their attacks.

These "Hindus" greatly surprised the rural folk of the time, who were unaware of these men's presence in the German Army. Some thought them to be British auxiliaries already arrived from the north or the landing areas. They had also designed small British flags in haste, particularly at Mézières-en-Brenne, in Indre, as it seems, as well as at Martisay... When these "Hindus" were seen sacking the villages, it was believed that they were perhaps Mussolini's "Ethiopians" who had joined the German Army!

ticulier en avril 1944 où onze personnes seront arrêtées par les troupes d'occupation. Les Allemands, et surtout les troupes de l'Est et les Autrichiens s'aperçoivent que les effectifs géorgiens diminuent dans le Morbihan. La défaite de l'armée allemande, l'*Afrika-Korps*, en Tunisie a porté un coup terrible aux occupants qui craignent deux choses. Etre envoyé, à nouveau, à l'Est, lutter contre les Russes qui avancent irrémédiablement et le débarquement éventuel des Alliés en France qui provoquerait des vengeances et des représailles de la part de la population.

Les Géorgiens ne sont pas partout, des villes comme Pontivy, Ploërmel sont occupées uniquement par des Allemands. Par contre, il y a un gros contingent de Géorgiens à Coëtquidan et quelques-uns à Lorient.

Le 9 juin, les Allemands lancent des unités de l'Est dont des Géorgiens, contre les « terroristes » et les « parachutistes » ; les Résistants arrêtés seront souvent « fusillés, torturés, égorgés ». Dans une de ces attaques, la troisième, les parachutistes allemands *(Division Kreta)*, des groupes de la 275e division d'infanterie, et les Géorgiens qui se battent très bien, ne seront arrêtés que grâce à l'intervention des avions de la RAF. Ils continueront l'attaque peu après et les Résistants devront se replier (bataille de Saint-Marcel).

Les représailles ne se feront pas attendre, pour punir la population civile qui est toujours décimée après les combats avec les partisans et les occupants. Un escadron ukrainien et le 708e bataillon d'infanterie géorgien se chargeront des basses besognes et assassineront des civils, incendiant des châteaux et les maisons des villages.

Le 24 juin, les Géorgiens qui se dirigent vers Pluherlin après avoir effectué le mois précédent des rafles à Molac et Pleucadec, y font des prisonniers qu'ils fusillent, à la recherche des parachutistes et de leur chef, le colonel Bourgouin. Des résistants réussiront à tuer des cavaliers géorgiens, le 29 juin, mais cette action amènera des représailles bien pires. Les exécutions sont souvent confiées à des Géorgiens à qui l'on a donné la garde des prisonniers, qu'ils fusillent, la plupart du temps.

Les Allemands, qui voient les alliés approcher et les parachutistes de Bourgouin bien installés avec la Résistance dans le Morbihan, ont envoyé une grande partie de leurs forces en Normandie. Le général allemand se replie alors sur Lorient avec ce qui lui reste de soldats, dont les unités de l'Est (Ukrainiens, Cosaques et Géorgiens). Les *Osttruppen* vont alors se diriger sur Saint-Nazaire, mais avec la progression alliée, et le désir d'être faits prisonniers par les Américains, de nombreux soldats géorgiens, au nombre de 200 environ, massacreront leurs chefs allemands et se rendront. Les GI's seront stupéfaits de ces assassinats, perpétrés « pour montrer aux Américains ce qu'ils appellent leur loyauté ».

Le gros des troupes allemandes afflue vers Lorient pour s'enfermer dans la « forteresse » mais toutes n'y parviendront pas. Le 8 août, un groupe de Russes blancs (3), massacrent sans raison des habitants, des ouvriers agricoles, et les Résistants maintenant, effectuent des représailles. Aux premiers jours de la libération, de nombreux soldats allemands sont à leur tour massacrés près du cimetière de Vannes et des Géorgiens fusillés sous les murs de la prison « en représailles des sévices qu'ils avaient eux-mêmes exercés quand ils étaient geôliers ». On les tue sommairement et sans raison, on leur fait creuser leur tombe avant de les abattre, on en tue à coup de pioche, on fait des fusillades collectives…

Des Géorgiens se retrouveront dans la poche de Lorient et finiront par souffrir de la faim car il y a

References: Departmental archives of Indre (M2775) Kriegstagebuch of the EM from liaison No. 588 at Clermont-Ferrand covering the period from 1st January to 23rd August 1944.

Bretagne (Georgians)

-Morbihan (according to Roger Leroux).

From January 1943, the Georgians arrived in Morbihan and the rape and aggression commenced. These soldiers stole furniture, killed the farm animals to eat them, attacked merchants to steal their watches and wallets and anyone who complained was snubbed by the German authorities. To "amuse themselves", they shot through the windows of the houses and killed people. They hit people in the streets for no reason and obliged others to serve them food and especially drink and they didn't mind if they killed them before leaving.

Despite these exactions, the inhabitants of Vannes, Lochrist and Damgan obtained clothing for some of them, to enable them to desert. When they were recaptured by the Germans, the people who had sheltered and clothed them were punished and deported, particularly in April 1944, when eleven people were arrested by the occupying troops. The Germans, and especially the troops from the East and Austria noted a decline in the number of soldiers in Morbihan. The defeat of the German Army, Afrika-Korps, in Tunisia was a terrible blow to the occupants who feared two things: Being sent to the East once again to fight against the Russians who were advancing relentlessly; and the eventual Allied landing in France, which would provoke the infliction of punishment and vengeance on part of the population.

The Georgians were not to be found everywhere; towns such as Pontivy and Ploërmel were occupied uniquely by Germans. However, there was a large contingent at Coëtquidan and several at Lorient.

Deux paisibles Asiates, peut être du régiment 601 ou 602 de la région de Douarnenez en 1944. (photo A. Le Berre.)

Two pleasant Asians, perhaps from Regiment 601 or 602 from the region of Douarnenez in 1944. (photo: A. Le Berre).

Deux Asiates à l'aspect plus patibulaire, celui de gauche a l'air très inquiet capturés dans le secteur de Granville, en Normandie, fin juillet 1944.

Two Asians with a more disturbing appearance, the one on the left has a very anxious air about him. They were captured near Granville in Normandy, end of July 1944.

26 000 hommes à nourrir, ce qui n'est pas facile. Les auteurs de « Lorient 1941-1945 » racontent les incursions de Germano-Russes dans les villages, et les crimes commis, le 14 août en particulier, entre Guidel et Gestel puis, à Quéhello en Ploemeur.

Le commandement allemand de Lorient, à l'automne 1944, parvient, grâce à des « exemples » à dissuader les soldats de poursuivre les femmes. Ceux-ci en ont violé plusieurs devant les maris attachés et menacés par des Russes armés.

Des combats auront lieu entre les FFI et les assiégés dans Lorient. Le 20 août, 90 Géorgiens commandés par des officiers allemands sont envoyés pour s'emparer des ponts et attaquer ensuite Landévent. Mais une mutinerie, très probablement préméditée par des Russes qui ont compris que l'Allemagne est définitivement battue, éclate et des officiers allemands sont tués par leurs hommes. Près d'une centaine de Géorgiens se rendront aux Américains de la 2e compagnie du 4e bataillon d'infanterie et, désormais, grâce au téléphone, tout un réseau d'appel à la désertion va fonctionner, ce qui permettra aux Géorgiens, mais aussi à des soldats allemands, de rallier les lignes américaines. Au courant de ces manœuvres, les officiers de la Wehrmacht exerceront des représailles sur les Français qui participèrent à cette opération.

La poche de Lorient et celle de Saint-Nazaire, capituleront entre le 8 et le 10 mai 1945. 1928 « Russes », surtout des Géorgiens feront partie des 24 440 prisonniers. On trouvera un peu plus tard les corps des déserteurs fusillés pendant le siège de Lorient par les Allemands, probablement pour deux raisons majeures, les exactions commises dans les villages se trouvant dans la « poche » et aussi, les tentatives de désertion avec assassinat d'officiers ou de sous officiers allemands.

On the 9th June, the Germans launched their Eastern units, i.e. the Georgians, against the "terrorists" and "parachutists"; the Resistance members arrested were often "shot, tortured and had their throats cut". During one such attack, the third, the German parachutists (Division Kreta), the groups of the 275th Infantry Division and the Georgians fought very well and managed to avoid capture thanks to the intervention of aeroplanes from the RAF. They continued the attack shortly afterwards and the Resistance was forced to withdraw (Battle of Saint-Marcel).

Vengeance was not to be expected; it was not necessary to punish the civilian population that was still decimated after the fighting between the partisans and occupants. However, an Ukrainian squadron and the 708th Georgian Infantry Battalion took charge of these basic tasks and assassinated the civilians, burning the village houses and castles.

On the 24th June, the Georgians headed for Pluherlin after having carried out raids a month earlier at Molac and Pleucadec and shooting the prisoners they had taken, while searching for some parachutists and their chief, Bourgouin. The Resistance members tried to kill the Georgian horsemen on the 29th June, but this action brought much worse reprisals. The executions were often assigned to the Georgians, also charged with guarding the prisoners, who they shot most of the time.

The Germans, who saw the Allies approach and the Bourgouin parachutists well installed among the Resistance in Morbihan, sent a large part of their forces to Normandy. The German General then retreated to Lorient with what was left of his soldiers, being the Eastern units (Ukrainians, Cossacks and Georgians). The Osttruppen then headed towards Saint-Nazaire, but with the Allied progression and the desire to be taken prisoner by the Americans of numerous Georgian soldiers, about 200 in number, massacred their German chiefs and surrendered. The GI's were stupefied by these assassinations, perpetrated to "show the Americans what they called loyalty".

The majority of the German troops flooded towards Lorient to enclose themselves in the "fortress" but they didn't all reach it. On the 8th August, a group of White Russians (3), massacred for no reason the inhabitants, farm workers and the Resistance members were held in reprisal. During the first few days of liberation, numerous German soldiers were in turn massacred near the cemetery of Vannes and the Georgians were executed by firing squad against the prison walls "in reprisal for the services that they themselves had exercised when they were jailers". They were simply killed for no reason; they were made to dig their own graves before being beaten to death, killed with pick blows and collective shootings took place...

The Georgians found themselves at the pocket of Lorient and ended up suffering from hunger, as it was not easy to feed 26,000 men. The authors of "Lorient 1941-1945" recounted the German-Russian incursions in the villages and the crimes committed, particularly on the 14th August, between Guidel and Gestel then at Quéhello in Ploemeur.

In autumn 1944, the German commander of Lorient, managed, thanks to the "examples" to dissuade the soldiers from pursuing the women. These had raped several women in front of their husbands, tied up and menaced by the Russians Armies.

---

(3) Piètres combattants contre les maquisards, ils sont fusillés systématiquement après leur capture. Après la dissolution du groupe, certains rallieront les Pyrénées, où bivouaquent les troupes de Shandra Bose.

(3) Mediocre fighters against the Maquisards, who were systematically shot after their capture. After the dissolution of the group, some rejoined the Pyrenees or bivouacked with Chandra Bose's troops.

- Saint-Brieuc, Plélo, la presqu'île de Crozon

Nous savons, grâce aux documents fournis par les ouvrages de Le Berre, Le Grand, Thomas, que le 5 août, et jusqu'au 17, des unités géorgiennes et en particulier le 3e bataillon de Géorgiens du régiment de « l'Ost Mitte », composé d'environ 400 soldats, commandés par le capitaine Murzin, ont décidé non seulement de se rendre, mais aussi de combattre les Allemands ! Leur chef veut se présenter à l'armée régulière car il craint que ses hommes soient malmenés par les FFI.

Cette requête est refusée et Murzin décide de se rendre uniquement aux Américains ! Comme les tractations durent, les Géorgiens, désemparés, se font menaçants et veulent reprendre les armes sur la position que les Allemands leur ont fixée, à l'aérodrome. Comme des coups de feu sont échangés, un escadron de cavalerie américain arrive sur les lieux, commandé par le lieutenant-colonel Fuller, qui va « prendre la négociation à son compte ».

Les Géorgiens entre-temps ont changé de position, se sont retirés à la sortie de Saint-Brieuc. Un Français, d'origine russe, se propose pour servir d'interprète et prend la direction d'un groupe de parlementaires. Pour des raisons inconnues, peut être par la crainte d'un guet-apens, les Géorgiens ouvrent le feu sur les parlementaires et massacrent l'interprète ainsi qu'un officier FFI. Le bataillon Géorgien abandonne alors les lieux et s'échappe vers Plélo, où il résiste à une attaque de FFI de Plouha et se met à piller la ville, prenant des otages. Cet épisode montre à quel point les troupes de l'Est se sentent dans une insécurité absolue et ne font confiance à personne.

Ces Géorgiens, décidés à se rendre à une armée régulière, puis aux Américains, craignent de tomber aux mains des FFI qui ont mauvaise réputation chez les Allemands. Pourquoi le lieutenant-colonel Fuller et ses chars, n'est pas intervenu, on ne le sait pas, mais des parlementaires qui se font fort d'amadouer les Géorgiens, se font massacrer et les Géorgiens s'enfuient pour mettre à sac, un peu plus loin, une petite ville mal défendue par les FFI, en trop petit nombre.

En pays Bigouden, des Caucasiens des 3e et 4e compagnies du bataillon 800, placés sous les ordres du capitaine Schuttenheim, arrivent le 8 juin 1944 à Saint Gabriel. Ils seront faits prisonniers peu après. Ceux-là se sont rendus très vite, comprenant que leur situation serait bientôt intenable.

Ain et le Jura

- L'opération Treffenfeld : (d'après Patrick Veyret, *Histoire de la Résistance Armée dans l'Ain*).

L'activité de la Résistance a été telle, en cette fin de mois de juin 1944, que l'opération dite *Treffenfeld*, ce qui pourrait être traduit par « frapper la campagne » est mise au point à Dijon, en présence du commandant de la zone nord-est, où sont stationnés des « légionnaires de l'Est », composés de Cosaques et de « Mongols », c'est-à-dire des bataillons de soldats aux yeux bridés et qui peuvent être des Azerbaïdjanais, des Turcomans d'Asie Centrale russe. Ces hommes appartiennent à la *Freiwilligen-Stamm-Division* où sont affectés quelques Tatars de la Volga (voir un exemplaire de *Soldbuch*, ou carnet de solde d'un de ces Tatars du *Bataillon 827 (Wolgatat.-Inf. Abteilung 827)*.

Ces troupes de légionnaires de l'Est dont les exactions, rapportées par les gendarmes de la 14e légion, brigade d'Oyonnax, provoquent la stupéfaction et l'horreur, sont renforcées par des services de police et de sécurité du Reich, dans le but d'exterminer définitivement les maquis de l'Ain. Les effectifs engagés sont approximativement de 9 000 hommes.

Combats took place between the FFI and the besieged population of Lorient. On the 20th August, the Georgians commanded by German officers were sent to seize the bridges and then attack Landévent. However, a mutiny, most probably premeditated by the Russians who had understood that Germany was definitively beaten, broke out and the German officers were killed by their own men. About a hundred Georgians from the 2nd Company of the 4th Infantry Battalion surrendered to the Americans, and unfortunately, thanks to the telephone, a network of calls for desertion was set up, which permitted other Georgians, but also the German soldiers, to rally the American lines. Informed about the manoeuvres, the officers of the Wehrmacht carried out acts of reprisal on the French who had participated in the operation.

The pocket of Lorient and that of Saint-Nazaire, surrendered between the 8th and 10th May 1945. 1,928 "Russians", especially Georgians formed part of the 24,440 prisoners. Shortly afterwards, the bodies of the deserters killed by firing squad during the siege of Lorient by the Germans, probably for two main reasons: the exactions committed in the villages to be found in the "pockets" and also the attempted desertions and assassinations of German officers and non-commissioned officers.

-Saint-Brieuc, Plélo, the Crozon Peninsula

We know, thanks to documents supplied by the works of Le Berre, Le Grand and Thomas, that on the 5th August and up to the 17th, the Georgian units and particularly the 3rd Georgian Battalion of the Ost Mitte Regiment, composed of about 400 soldiers, commanded by Captain Murzin, decided not only to surrender, but also to fight the Germans! Their chief applied to the regular army, because he feared that his men would be roughly treated by the FFI.

This request was declined and Murzin decided to surrender uniquely to the Americans! The dealings dragged on and the Georgians, distraught and threatened, wanted to pick up their weapons and resume the positions that the Germans had assigned them, at the aerodrome. Some gunfire was exchanged and an American cavalry squadron arrived, commanded by Lieutenant-Colonel Fuller, who "took the negotiation into his own hands".

Meanwhile, the Georgians had changed positions and had retreated to the exit at Saint-Brieuc. A Frenchman, of Russian origin, offered to serve as an interpreter and took over the management of a group of negotiators. For unknown reasons, perhaps the fear of ambush, the Georgians opened fire on the negotiators and massacred the interpreter, as well as an FFI officer. The Georgian Battalion then abandoned their posts and escaped to Plélo, where they resisted an attack by the FFI of Plouha and began to pillage the town, taking hostages. This episode demonstrates the point up to which the Eastern troops felt absolute insecurity and trusted in no one.

These Georgians, decided to surrender to a regular army, then to the Americans feared falling into the hands of the FFI, who had earned a bad reputation among the Germans. Why Lieutenant-Colonel Fuller did not intervene with his tanks remains unknown, but the negotiators, who strongly tried to coax the Georgians, were massacred and the Georgians fled only to plunder a small village badly defended by the FFI a short distance away, in very small numbers.

In the Bigouden region, the Caucasians of the 3rd and 4th Companies of Battalion 800, placed under the orders of Captain Schuttenheim, arrived on the 8th of June 1944 at Saint Gabriel. They were taken prisoners shortly afterwards. They were very quick to surrender, understanding that their situation would very soon become unbearable.

L'objectif est aussi de reprendre aux maquis les villes de Nantua et d'Oyonnax.

Des colonnes vont venir du nord, en particulier, la *Freiwilligen-Stamm-Division* qui devrait prendre à revers les maquisards pour les repousser vers les unités comprenant aussi des « Mongols » et qui les attendent (bataillons de chasseurs de montagne, les 98e, 99e, 100e bataillons de la 157e Division). L'offensive commence le 9 juillet avec la progression du 1er régiment de chasseurs de montagne, qui comprend quelques sections de Caucasiens, en particulier des montagnards Géorgiens.

Les autres « volontaires de l'Est », dont des Cosaques, se rassemblent à Bourg-en-Bresse, venant du Rhône, de la Saône-et-Loire, et du Doubs. Le 10 juillet, Klaus Barbie arrive dans la capitale bressane et décide de faire déporter 1 280 personnes, des hommes entre 17 et 45 ans. Une « cohorte » de 300 miliciens français « bouclent » la ville, et 25 personnes sont immédiatement fusillées, pour l'exemple et pour impressionner les habitants.

Les maquis ne sont pas équipés pour résister à une telle armée soutenue par de l'artillerie et de l'aviation. Le chef des FFI de l'Ain, Romans, fait effectuer un repli en attendant un parachutage d'armes qui doit avoir lieu le 14 juillet, mais tout le monde ne croit pas au miracle, le parachutage risquant de ne pas être suffisant. Il vaut mieux l'annuler pour l'instant, et en organiser un beaucoup plus important.

Une colonne composée de « Russes » va attaquer par le sud-ouest, et les chasseurs de montagne à l'est. Les maquisards vont se battre contre des soldats allemands éprouvés accompagnés de sections asiatiques dont le pillage, le viol et le massacre seront les seules occupations pendant toute la campagne.

Les maquis dénombreront 85 tués et 80 blessés. Les Allemands parleront de « 400 terroristes tués » mais nul ne saura combien d'hommes ils ont laissés sur le terrain. On parle de 100 morts et 40 blessés conduits à l'hôpital de Bourg-en-Bresse. Hélas pour la population civile, le bilan est dramatique.

- Dortan et de Maissiat :

(D'après le témoignage oral de Madame Berthier (04/09/01)

Nous avons eu au téléphone Madame Madeleine Berthier, 86 ans, qui a bien voulu nous raconter son histoire, au cours de laquelle elle a rencontré des « Mongols » à Maissiat, petit hameau situé près de la ville martyre de Dortan. Cette personne, épouse du maire de Dortan, avait dû se rendre à Maissiat chez une amie, car les Allemands venaient d'arriver, le 21 juillet 1944, et fouillaient les maisons. Partie avec son enfant dans ce hameau voisin, elle pensait y être davantage à l'abri, les Allemands n'ayant aucun intérêt à y venir.

Elle se trouvait depuis quelques jours à Maissiat quand une troupe de « Mongols » arriva, commandés par un officier allemand qui parlait le français. Madame Berthier nous a dit qu'aucun signe distinctif n'était porté par ceux que tout le monde appelait « les Mongols ». Ils étaient tous habillés comme les Allemands. Elle s'en souvient bien parce que l'un d'entre eux est entré dans la maison de son amie et a amusé la petite fille de trois ans pendant des heures, très gentiment. Il est ensuite reparti en saluant très poliment les deux dames qui avaient très peur.

De retour à Dortan, dans sa maison pillée, elle m'a dit qu'un officier allemand était passé visiter les lieux en recommandant bien aux familles de ne pas sortir car les Asiatiques buvaient beaucoup et ensuite attaquaient les femmes et tuaient sans raison les hommes qu'ils croisaient car ils pensaient que tous les habitants étaient des « terroristes ».

Ain and Jura

-Operation Treffenfeld: (according to Patrick Veyret, Histoire de la Resistance Armée dans l'Ain).

The activity of the Resistance had been such that at the end of the month of June 1944, the operation named Treffenfeld, which could be translated as "beating the countryside" was set in place at Dijon, in the presence of the commander of the north-eastern zone, where the "Eastern Legionnaires" were stationed, comprising Cossacks and "Mongols", i.e., battalions of soldiers with slit-eyes, who could have been Azerbaijani, Turkmen from Russian Central Asia. These men belonged to the Freiwilligen-Stamm-Division containing some Volga Tatars (see a specimen of Soldbuch, or soldier's notebook of one of these Tatars from Battalion 827 (Wolgatat.-Inf. Abteilung 827).

These troops of legionnaires from the East, whose exactions, reported by the gendarmes of the 14th legion, the Oyonnax Brigade provoked stupefaction and horror; they were reinforced by the Reich police and security services, in order to exterminate once and for all the Maquis of Ain. The force employed totalled approximately 9,000 men. The objective was also to recapture from the Maquis the towns of Nantua and Oyonnax.

The columns came from the north, particularly the Freiwilligen-Stamm-Division which was to take the Maquisards from the rear and push them towards the units also comprising "Mongols" and who were waiting for them (battalions of mountain chasseurs, the 98th, 99th and 100th battalions of the 157th Division). The offensive commenced on the 9th July, with the progression of the 1st Mountain Chasseurs Regiment, which included some sections of Caucasians, in particular the Georgian highlanders.

The rest, "volunteers from the East", including the Cossacks, assembled at Bourg-en-Bresse, coming from Rhone, Saône-et-Loire and Doubs. On the 10th July, Klaus Barbie arrived at the capital Bressane and decided to deport 1,280 people, men aged between 17 and 45. A "cohort" of 300 French militia "sealed off" the town and 25 people were shot immediately, to set an example and to impress the residents.

The Maquis were not equipped to resist such an army supported with artillery and aviation. The chief of the FFI of Ain, Romans, retreated while waiting for weapons to be dropped by parachute, which were due to arrive on the 14th July, but not everybody believed in the miracle and the parachuting risked being insufficient. It was better to cancel it for the moment and organise something more important.

A column composed of "Russians" was to attack from the southwest and the mountain chasseurs from the east. The Maquisards fought against the hardened German soldiers accompanied by Asian sections, where rape, pillage and massacre were to be the sole occupations of the entire campaign.

The Maquis were outnumbered, 85 were killed and 80 wounded. The Germans spoke of "400 terrorists killed", but nobody knew how many men they had left on the ground. There were rumoured to be 100 dead and 40 wounded who were taken to the hospital at Bourg-en-Bresse. Alas, for the civilian population, the toll was tragic.

-Dortan and Maissiat:

(According to the verbal account of Mrs Berthier (04/09/01)

We managed to speak with Mrs Madeleine Berthier, aged 86, over the telephone, who wanted to tell us her story, during which she met the "Mongols" at Maissiat, a small hamlet situated close to the martyr

Madame Berthier nous dit avoir été très étonnée du degré de stupidité des « Mongols » qui enlevaient les pneus des bicyclettes pour rouler sur les jantes, et ne sachant pas à quoi servait le pédaler. Ils regardaient passer les gens à vélo, avec stupeur comme si la bicyclette était une acrobatie. Quand ils rentraient dans les maisons, toujours armés, ils regardaient les robinets, les pendules et cela les étonnait énormément. Une fois, pendant une perquisition, un réveil s'est mis à sonner et un Asiatique, pris de panique, a tiré tout un chargeur dessus avec son fusil jusqu'à ce qu'il atteigne le réveil et le détruise.

Certains étaient très dangereux et menaçaient les hommes de leur fusil. Dans une maison, l'un d'eux trouva un vieux poste de TSF qui ne marchait plus depuis longtemps. Il l'a cassé à coups de crosse de fusil, a fait sortir les gens les bras en l'air et il a, avec ses camarades, brûlé entièrement la maison. Les habitants sont allés se plaindre aux officiers, qui sont venus se rendre compte et qui ont dit que les Mongols croyaient que c'était un appareil permettant de communiquer avec les « terroristes ». En effet, plusieurs fois, les Allemands avaient surpris des Résistants se servant d'appareils émetteurs récepteurs, mais les « Mongols » ne faisaient pas la différence avec un poste radio ordinaire.

Aucun d'entre eux ne parlait l'allemand ni le moindre idiome compréhensible. Ils ne comprenaient rien, on était obligés de leur faire des signes, de leur donner des montres, des ampoules électriques et même des lunettes pour les calmer.

Madame Berthier a été prise comme otage en raison des actions menées par les Résistants du secteur, avec de nombreuses autres personnalités du village. Elle nous a dit que les FTP se trouvaient à Oyonnax et que le secteur était très communiste, ce qui énervait beaucoup les Mongols, qui avaient subi dans leur lointain pays, peut être l'Azerbaïdjan ou le Turkménistan, les duretés du régime soviétique, les kolkhozes, les commissaires politiques.

Le clerc de notaire de Monsieur Berthier, notaire à Dortan, et maire, dirigeait la partie « armée secrète » de l'Ain qui comprenait d'anciens militaires, des Saint Cyriens, qui ne communiquaient qu'avec Londres. Madame Berthier se souvient de l'arrivée des Mongols, très nombreux, elle parle de 3000, que les Allemands menaient très durement et même avec méchanceté, coups de pieds et insultes qui d'ailleurs faisaient rire les autres « Mongols ». Il est arrivé que sur des plaintes déposées à la *Kommandantur* de Dortan, en juillet, pour de graves motifs tels que viols et assassinats, les Allemands convoquent les Asiatiques pour que les plaignants puissent les reconnaître. Dans le pire des cas, reconnus par plusieurs personnes formellement, les soldats étaient immédiatement fusillés par un peloton d'exécution.

On sait que les Allemands détruisirent de fond en comble la ville de Dortan, véritable Oradour du Haut Jura et de l'Ain. Selon le « Mémorial de l'Oppression », il y aurait eu 130 arrestations, 97 déportations, 163 exécutions, 39 viols, 615 habitations détruites ou brûlées entre le 10 et le 19 juillet 1944. Les alliés, David Owen Johnson, le SOE et l'état-major du général Koenig, sont tenus au courant en permanence des opérations de la région, des succès remportés par les maquis et des exactions de l'ennemi.

Un descendant d'habitant d'Oyonnax nous a transmis une histoire analogue et a écrit en bas de page: « De la part de Paul Maubourg, fils d'Henri, tué à Oyonnax. Pour qu'il n'y ait plus jamais d'orphelins ».

Nord de la France

(*Bulletin historique et artistique du vieux Calais*, Michel Tahon.)

---

town of Dortan. Mrs Berthier was the wife of the Mayor of Dortan, who went to stay at a friend's house at Maissiat, when the Germans arrived on the 21st July 1944 and searched the houses. She had left with her child for the neighbouring hamlet and thought herself to be more sheltered there, as the Germans had no interest in coming there.

She had been at Maissiat for several days, when a troop of "Mongols" arrived, commanded by a German officer who spoke French. Mrs Berthier told us that no distinctive signs were worn by those that everyone called "Mongols". They were all dressed in the same way as the Germans. She remembers very well that one of them entered her friend's house and amused the little girl for hours, very nicely. He then left, saluting very politely the two ladies, who were very scared.

When she returned to Dortan, to her pillaged house, she said that a German officer came to visit the premises and advised the families not to go out, because the Asians drank heavily and then attacked the women and killed the men they came across for no reason, as they believed all the residents to be "terrorists".

Mrs Berthier told us that she was very surprised at the stupidity of these "Mongols" who removed the bicycle tyres to ride on the wheels and didn't know what the pedals were for. They watched people go by on bicycle, stupefied, as if the bicycle was acrobatics. When they went into the houses, always armed, they looked at the taps and clocks, which surprised them enormously. Once, during a search, an alarm clock went off and an Asian, taken by panic shot at it until it stopped going off and was completely destroyed.

Some of them were very dangerous and threatened the men with their rifles. In one house, one of them found an TSF station that hadn't worked for ages. He broke it with rifle blows and made everyone leave with their hands in the air and he and his comrades burnt the house down.

The residents went to complain to the officers, who came to verify what had happened and what exactly the Mongols thought was a device for communicating with "terrorists". In effect, the Germans had on several occasions surprised the Resistance using emission-reception devices, but the "Mongols" couldn't tell the difference between this and a normal radio post.

None of them spoke German or any other moderately understandable language. They understood nothing and had to be communicated with by using signs and giving them watches, electric light bulbs and even spectacles to calm them down.

Mrs Berthier was taken hostage because of the actions carried out by the Resistance of the sector, with numerous other village personalities. She told us that the FTP were at Oyonnax and that the sector was very communist, which greatly annoyed the Mongols, who had suffered the harshness of the Soviet Regime, the kolkhozes and political superintendents, in their faraway country, perhaps Azerbaijan or Turkmenistan.

The clerk to Mr Berthier's notary, also the notary of Dortan and the mayor, led the "Secret Army" of Ain that comprised military veterans, Saint Cyriens, who did not communicate with London. Mrs Berthier remembers the arrival of the Mongols, in great numbers, she spoke of some 3,000, whom the Germans treated very harshly and even with spite, kicking and insulting them, which made the other Mongols laugh. When dealing with the complaints presented to the Kommandantur of Dortan, in July, for grave crimes,

Les soldats « Russes », c'est-à-dire Tatars, Géorgiens et autres Caucasiens (Arméniens et Azerbaïdjanais) affectés dans le Nord de la France appartenaient à la 15e armée allemande destinée à recevoir le choc de l'invasion alliée. Cette armée s'étendait de Cabourg jusqu'à la frontière entre l'Allemagne et les Pays-Bas et était articulée en cinq corps, les 88, 89, 82, 67 et 81 représentant à peu près 250 000 hommes pas très jeunes, assez peu enthousiastes. Essentiellement composée de vétérans plus ou moins handicapés physiquement et comptant plus sur leurs fortifications que sur leur valeur militaire, ces soldats étaient aussi souvent accompagnés de « Russes », soit Caucasiens, soit Russes incorporés dans l'armée allemande. On en trouvait en Normandie (709e division).

Les divisions qui nous intéressent pour le nord de la France étaient :

La 346e près de Fécamp, la 84e vers Dieppe, la 245e entre Dieppe et Abbeville, la 348e et la 344e autour de Berck, la 49e à Boulogne sur Mer, la 47e à Calais, la 18e à Dunkerque, la 48e et la 72e jusqu'à la frontière belge.

A l'intérieur des terres, depuis Fécamp jusqu'à la frontière, la 17e (Luftwaffe), la 85e, la 326e, la 182e, la 331e. Dans toutes ces unités, les Caucasiens (Géorgiens, Arméniens et Azerbaïdjanais) étaient répartis à raison d'un bataillon par régiment, pour être sûr de leur action au combat, dont on doutait et que l'on avait intégrés dans les divisions allemandes.

Deauville et Basse-Normandie (Mongols)

Les habitants du Calvados se souviennent encore de ces Asiatiques qui se promenaient dans les rues en 1944, regardant les automobiles et la devanture des magasins. Ils logeaient en général dans l'arrière-pays, au « château de Guillaume le Conquérant » à Touques et servaient des pièces d'artillerie côtières placées au Mont Canisy, que l'on peut encore visiter de nos jours grâce à Monsieur Hamel de Tourgéville.

Les Mongols, comme on les appelait un peu partout, devaient être Azerbaïdjanais ou Turkmènes, ils faisaient leur prière dans les champs de pommiers, surveillés par des mollahs et des imams qui les entretenaient dans la religion musulmane. Monsieur Hamel, nous dit que les Allemands, pour se distraire, plaçaient ces pauvres types entièrement harnachés et armés dans de petits canots pneumatiques en leur montrant dans le lointain la ville du Havre et la pointe de Sainte-Adresse, très visibles. Les « Mongols » croyaient qu'il s'agissait en réalité des îles britanniques et les Allemands leur disaient qu'il fallait s'entraîner pour débarquer un jour chez les Anglais. Les Mongols chaviraient neuf fois sur dix et se débrouillaient pour revenir, trempés, sous les quolibets de leurs sous-officiers allemands.

Les Mongols étaient, paraît-il, paisibles et seuls les enfants en avaient peur car, lorsqu'ils étaient mal notés en classe ou turbulents, on les menaçait de les donner aux Mongols, que l'on voyait souvent rôtir des moutons entiers à la broche, dans les champs.

Commandés par les officiers d'artillerie allemands, les soldats asiatiques recevaient régulièrement une instruction traduite quelquefois dans leur langue par un Russe connaissant l'un des nombreux dialectes, ce qui était rare. Sur les photos de l'époque, on voit des soldats asiatiques écouter l'un de leurs gradés qui dessine sur un tableau des lignes géométriques décrivant les axes de tir, la courbe des côtes et les trajectoires des obus. Les hommes sourient et se regardent avec l'air de ne rien comprendre à cet étalage de science, incompréhensible pour eux.

such as rapes and murder, the Germans convoked the Asians so that the plaintiffs could recognise them. In the worst cases, formally witnesses by several people, the soldiers were executed immediately by firing squad.

It is known that the Germans destroyed from top to bottom the villages of Dortan, committing a genuine "Oradour" (massacre) in the regions of Haut Jura and Ain. According to the "Mémorial de l'Oppression", there were 130 arrests, 97 deportations, 163 executions, 39 rapes, 615 homes destroyed or burnt between the 10th and 19th July 1944. The Allies, David Owen Johnson, the SOE and the Sergeant Major of General Koenig, were permanently maintained informed about the operations in the region, the reported success of the Maquis and the enemies' exactions.

A descendant of an Oyonnax resident told us an analogous story and had written in the footnote: "on behalf of Paul Maubourg, son of Henri, killed at Oyonnax. So that there may never be any more orphans".

The North of France

(Bulletin historique et artistique du vieux Calais, Michel Tahon.)

The "Russian" soldiers, i.e. the Tatars, Georgians and other Caucasians (Armenians and Azerbaijanis) posted in the North of France and belonging to the 15th German Army were destined to receive the impact of the Allied invasion. This army spread out from Cabourg to the border between Germany and the Netherlands and was assigned to five corps, the 88th, 89th, 82nd, 67th and 81st, representing about 250,000 very young and not very enthusiastic men.

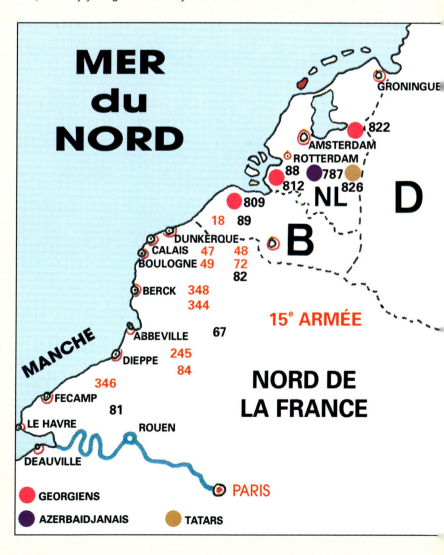

Carte du Nord de la France avec les situations des *Osttruppen* de la 15e armée allemande. En rouge ou noir, les numéros des unités.

Map of the North of France showing the positions of the Osttruppen and the 15th German Army. The unit numbers are marked in red and black.

Les Asiates en Normandie, à Deauville et dans le pays d'Auge. (DR.)

The Asians in Normandy, at Deauville in the Auge region. (DR.)

Charente-Maritime
(Monsieur Delmas de Royan)

Des « Russes » sont arrivés à Royan dès 1941 avec les armées allemandes d'occupation, dont la 708e Division d'infanterie, stationnée à Royan, ou une des « poches de l'Atlantique » donnera bien du fil à retordre aux alliés en 1944.

C'est en octobre 1943 que cette 708e Division prend position à l'embouchure de la Gironde. Cette unité comprend beaucoup de « Russes » qui forment le bataillon 36, mais aussi des Polonais, et quelques Asiatiques. Les Cosaques du régiment 623 occupent la région de Royan, le 622 la pointe de Grave en face. Des Indiens du régiment 950 occupent les batteries entre Queyrac et Andernos.

Il semble qu'à la fin de l'année 1943, un service clandestin de fabrication de faux papiers permet à des Polonais, des Russes, dont les Asiatiques, de déserter. Cette petite industrie est si sollicitée qu'elle parvient tout juste à fournir et en 1944 la concurrence apparaît, ce qui fait baisser les prix au niveau de 600 francs pour la série de pièces d'identité…

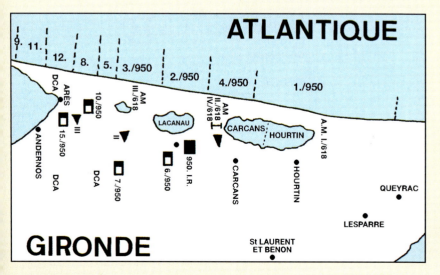

La côte atlantique et les unités qui y stationnaient.

The Atlantic Coast and the units stationed there.

They were essentially composed of war veterans more or less physically handicapped and relying more on their fortifications than on their military value, these soldiers were quite often accompanied by "Russians", whether Caucasians, or Russians incorporated into the German Army. They were found in Normandy (709th Division).

The divisions of interest to us in the North of France were:

The 346th near Fécamp, the 84th towards Dieppe, the 245th between Dieppe and Abbeville, the 348th and the 344th around Berck, the 49th at Boulogne sur Mer, the 47th at Calais, the 18th at Dunkerque, the 48th and the 72nd up to the Belgian border.

Inland, from Fécamp to the border, were the 17th (Luftwaffe), the 85th, the 326th, the 182nd and the 331st. In all these units, the Caucasians (Georgians, Armenians and Azerbaijanis) were distributed in one battalion per regiment, to be sure of their actions in battle, as it was doubted that they had become integrated into the German divisions.

Deauville and Lower Normandy (Mongols)

The residents of Calvados still remembered these Asians who paraded the streets in 1944, looking at the cars and shop windows. They were generally lodged in the hinterland, at the "Castle of William the Conqueror" at Touques and served at the pieces of coastal artillery located at Mont Canisy, which may still be visited, thanks to Mr Hamel of Tourgéville.

The Mongols, as they were called everywhere, must have been Azerbaijani or Turkmen, said their prayers in the apple orchards, supervised by the Mollahs and Imams who instructed them in the Muslim religion. Mr Hamel, told us that the Germans, for amusement, placed these poor men totally equipped and armed in small inflatable dinghies to show them off to the faraway town of Havre and Sainte-Adresse point, highly visible. The "Mongols" believed that they were really going to the British Isles and the Germans told them that they had to train for landing in Britain one day. The Mongols capsized nine times out of ten and somehow managed to return, soaking wet, to meet with their sneering German non-commissioned officers.

The Mongols appeared to be pleasant and only the children were afraid of them, because if they received bad grades at in class or were rowdy, they were threatened with being given to the Mongols, who were often seen roasting whole muttons on the spit in the countryside.

Commanded by the German artillery officers, the Asian soldiers regularly received an instruction, which was sometimes translated into their language by a Russian able to speak one of the numerous dialects, though this was rare. In the photos of the epoch, Asian soldiers are shown listening to one of their officers who is drawing geometrical lines on a board depicting the firing range and the curve of a shell's trajectory limits. The men are smiling and looking at one another, appearing to have understood nothing of this display of science, incomprehensible to them.

Charente-Maritime

(Mr Delmas of Royan)

The "Russians" arrived at Royan in 1941 with the German occupation armies, in the 708th Infantry Division stationed at Royan, where one of these "Atlantic pockets of German resistance" would pose problems for the Allies in 1944.

In October 1943, this 708th Division took up its position at the mouth of the River Gironde. The unit comprised many "Russians", who formed Battalion 36, but also Polish and some Asian. The Cossacks from

De nombreux « Russes », dont des Azerbaïdjanais nommés « Russes d'Asie » dans les comptes rendus, passent par Mornac, vers Fontbedeau. Certains seront repris par les Allemands, deux Polonais seront fusillés pour l'exemple, par ordre du colonel Pohlmann, commandant de la place. Trois cents soldats des *Osttruppen* seront forcés d'assister à l'exécution. En octobre, à Saint-Palais, tous les déserteurs « slaves » passent dans les lignes françaises et l'opération sera poursuivie à Saint-Augustin. En décembre, un groupe qui aide les déserteurs sera arrêté puis déporté.

Tarn

Deux garnisons de la 19e armée allemande stationnaient dans la région du Tarn, Albi où se trouvaient des Mongols et à Carmaux où l'on exploitait des mines de charbon. A Castres, se trouvait aussi une unité qui devait aller protéger les barrages hydro-électriques menacés par les actions de sabotage de la Résistance.

Les ouvriers des mines étaient souvent Polonais et faisaient partie de groupes de résistance, en particulier le M.O.I., composé surtout de travailleurs immigrés. Ce groupe aidait les *Osttruppen* désirant déserter et passer au maquis, et fut détruit en partie par les Allemands de la 1re compagnie du bataillon 294 et la 2e du 4e bataillon à Albi et ceux de la 1./IX à Castres.

Il semble que la plupart des déserteurs étaient des Géorgiens, lesquels passèrent au maquis FTP les premiers, ce qui leur permit de défiler à Toulouse en 1945 lors de la première visite du général de Gaulle, avec le bataillon de partisans où ils avaient servi très tôt, après leur évasion. Les photos trouvées sur le corps d'un officier allemand montre qu'il y avait aussi dans le Tarn des Tatars.

Les *Osttruppen* qui avaient défilé pour commémorer la victoire des alliés ont été ensuite récupérés par les Russes et on ignore s'ils ont été félicités ou envoyés dans les camps de « rééducation ».

Iles d'Hyères et Côte d'Azur

- Le Débarquement de Provence:

Récit de Monsieur Elie Borsarello, père de l'auteur du livre, réfugié chez sa sœur, dans le massif des Maures au moment du débarquement, le 15 août).

« *Après les bruits du canon, au loin, et l'annonce du débarquement, nous avons pris la camionnette à gazogène de Louis Bernard, mon beau-frère. Emportés par la joie de la grande nouvelle et n'écoutant pas les conseils de prudence de nos gendarmes locaux, nous sommes partis dans la direction de Saint-Tropez. Louis disait que les Allemands, « des vieux pour la plupart et des Chinois habillés en Allemands, se rendraient tout de suite et essaieraient surtout de sauver leur peau »*

« *Bien avant d'arriver à Saint-Tropez, nous avons vu juste devant nous des troupes débandées qui nous barraient la route et nous nous sommes cachés dans une maison en ruines devant laquelle des gens, inconscients, agitaient des drapeaux français confectionnés avec de vieux morceaux de tissu! Mais les soldats en vert de gris et kaki clair, courant à pieds ou empilés dans les camions aux pneus crevés ne se souciaient guère de nous. Un grand nombre d'entre eux ne portaient pas d'armes, quelques-uns avaient l'air asiatiques, d'autres, très moustachus, ressemblaient à des Turcs.* »

« *Des officiers, armés de pistolets, passaient en criant schnell, schnell, mot que nous connaissions bien, mais aussi, "Sénégalez, Sénégalez" et ils semblaient avoir peur, pour ne pas dire affolés. Un officier jetait son pistolet dans la garrigue, un autre enlevait son*

Regiment 623 occupied the Royan region and the 622 Grave point, which was opposite. The Indians from Regiment 950 occupied the batteries between Queyrac and Andernos.

It appears that at the end of 1943, a clandestine service fabricating false papers permitted these Polish and Russians, then the Asians to desert. This small industry was so highly demanded that it only just managed to meet with the demand and in 1944, a competitor arrived on the scene, which caused the price for a set of identification documents to drop to 600 Francs…

Numerous "Russians", among them Azerbaijani named "Russians of Asia" in the reports, passed by Mornac, towards Fontbedeau. Some were recaptured by the Germans, two Polish were shot by way of example, by order of Colonel Pohlmann, who was in command of the place. Three hundred Osttruppen soldiers were forced to attend the execution. In October, at Saint-Palais, all the "Slav" deserters crossed the French lines and the operation was continued at Saint-Augustin. In December, a group who had helped the deserters was arrested and then deported.

Tarn

Two garrisons of the 19th German Army stationed in the Tarn region at Albi, where Mongols were to be found and at Carmaux, they were used to exploit the coalmines. At Castres, a unit was also found that was supposed to protect the hydroelectric dams threatened by Resistance sabotage actions.

The mine workers were often Polish and took part in the Resistance groups, particularly the M.O.I., mostly composed of immigrant workers. This group helped the Osttruppen who wanted to desert and join the Maquis, and was partly destroyed by the Germans of the 1st Company of Battalion 294 and the 2nd of the 4th Battalion at Albi and those from the 1./IX at Castres.

It seems that the majority of deserters were Georgians, who were the first to join the FTP Maquis, which would permit them to parade at Toulouse in 1945 during General de Gaulle's first visit, with the partisan battalions in which they had served very early on after their escape. The photos found on the body of a German officer show that Tatars were also present in the Tarn.

1 et **2.** Reconstitution de scènes de la vie en Gironde au Musée du Mur de l'Atlantique. Deux « Hindous ». (Le Gua, Royan, conservateur M. Le Laurain.)

Reconstitution of scenes of life at Gironde in the Museum of the Atlantic Wall. Two "Hindous", (Le Gua, Royan, curator Mr. Le Laurain).

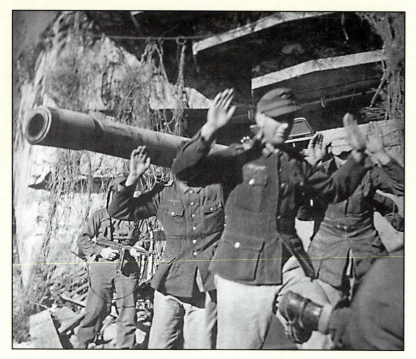

Les Allemands de la batterie du Thouars, près de Toulon, se rendent aux franco américains du débarquement de Provence. (DR.)

The Germans in the battery of Thouars, near Toulon, surrendering to the Franco-Americans from the Provence landings. (DR).

Les tirailleurs nord africains qui ont débarqué en Provence rencontreront, sur la route de Toulon, des musulmans servant dans l'armée allemande.

The North African skirmishers who had landed in Provence met with Muslims serving in the German Army on the way to Toulon.

uniforme et passait une veste civile. Ces gens étaient assez vieux, avec des cheveux blancs. Louis me dit qu'il s'agissait d'artilleurs côtiers car ils avaient des galons dorés et avec des ancres croisées. On devait trouver, par la suite de nombreuses vestes, des armes et des cartouchières dans les fourrés, abandonnés par les fuyards, poursuivis en effet, par des Sénégalais de l'armée française qui venait de débarquer à Saint-Tropez. »

The Osttruppen who had paraded to commemorate the Allied victory were recovered afterwards by the Russians and it remains unknown whether they were congratulated or sent to the "re-education" camps.

Iles d'Hyères and the Côte d'Azur
- The Provence Landing:

Account of Mr Elie Borsarello, the father of this book's author, who took refuge in the Massif des Maures at the time of the landing, 15th August).

"After hearing the noise of cannons in the distance and the announcement of the landing, we took the gas producing van belonging to Louis Bernard, my step-brother. Carried away by the joy of the news and not listening to the prudent advice of our local gendarmes, we left in the direction of Saint-Tropez. Louis said that the Germans were 'mostly old men and Chinese dressed as Germans who would surrender immediately and try to save their skins'.

Well before arriving at Saint-Tropez, we saw a some scattered troops who were blocking the route just ahead of us and we hid in a ruined house in front of which the people, unaware were waving French flags made out of pieces of old cloth!

But the soldiers in grey-green and light khaki ran on foot or went crammed into trucks with punctured tyres and took no notice of us. A great number of them were not armed and some had an Asian aspect, while others with large moustaches looked like Turks.

The officers, armed with pistols, went by shouting 'schnell, schnell' a word that we knew well, but also 'Senegalez, Senegalez' and they appeared to be frightened, to not say panic-stricken. One officer threw his pistol into the scrub, another took off his uniform and changed into a civilian jacket. These people were quite old, with grey hair. Louis told me that they were coastal artillery, as they had golden stripes with crossed anchors. Afterwards, we found numerous jackets, weapons and bullet belts in the thicket, abandoned by the runaways, who were effectively being pursued by the Senegalese from the French Army who had just landed at Saint-Tropez.

Stopped along the route and without our van that the panic-struck Germans had "borrowed" and sheltering behind a heap of stones, we had seen the first Allied soldiers! French or Americans, we didn't know, but there were Africans from the French Army and blacks from the Allied Armies. It was a French captain who came to "free" us, the people took out their small flags and now vehicles paraded at full speed, with prisoners in the trucks. Some were joking: The war was over for them. Others, in a separate truck, bore the signs of beating, had bloody faces and their hands were tied behind their backs.

When I asked them what they had done, a Sergeant explained that they were Armenians! In fact, they were wearing a flag on their sleeves with the Armenian inscription! What were the Armenians doing with the Germans? I knew two, both were cobblers, one at Cotignac and the other at Carcès; they were pleasant and gentle, having lived in France for 40 years. Moustached Armenians serving in grey-green uniforms! The sergeant told us that they had been caught by surprise sacking a bastide (country house in southern France, often fortified), after having raped the women and killed the men. The people nearby half stunned them when they saw the prisoners. It appears that two of them even killed the children, shooting them immediately. With regard to the others, they were kicked and hit with rifle butts, loaded into a truck and the unit left westwards.

I then discovered that the Asians lived on the Islands of Hyères, Porquerolles and Levant, practically aban-

« Arrêtés sur la route et sans notre camionnette, que des Allemands affolés nous avaient « emprunté » et à l'abri derrière des tas de pierres, nous avons vu les premiers soldats alliés! Français, Américains, nous ne savions pas, mais il y avait des Africains de l'armée française et des noirs des armées alliées. C'est un capitaine français qui est venu nous "libérer", les gens ressortaient des petits drapeaux et maintenant des véhicules défilaient à toute allure, avec des prisonniers sur les camions. Certains plaisantaient, la guerre était finie pour eux. D'autres, à part, dans un camion, portaient la marque de coups, visage en sang, les mains liées derrière le dos. »

« Comme je demandais ce qu'ils avaient fait, un sergent me dit que c'étaient des Arméniens! Ils portaient d'ailleurs, un drapeau sur la manche avec l'inscription Arménien ! Par exemple, des Arméniens chez les Allemands ? J'en connaissais deux, cordonniers à Cotignac et à Carcès, aimables et doux, en France depuis 40 ans! Et là des Arméniens moustachus sous l'uniforme vert de gris ! Le sergent nous dit qu'on les avait surpris en train de piller une bastide, après avoir violé des femmes, tué les hommes. Les gens autour, les avaient à moitié assommés dès qu'ils les avaient vu prisonniers. Deux d'entre eux, paraît-il, étaient allés jusqu'à massacrer des enfants, on les fusilla immédiatement. Quant aux autres, frappés à coups de pied et de crosse de fusil, on les mit dans un camion et l'unité partit vers l'ouest. »

« J'ai appris par la suite que des Asiatiques vivaient dans les îles d'Hyères, Porquerolles et l'île du Levant, pratiquement abandonnées par les habitants. Deux gendarmes faisaient la tournée des maisons, beaucoup de bateaux de pêche avaient été brûlés, les « Mongols » abêtis et sombres, traînaient ici et là dans les villages. »

« Nous avons réussi à rentrer chez ma sœur le lendemain, en voiture à essence! Une "traction avant" en très bon état, abandonnée derrière une bastide, réservoir plein. Dans le coffre, des vestes militaires, dont une avec l'écusson et l'inscription Azerbaïdjan, deux galons d'argent sur les pattes d'épaule, trois pistolets automatiques. Pour ne pas être mitraillés par les FFI, les Allemands, les Américains, enfin tous ceux qui portaient une arme à l'époque, un lieutenant nous a permis de rouler dans le convoi, jusqu'à La Valette, près de Toulon, où nous avons remis la voiture aux FFI. »

« J'ai gardé longtemps la veste vert de gris pour biner les haricots verts de mon jardin, à Cotignac, après en avoir retiré les insignes. Les voisins au début m'ont pris pour un prisonnier allemand récupéré! Plus tard j'ai été amené à rencontrer ces "Chinois" allemands de Provence. Ils travaillaient à déblayer les rues obstruées par les gravats des bombardements et portaient dans le dos, écrit en blanc PG, prisonniers de guerre. C'était fin septembre 1944, à Toulon, au Mourillon, ils étaient gardés par des Sénégalais qui n'économisaient pas les coups de pied au derrière... En octobre, je ne les ai plus vus. On m'a dit par la suite, que des FTP étaient venus les chercher pour les rassembler, par nationalité, dans un camp près de Marseille ».

doned by the residents. Two gendarmes doing the rounds of houses, saw that a lot of fishing boats had been burnt, the "Mongols" stupefied and sombre, wandered here and there throughout the villages.

The following day, we tried to reach my sister's house, in a car with petrol! It was a "front-wheel drive" in very good condition, abandoned behind a bastide, with a full tank. In the boot, there were military jackets, one of which bore the Azerbaijani crest and inscription with two silver stripes on the shoulder patches and three automatic pistols. To avoid being machine-gunned by the FFI, the Germans, the Americans, or anyone carrying a weapon at the time, a lieutenant gave us permission to drive with the convoy, until La Valette, near Toulon, where we gave our car up to the FFI.

I kept the grey-green jacket for a long time and used it for digging the green beans in my garden at Cotignac, after having removed the insignia. At first, the neighbours mistook me for an escaped German prisoner! Later on, I was taken to meet these "Chinese" German of Provence. They worked clearing the roads blocked by bombardment rubble and on their backs, the words "prisoner of war" were written in white. That was at the end of September 1944, at Toulon.

Certificat transmis par un survivant azerbaïdjanais vivant actuellement à Bakou (pharmacien Akperoff M.R.). Ce document montre à quel point les Soviétiques avaient pénétré les formations de résistants français pour y découvrir les vrais et les faux déserteurs des *Osttruppen*, d'origine russe. Il y avait à Marseille en 1945 un hôpital franco-soviétique, comme en témoigne ce précieux document.

A certificate transmitted by an Azerbaijani survivor, actually living at Baku (pharmacist Akperoff M.R.). This document shows the extent to which the Soviets had infiltrated the French Resistance formations to discover the true and false *Osttruppen* deserters of Russian origin. At Marseille in 1945, there was a Franco-Soviet hospital, as evidenced by this precious document.

- Témoignage de Jean Labrosse, Toulon 2000

« J'ai vu à Toulon, le 16 août 1944, les premiers prisonniers allemands capturés lors du débarquement des alliés sur la côte de Provence, la veille. Il s'agissait de soldats qui occupaient la batterie de canons sur la colline du Thouars. Je n'en avais jamais vu de ce genre, ils avaient l'air de Turcs, ou Arabes mais enfin pas le genre allemand. Je devais apprendre plus tard que c'étaient des Arméniens.

Lorsque les troupes françaises ont occupé le village de La Valette, les Allemands sont arrivés avec le drapeau blanc, fuyant le fortin, alors que leur commandant les menaçait de son pistolet pour qu'ils continuent à se battre. Il paraît que ce grand gaillard, peut-être SS, avait été brûlé au lance-flammes par des soldats français, et qu'il fut tué avant d'abattre les déserteurs.

Les prisonniers ont été rassemblés sur la place du village et gardés par des tirailleurs sénégalais tout heureux de dominer des soldats blancs d'une armée aussi redoutable que la Wehrmacht. Mon oncle Antoine Bono, qui contemplait la scène et qui se souvenait avoir été prisonnier lui aussi en 1940, a vu un tirailleur sénégalais s'approcher d'un de ces hommes, un couteau très long, comme une sorte de coupe-coupe à la main, disant à mon oncle, avec un grand sourire carnassier: toi y en a beaucoup souffert par ces boches, alors moi te venger. Mon oncle ne savait plus où se mettre, et expliqua au Sénégalais qu'il ne voulait pas la mort de ce pauvre soldat qui ne lui avait rien fait. Alors le tirailleur a pris l'Allemand par le cou et … lui a coupé une mèche de cheveux! Il paraît que le prisonnier tremblait de tous ses membres et que le Sénégalais, pour se distraire, lui a coupé pratiquement tous ses cheveux, en riant comme un fou… et en arrachant les derniers cheveux à la main. Les Arméniens faisaient partie du 4e bataillon du régiment 918 de l'artillerie côtière, certains s'étaient très mal conduits dans les campagnes environnantes ».

Les Arabes de la brigade nord africaine

Dès le débarquement des alliés en Afrique du nord en novembre 1942, la Brigade Nord Africaine est évacuée en France et va arriver en Dordogne, en début d'année 1943. Elle est considérée alors comme une simple « police allemande » (Hilfspolizei) vu le petit nombre de volontaires pro-allemands recrutés en Afrique du nord.

At Mourillon, they were guarded by the Senegalese who spared them no blows from behind… In October, I saw no more of them. I was later told that the FTP had come to find them and gather them together by nationality in a camp near Marseille ».

Account of Jean Labrosse, Toulon 2000

"At Toulon, on the 16th August 1944, I saw the first German prisoners captured after the Allied landing on the Provence coast, in the evening. They were soldiers who had occupied the battery of cannons on Thouars hill. I had never seen people like them before; they had a Turkish or Arabic appearance, but were definitely not German looking. I later learned that they were Armenians.

When the French troops occupied the village of La Valette, the Germans arrived with a white flag, even though their commander threatened them with his pistol to continue fighting. It appears that this strapping fellow, perhaps a member of the SS, had been burnt with a flame-thrower by the French soldiers and that he was killed before being able to beat the deserters.

The prisoners were gathered together at the village square and guarded by Senegalese skirmishers very happy to dominate these white soldiers from such a formidable army as the Wehrmacht. My uncle Antoine Bono, who witnessed the scene and who remembered having been taken prisoner himself in 1940 saw a Senegalese skirmisher approach one of these men with a very long knife, like a kind of machete in the hand and said to my uncle with a carnivorous smile: 'You and many others have suffered for these "boches" (pejorative nickname for German), now I will avenge you. My uncle cringed, and explained to the Senegalese that he didn't want this poor soldier, who had done nothing to die. Then the skirmisher took the German by the neck and… cut off a lock of his hair! The prisoner's arms and legs trembled and the Senegalese cut off practically all his hair for amusement, laughing like a madman the whole time… and he wrenched the last hairs out with his hands. The Armenians formed part of the 4th Battalion of Regiment 918 of the Coastal Artillery and some of them behaved very badly in rural surroundings."

The Arabs of the North African Brigade

After the Allied landing in North Africa in November 1942, the North African Brigade was evacuated to France and arrived at the Dordogne, at the beginning of 1943. It was then considered as a simple "German police" (Hilfspolizei) given the small number of pro-German volunteers recruited in North Africa.

With the chiefs of the Gestapo at Paris, Knochen and Boemelburg, and the sinister Lafont, attempts were made to "expurgate" this small troop, amongst which, at the beginning, several volunteers loyal to Vichy were found, as well as pimps, crooks and ex-prisoners, who had enlisted in the "brigade" to commit rape and murder.

The "brigade", was really just a "heavy company" of 185 men, after having been selected from the 300 recruited, was commanded by two men: Ouali, an ex-warrant office become military trainer and Zoubib, a political trainer and Nazi follower, both of them sadists, who spent their time harassing the Arabs and turning them against the French as far as possible.

It was a businessman who was later to become the talk of the town, the sadly famous Joanovici, who equipped the brigade. He trafficked on the black market, playing a skilful double game by aided the Resistance at the same time. Joanovici clothed the North African Brigade in the same fashion as the "Chan-

Les « dirigeants » de la Brigade Nord Africaine, étaient des Français qui avaient reçu de la part des Allemands un grade d'officier (capitaine de la Waffen-SS), en particulier Bony et Lafont. Ils seront condamnés en 1946.

The "leaders" of the North African Brigade, were the French who had received the grade of officer (captain of the Waffen-SS) from then Germans, in particular Bony and Lafont. They were condemned in 1946.

Avec les chefs de la Gestapo à Paris, Knochen et Boemelburg, et le sinistre Lafont, on a réussi à « expurger » cette petite troupe où on trouvait au départ, parmi quelques volontaires fidèles à Vichy, des souteneurs, escrocs et repris de justice qui s'étaient engagés dans la « brigade » pour y perpétrer des vols et des assassinats.

La « brigade », en réalité tout juste une « compagnie lourde » de 185 hommes, après le tri des 300 à l'époque du recrutement, est commandée par deux hommes, Ouali, ancien adjudant, devenu instructeur militaire, et Zoubib, instructeur politique d'obédience nazie, sadiques tous les deux, qui passèrent leur temps à haranguer les Arabes et les dresser au maximum contre les Français.

C'est un homme d'affaires, qui devait défrayer la chronique un peu plus tard, le tristement célèbre Joanovici, qui équipa la brigade. Trafiquant du marché noir, jouant un habile double jeu puisqu'il aidait la Résistance en même temps, Joanovici habilla la Brigade Nord Africaine à la manière des Chantiers de Jeunesse des années 1941 à 1945, ou à celle des Compagnons de France ou des chasseurs alpins. L'armement était composé de mitraillettes Sten récupérées sur les parachutages anglais ratés, mais aussi sur les résistants tués, et de dotations allemandes, rares et de mauvaise qualité, de récupération soviétique. (1)

Lafont (alias capitaine Henry), toujours « capitaine SS », a organisé sa troupe en cinq demi sections de 30 hommes, chacune commandée par un « sous-lieutenant » un « adjudant » commandant une escouade de 10 hommes, aux noms évocateurs, d'escouade del Chiappo, escouade Napo, escouade Villaplana, et même Jean Dumas pour « franciser » un peu cette assemblée peu reluisante...

La « *Brigade Nord Africaine* commence en février 1944 son action à Tulle qui sera sa base principale. (2) Le pillage des maisons alentour permet de meubler les installations, malgré les plaintes du préfet qui se fait éconduire poliment. Lafont a réussi à faire équiper sa compagnie en feldgrau allemand pour impressionner les populations, il peut désormais régner sur la région, qu'il dit vouloir « pacifier et parer aux désordres intérieurs de la France »...

tiers de Jeunesse" in the years from 1941 to 1945, or that of the "Compagnons de France" or "Chasseurs Alpins". The weaponry was composed of Sten machine-guns recovered from failed British parachute drops, but also from killed members of the Resistance and those of German endowment, rare and of poor quality, recovered from the Soviets. (1)

Lafont (alias Captain Henry), always "Captain SS", organised his troop into five half-sections of 30 men, each commanded by a "second lieutenant" with a "warrant officer" commanding a squad of 10 men with evocative names, such as the Chiappo Squad, Napo Squad, Villaplana Squad, and even Jean Dumas Squad, to "Frenchify" a little this far from brilliant assembly...

"In February 1944, the North African Brigade began its action at Tulle, which was to be its main base. (2) The sacking of surrounding houses allowed the installations to be furnished, despite complaints from the prefect, who was politely dismissed. Lafont had managed to equip his company in German 'feldgrau' to impress the people, he could henceforth reign over the region, he claimed he wanted to 'pacify and ward off disorder in France'..."

The people of Périgueux saw the arrival in their province of this "SS Mohammed", as the troop was called and soon suffered the exactions of this "pack of crooks", and eventually, it was a German Colonel, Sternkopf, commander of the section for liaison with the French authorities who wrote to the prefect to deplore the behaviour of these people with no morals and begged him to accept his excuses.

(1) L'équipement : blouson et pantalon de ski bleu marine et béret noir. Ceinturon allemand, boucle inconnue. Musette de toile beige en bandoulière et armement disparate. Brassard blanc au bras gauche avec probablement : « *Im Dienst der deutschen Wehrmacht* ».

(2) La Brigade Nord Africaine débuta en surveillant les usines de Sochaux, en tant que vigiles. A la suite d'incidents avec les ouvriers, ils seront renvoyés et remplacés par des Français.

(1) Equipment: Navy blue shirt and ski trousers and a black beret. German belt, unknown buckle. Musette (French bagpipes) made of beige cloth slung over the shoulder and disparate weaponry. White armband on the left arm, probably with: "Im Dienst der deutschen Wehrmacht" ("In service of the German Wehrmacht") on it.

(2) The North African Brigade began by surveying the factories of Sochaux, as guards. After a series of incidents with the workers, they were dismissed and replaced by the French.

Très rare photographie de la Brigade Nord Africaine avec son chef en tenue de SS, défilant à Toulouse, au printemps 1944, devant l'hôtel Saint Martin, siège de la brigade et du SD allemand, maison Rio Blanc à droite. (Musée de la Résistance de Toulouse.)

A very rare photograph of the North African Brigade with its chief in SS attire, parading at Toulouse, in spring 1944, in front of the Hôtel Saint Martin, headquarters of both the Brigade and the German SD, the "Rio Blanc" house to the right, (Resistance Museum of Toulouse).

Les Périgourdins voyant arriver dans leur province cette « SS à Mohammed », comme ils appellent la troupe, subissent bientôt les exactions de ce « ramassis de canailles » et, c'est finalement, un colonel allemand, Sternkopf, commandant de la section de liaison avec les autorités françaises, qui écrira au préfet pour déplorer la conduite de ces gens sans morale et le prier d'accepter ses excuses.

Un Bordelais, membre important du PPF, parti populaire français, d'obédience vichyssoise, très attaché au président Pierre Laval et à la « Victoire de l'Allemagne » recevra en juillet, d'un homme éminent de la Légion des Volontaires contre le Bolchevisme, une lettre ainsi libellée, à propos de la brigade arabe:

« Ce sont des tueurs professionnels et salariés, des pillards, lamentablement entourés de femmes et rencontrant des succès féminins étonnants... Une nuée de femmes mariées et de filles sont à leurs chausses parce qu'ils paient de cinq manières différentes avec une générosité folle: argent liquide, bijoux, provisions de bouche, vêtements, linge et objets divers. C'est un gaspillage fou et une débauche crapuleuse! »

En mars 1944, une école de cadres FTP est attaquée par des troupes allemandes venant de Périgueux. La Brigade Nord Africaine participera à l'opération, suivie de plusieurs autres au cours desquelles les Arabes fusilleront otages et résistants, en particulier à Mussidan, Eymet, Riberac et Brantôme.

Tous les dirigeants, dont El Maadi lui-même, à l'origine de la Brigade Nord Africaine sont furieux de voir que cette unité, faite pour le combat et la future libération de l'Algérie, n'est finalement qu'un groupe de pillards sadiques et nuls sur le plan militaire, car leurs pertes au combat sont énormes.

Pendant les opérations menées avec des soldats allemands à Châteauroux, Brive, Limoges, Angoulême et Tarbes, la Brigade Nord Africaine est tombée dans des embuscades et a subi la perte de 80 % de ses hommes. Le 13 août 1944, un petit groupe de survivants réussira à gagner Marseille et l'Algérie, où ils continueront à exercer leurs talents dans le crime et l'escroquerie, seules spécialités où ils ont brillé un instant de leur triste existence. (3)

Références: *Histoire de la Résistance en Périgord*, G. Penaud et P. Fanlac.

Archives Départementales de la Dordogne. Bibliothèque Municipale de Périgueux.

A man from Bordeaux, important member of the PPF, French Popular Party, follower of the Vichy Regime, and highly attached to President Pierre Laval and the "Victory of Germany" received in July an eminent man from the Legion of Volunteers against Bolshevism, a letter regarding the Arab Brigade, worded as follows:

"They are professional and paid killers, pillagers, lamentably surrounded by women as they have found incredible success with women... A horde of married women and girls are hunting them down, because they pay in five different ways with crazy generosity: money in cash, jewellery, food provisions, clothing, linen and various objects. It's a crazy waste and sordid debauchery."

In March 1944, an FTP officer's school was attacked by German troops coming from Périgueux. The North African Brigade participated in the operation, followed by several others, over the course of which the Arabs shot hostages and members of the Resistance, particularly Mussidan, Eymet, Riberac and Brantôme.

All the leaders behind the creation of the North African Brigade, among them El Maadi himself, were furious to see this unit, built for the battle and future liberation of Algeria, was eventually nothing more than a group of sadistic pillagers, useless on the military plane, hence their losses in combat were enormous.

Throughout the operations led by German soldiers at Châteauroux, Brive, Limoges, Angoulême and Tarbes, the North African Brigade fell into ambushes and lost 80% of its men. On the 13th August 1944, a small group of survivors managed to take Marseille and in Algeria, where they continued to exercise their talents of crime and swindlery, the only specialities at which they have excelled for a moment of their sad existence. (3)

References: *Histoire de la Résistance en Périgord*, G. Penaud and P. Fanlac.

Departmental Archives of the Dordogne. Bibliothèque Municipale de Périgueux.

While the Germans from certain units punished the Resistance severely as well as the local residents because of their profound exasperation at the sabotages and ambushes, it is necessary to linger for a moment on the conduct of these Osttruppen before the end of this file.

It is understandable that since the Normandy landings, followed by those in Provence, the Wehrmacht volunteers, from Eastern and Central Asian countries felt lost upon arrival. Everything suggested that the Germans were going to be defeated and that the Russians would very soon come to recapture them. Their "second treason" for joining the enemy can be explained, by the hope, though minimal, of being sent to America to be placed in the prison camps there. Their irresponsible conduct led them to assassinate their German chiefs, sometimes shooting them in the back, while others became pillagers, thieves, murderers and rapists.

However reprehensible and punishable by death these acts may be, they have unfortunately been facts of war for thousands of years.

Where resignation, humiliation and a certain degree of comprehension for some of the reactions of these men confronted with the war ends, there begins the repulsion, horror and incomprehension faced with these tortures inflicted on the enemy, gratuitous torture and in spite of all the searches for information

Les Nords Africains de la « Hilfspolizei » à Périgueux, devant les locaux du SD. (Musée de la Résistance de Périgueux.)

The North Africans of the "Hilfspolizei" at Périgueux, in front of the SD premises, (Resistance Museum of Périgueux).

Si les Allemands de certaines unités ont sévi durement contre les Résistants et les populations locales en raison de leur profonde exaspération devant les sabotages et les embuscades, il est nécessaire de s'arrêter un instant sur la conduite de ces « *Osttruppen* » avant de clore ce dossier.

On peut comprendre que, dès le débarquement de Normandie, puis de Provence, les volontaires de la *Wehrmacht*, venant de pays de l'Est et de l'Asie Centrale, ont compris qu'ils étaient perdus, quoi qu'il arrive. Tout indiquait que les Allemands allaient être vaincus, et que les Russes allaient les récupérer très vite. Leur « seconde trahison » pour passer à l'ennemi s'expliquait, avec un espoir, minime, d'être envoyé en Amérique pour y être placés dans des camps de prisonniers. Leur conduite irresponsable les a amenés à assassiner leurs chefs allemands, quelquefois en leur tirant dans le dos, d'autres ont été des pillards, voleurs, assassins et violeurs.

Bien que répréhensibles et de nature à être punis de mort, ces actes sont malheureusement le fait de toutes les guerres depuis des millénaires.

Là où s'arrête la résignation, l'opprobre et même une certaine compréhension de quelques réactions des hommes confrontés à la guerre, commence la répulsion, l'horreur et l'incompréhension devant les tortures infligées à l'ennemi, tortures gratuites et en dehors de toute recherche de renseignements, et d'aveux, c'est-à-dire des gestes que la plus méchante des bêtes, la plus sournoise, la plus stupide, la moins fournie en matière cérébrale n'a jamais effectués. Le mot bestialité est donc un terme impropre. Or des hommes, des femmes, et de grands enfants se sont livrés à torturer sauvagement d'autres êtres humains, au cours des guerres et même en dehors des guerres.

Pendant la Deuxième Guerre mondiale, beaucoup moins au cours de la Première, dans toutes les armées du monde, dans les guerres civiles et l'action de guérilla, il y a eu un tel mélange de races et d'origines diverses que l'on a pu se rendre compte que, parmi les humains, un certain nombre possédaient dans leur psychisme des éléments inconnus qui les poussaient, sans aucune raison, à ces extrémités incroyables ! En dehors de tout esprit de vengeance, d'idéologie, de politique et de religion, des humains effectuent des gestes que rien, absolument rien, ne peut expliquer ni guérir.

Le tireur fou, celui qui abat au hasard des gens dans la rue, celui qui torture avant de cambrioler, qui s'acharne sur une victime innocente, qui bat sa compagne sans raison, qui détruit un proche par la torture morale, voilà une série d'individus dont l'ADN ne révèle aucune faille, et le comportement habituel non plus. Les Chinois ont coutume de dire que « celui qui a une tare susceptible de nuire aux autres gravement, doit suivre dans le trépas toute sa descendance. C'est une mesure bien dure pour ceux qui ont la vue courte, mais quel bonheur pour toute l'humanité future ».

1. Le soldat Djebrailov en 1943, avec un groupe de résistants français dans un maquis (deuxième en partant de la gauche). (Musée de Bakou.)

1. The soldier Djebrailov in 1943, with a group of French Resistance members in a Maquis (second from the left), (Museum of Baku).

2. Le soldat Djebrailov en 1945 avec une infirmière française militaire. (Musée de Bakou.)

2. The soldier Djebrailov in 1945 with a French military nurse, (Museum of Baku).

and confession, i.e., gestures that the most evil beasts, the most craftily, least endowed with grey matter, never made. The word bestiality is hence an inappropriate term. Yet men, women and children have surrendered themselves to savagely torturing other human beings, throughout the course of wars and even during peace.

During the Second World War, and much less so throughout the First, in all the armies of the world, both in civilized warfare and guerrilla action, there has been such a mixture of diverse races and origins that it has been possible to observe that among the humans, a certain number possessed within their psyche unknown elements that pushed them for no reason to incredible extremes! Apart from any spirit of vengeance, ideology, politics or religion, these humans carried out gestures that nothing, absolutely nothing can explain or heal.

The shooter, who fires at people randomly in the street, he who tortures before burgling, who goes for an innocent victim, who hits his companion for no reason, or he who destroys a relative for moral torture, represents a series of individuals whose DNA reveals no fault and neither does the usual behaviour. The Chinese have the habit of saying "he who has a flaw susceptible of seriously harming others, should put an end to himself and his descendents. It's a very hard measure for those who have short vision, but what good news for the future of all humanity!".

(3) Piètres combattants contre les maquisards, ils sont fusillés systématiquement après leur capture. Après la dissolution du groupe, certains rallieront les Pyrénées, où bivouaquent les troupes de Shandra Bose.

(3) Mediocre fighters against the Maquisards, who were systematically shot after their capture. After the dissolution of the group, some rejoined the Pyrenees or bivouacked with Chandra Bose's troops.

« Volontaires de l'Est » au combat contre les Américains

Toutes les troupes « de l'Est », et en particulier les Géorgiens, n'ont pas été des unités démoralisées et inactives en attente du débarquement allié pour être libérées de leurs « maîtres allemands ».

Les bataillons composés de Géorgiens, comme le 795e de la 709e division d'infanterie de la *Wehrmacht*, ont farouchement combattu les Américains. « Chargés de défendre la plage de La Madeleine à Sainte-Marie-du-Mont *(Utah Beach)*, ils ont lutté avec acharnement contre les parachutistes des *82nd* et *101st Airborne Divisions* qui essayaient de dégager des sorties pour la plage et ouvrir la route à la 4e division US.

Les troupes de l'Est incorporées à la 709e Division étaient aussi dans le Cotentin mais dans une unité de valeur combative assez médiocre, soldats âgés et Géorgiens chargés de surveiller 100 km de côtes de Cherbourg jusqu'à la baie de Veys. Les Géorgiens combattront cette fois les Américains qui ont percé à Barneville et vont refluer vers Cherbourg, où ils se rendront avec la quasi-totalité de la 709e Division à la fin juin.

La 711e Division comprend elle aussi de nombreux bataillons, dont celui du Turkestan (peut-être le bataillon 781) et de combativité médiocre. Elle occupe un secteur entre Dives et la Seine. Elle essaiera de repousser les Britanniques parachutés à l'est de l'Orne avec la 346e Division. Elle reculera devant la 1re armée canadienne, remontera vers la mer du nord le long, des côtes jusqu'à Utrecht en décembre. La 711e Division combattra alors en Hongrie jusqu'à la capitulation de mai 1945.

La 716e Division, comme les unités précédentes, est dépourvue de moyens de transports rapides mécanisés et occupera en juin 1944 le secteur côtier entre Arromanches et l'embouchure de l'Orne. Elle comprend deux bataillons de troupes de l'Est, Géorgiens et soldats du Turkestan. La division sera très malmenée le 6 juin par les Anglo-Canadiens et devra partir au repos dans le secteur de Perpignan. Elle sera éprouvée de même par le débarquement de Provence, au cours duquel la plupart des troupes de l'Est déserteront ou seront capturées.

Enfin à Ecoqueneauville, dans la Manche, la 4e division américaine et son 8e régiment attaquent le 7 juin. Le nid de résistance sera tenu fermement par des Géorgiens du 195e régiment qui défend l'approche de la côte Fauville, ce qui permettra une contre attaque allemande menée par le régiment formé d'étrangers en provenance de Montebourg.

L'histoire des *Osttruppen* en Europe est ainsi jalonnée de combats audacieux de la part de soldats étrangers restés fidèles à la promesse qu'ils avaient faite lors de leur recrutement. S'ils n'ont pas formé la majorité des combattants opiniâtres qui se sont opposés aux Alliés pendant et après le débarquement en Normandie, ils n'en ont pas moins payé de leur vie pour une bonne part, certains reposent d'ailleurs dans les cimetières militaires sur le territoire français (La Cambe) belge et hollandais.

Un officier anglais interroge un Asiatique sur le front de Normandie, fin juillet 1944. (NARA.)

A British officer interrogating an Asian at the Normandy Front, end of July 1944, (NARA).

Soldats géorgiens prisonniers gardés par des soldats US, fin juillet 1944. (NARA)

Georgian soldiers taken prisoner and guarded by the US soldiers, end of July 1944. (NARA).

"Volunteers from the East" in battle against the Americans

Not all the troops from the East, particularly the Georgians, were demoralised and inactive units awaiting the Allied landing to be freed from their "German masters".

The battalions composed of Georgians, such as the 795th and the 709th Wehrmacht Infantry Divisions, fiercely fought the Americans. Charged with defending the beach of La Madeleine at Sainte-Marie-du-Mont (Utah Beach), they fought relentlessly against the parachutists of the 82nd and 101st Airborne Divisions that tried to clear the beach exits and open up the route to the 4th US Division.

The Eastern troops incorporated into the 709th Division were also in the Cotentin but in a unit of mediocre combat value, with older soldiers and Georgians charged with surveying 100 km of Cherbourg coasts up to the Bay of Veys. This time, the Georgians fought the Americans who had broken through Barneville and were rushing back towards Cherbourg, where they surrendered with almost all the members of the 709th Division at the end of June.

The 711th Division also comprised numerous battalions, among which was that of Turkestan (perhaps Battalion 781) with mediocre fighting ability. It occupied a sector between Dives and the Seine. It tried to push the British parachutees to the east of the river Orne with the 346th Division. It retreated when faced with the 1st Canadian Army, returning along the North Sea coast, reaching Utrecht in December. The 711th Division then fought against Hungary until the surrender in May 1945. The 716th Division, like the previous units was devoid of any quick mechanised means of transport and in June 1944, occupied the coastal sector between Arromanches and the mouth of the Orne. It comprised two battalions of Eastern troops: Georgians and soldiers from Turkestan. The division was badly directed on the 6th June by the Anglo-Canadians and was to take leave in the Perpignan sector. It was also hard hit by the Provence landings during the course of which, the majority of the Eastern troops deserted or were captured.

Finally at Ecoqueneauville, in the English Channel, the 4th American Division and its 8th Regiment attacked on the 7th June. The nest of the Resistance would be firmly held by the Georgians of the 195th Regiment, which was defending the approach to the Fauville coast, thus permitting a German counter attack to be led by the regiment composed of foreigners that was coming from Montebourg.

The history of the Osttruppen in Europe is thus lined with audacious battles fought by the portion of foreign soldiers who remained loyal to the promises they made when being recruited. Those not forming part of the majority of obstinate fighters who confronted the Allies during and after the Normandy landing mostly paid for it with no less than their lives; some of them are at rest in the military cemeteries on French (La Cambe) Belgian and Dutch territory.

Un soldat asiatique interrogé par les Américains en juillet 1944. Plusieurs soldats géorgiens ont assassiné leurs officiers allemands avant de se rendre aux Américains. (NARA.)

An Asian soldier being interrogated by the Americans in July 1944. Several Georgian soldiers assassinated their German officers before surrendering to the Americans, (NARA).

2. Ce soldat géorgien qui s'est rendu aux Américains tient en mains un papier que les Américains envoyaient dans les lignes allemandes occupées par des déserteurs géorgiens potentiels. Ils envoyaient ces bulletins dans des obus de 105 mm, non explosifs. Le soldat qui tient le papier est le caporal Sansjar Waliulin. Un autre Géorgien, le caporal Dimitri Blakin, passé chez les alliés dut repartir dans les lignes allemandes, pour y rechercher ses camarades et les ramener de l'autre côté du no man's land, car ils avaient peur de passer tout seuls. (Yank photo K 16-3 by Kenny. Serviced by London OWI to list B, E A 29705.)

2. This Georgian soldier surrendering to the Americans is holding a piece of paper that the Americans sent behind the German lines, occupied by potential Georgian deserters. They sent these bulletins in the 105 mm, non-explosive shells. The soldier holding the piece of paper is Corporal Sansjar Waliulin. Another Georgian, corporal Dimitri Blakin, who had joined the Allies had to once again leave for the German lines, to search for his comrades and take them to the other side of No Man's Land, as they were afraid to cross it alone, (Yank photo K 16-3 by Kenny. Serviced by London OWI to list B, E A 29705).

1. Soldat asiatique fait prisonnier par les Américains en juin 1944. Il s'agit du seul soldat coréen connu ayant porté l'uniforme allemand. Quelques Coréens ont en effet fui l'occupation japonaise en Corée, passant par Hasam, à la frontière avec l'URSS et ainsi parvenus à Vladivostok ! Incorporés dans l'armée soviétique, ils ont été faits prisonniers par les Allemands et ont combattu quelques jours contre les Armericains en Normandie. Un seul est connu, celui qui parlait le coréen et fut interrogé par un Coréen américain. (Musée Militaire de Budapest, Tamas Baczoni.)

1. Asian soldier taken prisoner by the Americans in June 1944, a Corean... (Military Museum of Budapest, Tamas Baczoni).

Comportement des *Osttruppen* face aux Alliés

Les *Osttruppen* de l'armée allemande ont, bien sûr, joué un rôle mineur aux côtés des soldats de la *Wehrmacht* au cours des opérations du débarquement. Mais si la majorité des formations étrangères occupait des postes très secondaires, quelques unités ont vaillamment combattu.

Les noms de ces soldats perdus de l'Est venus à l'Ouest ne sont même pas tous sur les tombes du cimetière militaire de La Cambe et l'on n'y retrouve que quelques patronymes aux intonations géorgiennes.

Le général allemand von Schlieben disait au *Führer*, en parlant de ces troupes venues de l'Est : « Comment voulez-vous faire combattre, en France, pour l'Allemagne, des hommes russes, mais anti-soviétiques, contre des Américains ? »

Ce général oubliait que ces soldats faisant partie d'une ethnie persécutée depuis des siècles par des envahisseurs de tous types, avaient vu dans l'Allemagne la seule sortie possible vers l'indépendance ! Même sur le front de Normandie, la victoire allemande eut été possible et, à l'Est, cette victoire n'était pas exclue.

Les soldats des *Osttruppen*, surtout les Caucasiens et les Cosaques, ont durement lutté contre les Alliés. Les Géorgiens du 795e bataillon ont donné bien du fil à retordre aux Américains des 82e et 101e Airborne près de Carentan. Les Géorgiens du 797e ont arrêté les 16e et 116e RCT à Omaha. Ils ont momentanément stoppé à *Gold* les régiments britanniques *Hamps* et *Dorset* !

C'est encore le régiment Dorset qui s'est opposé au 835e bataillon Nord Caucasien et au 781e bataillon du Turkestan. A *Sword* ce sont des Azerbaïdjanais qui se sont heurtés au 41e bataillon de *Royal Marines*, et à Riva Bella aux commandos français du commandant Kieffer !

Au débarquement de Provence, en août 1944, un bataillon d'Arméniens a combattu les commandos français de « l'armée d'Afrique ».

On sait aussi que des *Osttruppen* se sont révoltés contre leurs officiers allemands, que des Arméniens et des Caucasiens, entre autre, ont commis des exactions de toutes sortes, mais les Américains semblent avoir été plus cléments avec eux.

Nous savons, en effet, que les prisonniers « russes » ont été longuement interrogés par les Américains et que ceux-ci les ont envoyés souvent aux Etats-Unis pour les protéger contre les Soviétiques qui leur faisaient la chasse, les considérant, à juste titre pour certains, comme des traîtres à l'URSS. Beaucoup de ces soldats devenus apatrides ont profité du désordre général pour se cacher et se diluer dans la nature. Il y a paraît-il en France un nombre assez imposant d'*Osttruppen* qui se sont refaits une vie…

Mais tous ces hommes, anticommunistes pour la plupart, s'ils furent épargnés par les Etats-Unis bien souvent, n'ont pas toujours trouvé le même sort quand ils ont été faits prisonniers par les Britanniques, en particulier les Cosaques servant dans l'armée allemande.

Behaviour of the Osttruppen in the face of the Allies

The Osttruppen of the German Army have, of course played a minor role compared to that of the Wehrmacht throughout the landing operations. But though the majority of these foreign formations occupied very secondary posts, some units fought valiantly.

The names of these soldiers lost from the "East come West" are not even marked on the graves in the military cemetery of La Cambe and only a few patronymic names with Georgian intonations were found.

The German General von Schlieben told the Führer, when speaking about the troops from the East: "How do you think you can make these Russian but anti-Soviet men fight in France, for Germany against the Americans?"

The General overlooked the fact that these soldiers belonged to an ethnicity persecuted for centuries by all types of invaders and that they saw in Germany the only possible exit towards independence! Even at the front in Normandy, German victory had been possible and this victory would not have been excluded from the East.

The Osttruppen soldiers, especially the Caucasians and the Cossacks fought strongly against the Allies. The Georgians of the 795th Battalion gave the Americans of the 82nd and 101st Airborne near Carentan a lot of trouble. The Georgians of the 797th stopped the 16th and 116th RCT at Omaha. They momentarily stopped at Gold the British Regiments Hamps and Dorset!

It was again the Dorset Regiment that opposed 835th North Caucasian Battalion and the 781st Turkistan Battalion. At Sword, it was the Azerbaijanis who clashed with the 41st Battalion of Royal Marines, and at Riva Bella with Commander Kieffer's French commandos!

During the Provence landings, in August 1944, a battalion of Armenians fought French commandos from the "African Army".

It is known that the Osttruppen revolted against their German officers, and that the Armenians and Caucasians, among others have committed all sorts of exactions, but the Americans appeared to have been more lenient with them.

We know, in effect, that the "Russians" prisoners were interrogated at length by the Americans and that they were often sent to the United States to protect them from the Soviets, who were hunting for them, as they considered them to be traitors to the USSR, though this was a just a title for some. Many of these soldiers who had become stateless took advantage of the general disorder to hide and blend into the surroundings. In France, there seem to be quite an imposing number of Osttruppen who have made a new life there…

Not all these men, mostly anti-communists, were quite often saved by the United States, met with the same lot when they were taken prisoner by the British, in particular the Cossacks who had served in the German Army.

La retraite allemande à travers la France

Au cours de l'été 1944, alors que les Américains sont arrivés sur la Loire, les forces allemandes occupant la France commencent à se regrouper et regagner si possible l'Allemagne.

Deux colonnes sont organisées pour se replier vers le nord-est, le Groupe centre du colonel Wurzer, régiment 950, colonne Taglishbeck et la colonne Elster qui partira de Dax pour finir sa course à Orléans.

Le groupe des 25000 hommes du général Botho Henning Elster quitte Dax le 19 août, entraînant avec lui une longue colonne qui va s'étendre sur cent kilomètres, comprenant des artilleurs, de nombreux marins qui servaient les batteries de la côte atlantique et des *Osttruppen*, Indiens et Caucasiens.

Empruntant par groupes plus ou moins importants les petites routes pour éviter les attaques de l'aviation américaine, la colonne sera tout au long de son chemin harcelée par les FFI et les FTP de la Résistance.

Le trajet prévu passait par Bordeaux, Angoulême, Poitiers, Châteauroux, Issoudun, avec une orientation qui permettait de contourner le Massif Central par le nord-est. Des groupes passeront à Angoulême, puis à Châteauroux le 30 août alors que d'autres seront sur la Loire à Decize le 27.

Le général Elster s'installe à Châteauroux pour regrouper ses troupes, mais il se rend compte que la colonne, équipée seulement d'armes légères, ne pourra pas combattre avec succès contre la 3e armée américaine, qui a envoyé le 7 septembre une escadrille de bombardiers sur les Allemands en retraite.

Deux camps se forment dans la colonne Elster, ceux qui veulent combattre et ceux qui choisissent la reddition. Quand le général Elster décide de se rendre aux Américains, des groupes de soldats vont mettre sa vie en danger.

Le 9 septembre 1944, l'Etat-major allemand se réunit au château du Duc de Mayet, à l'est d'Issoudun et le lendemain la reddition est signée devant le général américain et des officiers anglais (et français).

Adolf Hitler, en apprenant cette reddition condamnera à mort par contumace le général Elster qui sera emmené à l'abri car certains de ses hommes, fidèles au *Führer*, essaieront de l'assassiner.

Les Français, et en particulier le colonel Bertrand, qui commande le 1er régiment d'infanterie, s'estimera spolié par cette opération de reddition, exclusivement effectuée par l'armée américaine. Il exigera une deuxième reddition, cette fois aux Français, à Arçay.

Les troupes allemandes de la colonne passeront la Loire au pont de Beaugency et seront internées dans un camp de prisonniers non loin de là. Le général Elster restera prisonnier trois ans aux Etats-Unis, il sera libéré en 1947 et retournera dans son pays où il mourra en 1952

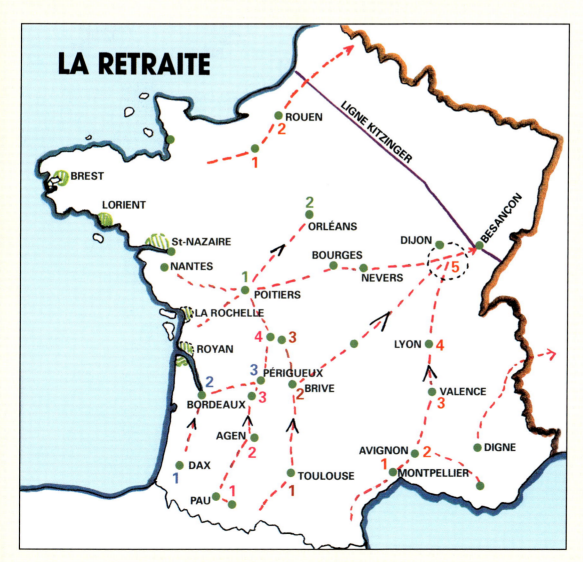

Carte montrant les routes suivies par les forces allemandes pendant la retraite des colonnes Elster, Wurzer et Taglichbek.

Illustration showing the routes followed by the German forces during the retreat of the Elster, Wurzer and Taglichbek columns.

Photo du général Elster prise au cours de la retraite.

Photo of General Elster taken during the retreat.

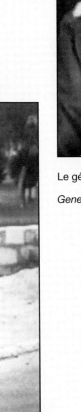

Le général Elster au moment de la reddition.

General Elster at the moment of surrender.

Le général Elster et une partie de ses troupes se rend aux Américains à l'est d'Issoudun.

General Elster and a party of his troops surrendering to the Americans to the east of Issoudun.

The German retreat across France

Throughout the summer of 1944, when the Americans arrived at the Loire, the German forces occupying France began to regroup and return to Germany if possible.

Two columns were organised to retreat north-eastwards: the central group of colonel Wurzer, Regiment 950, the Taglishbeck Column and the Elster Column, which left from Dax to end its journey at Orleans.

General Botho Henning Elster's group of 25,000 men left Dax on the 19th August, trailing behind him a long column which extended for 100 kms and contained artillerymen, numerous marines who had served in the Atlantic coast batteries, as well as the Osttruppen, Indians and Caucasians.

In groups of varying sizes and adopting the minor routes to avoid being attacked by the American aviation, the column was harassed along the whole journey by the FFI and FTP Resistance.

The planned route passed through Bordeaux, Angoulême, Poitiers, Châteauroux and Issoudun with an orientation that permitted them to bypass the Massif Central from the northeast. The groups passed Angoulême and then Châteauroux on the 30th August, while the others were in the Loire at Decize on the 27th.

General Elster set up camp at Châteauroux to regroup his troops, but he realised that the column, equipped only with light weapons would not be able to successfully fight the 3rd American Army, which had sent a squadron of bombers over the retreating Germans on the 7th September.

Two camps were set up in the Elster column: Those who wanted to fight and those who chose to surrender. When General Elster decided to surrender to the Americans, the groups of soldiers placed his life in danger.

On the 9th September 1944, the German sergeant-major met at the castle of Duc de Mayet, to the east of Issoudun and the surrender was signed the following day in front of the American General and some British (and French) officers.

Upon learning about the surrender, Adolph Hitler, condemned General Elster to death in abstentia; the General was placed under protection, as some of the men, loyal to the Führer, tried to assassinate him.

The French, and in particular Colonel Bertrand, who commanded the 1st Infantry Regiment, considered themselves to be despoiled by this operation, carried out exclusively by the American Army. He demanded a second surrender, this time to the French at Arçay.

The German troops in the column passed the Loire at the Beaugency Bridge and were committed to a prison camp not far from there. General Elster was held prisoner for three years in the United-States and freed in 1947; he returned to his country and died in 1952.

Anciens combattants azerbaïdjanais ayant participé à la Résistance Française

(liste non exhaustive transmise par le Musée de la Culture de Bakou)
- Akhmédia Mikail Oglou Djebrailov né en 1920 à Chéki
- Nourou Mahmoud Oglou Abdoulaiev né en 1913 à Chéki
- Ahmed Abbas Oglou Mehdiev né en 1921 à Chéki
- Nourouch Imangoulou Oglou Medhiev né en 1914 à Horadiz
- Veli Gara Oglou Veliev né en 1922 à Toug (Karabah)
- Khassaï Gara Oglou Balachikiev né en 1916 à Toug (Karabah)
- Anver Djalal Oglou Aliev né en 1919 à Choucha
- Khalaf Eyvaz Oglou Hadjiev
- Nouraddin Safarali Oglou Chafiev
- Husein Amrali Oglou Melikov
- Kassim Inamali Oglou Kassimov
- Dadache Oglou né en 1916 à Bakou Kerimov
- Mamettagui Khanbaba Oglou Moursalov né en 1914 à Bakou
- Eyoub Abdoullah Oglou Mamedov né en 1910 à Bakou
- Zulfugar Zulfugar Oglou Azaiev né en 1919 à Bakou
- Isayat Achraf Oglou Taguiev
- Goulou Ali Oglou Moukhtarov né en 1916 à Bakou
- Douman Gassamov
- Israfil Madat Oglou Moustafayev
- Bakhtiar Iskender Oglou Pachaiev né en 1913
- Knyaz Ourradin Oglou Abdouraguimov né en 1925
- Djalil Mamed Oglou Gousseynov né en 1914
- Salman Chakmali Oglou Gadjiev né en 1918

Noter le nom russe mais toujours avec un prénom oriental.

Djabrodilev dans le maquis FTP 1945, médaillé croix de guerre française, croix du combattant.

Djabrodilev in the FTP Maquis in 1945, awarded the French War Cross the Combatant's Cross medals.

Old Azerbaijani fighters who took part in the French Resistance

(a non-exhaustive list provided by the Baku)
- Akhmédia Mikail Oglou Djebrailov, born in 1920 at Chéki
- Nourou Mahmoud Oglou Abdoulaiev born in 1913 at Chéki
- Ahmed Abbas Oglou Mehdiev born in 1921 at Chéki
- Nourouch Imangoulou Oglou Medhiev born in 1914 at Horadiz
- Veli Gara Oglou Veliev born in 1922 at Toug (Karabah)
- Khassaï Gara Oglou Balachikiev born in 1916 at Toug (Karabah)
- Anver Djalal Oglou Aliev born in 1919 at Choucha
- Khalaf Eyvaz Oglou Hadjiev
- Nouraddin Safarali Oglou Chafiev
- Husein Amrali Oglou Melikov
- Kassim Inamali Oglou Kassimov
- Dadache Oglou born in 1916 at Bakou Kerimov
- Mamettagui Khanbaba Oglou Moursalov born in 1914 at Bakou
- Eyoub Abdoullah Oglou Mamedov born in 1910 at Bakou
- Zulfugar Zulfugar Oglou Azaiev born in 1919 at Bakou
- Isayat Achraf Oglou Taguiev
- Goulou Ali Oglou Moukhtarov born in 1916 at Bakou
- Douman Gassamov
- Israfil Madat Oglou Moustafayev
- Bakhtiar Iskender Oglou Pachaiev born in 1913
- Knyaz Ourradin Oglou Abdouraguimov born in 1925
- Djalil Mamed Oglou Gousseynov born in 1914
- Salman Chakmali Oglou Gadjiev born in 1918

Note the Russian surnames, always with oriental first names.

Remerciements à M. Amin Aliev, correspondant azerbaidjanais du musée de Bakou en 2001.

Arperoff Mahmoude et ses infirmières et infirmier à l'hôpital de Marseille.

Arperoff Mahmoude and his nurses at the hospital of Marseille.

Un Turkmène du grade de sous-lieutenant portant l'insigne de bras du Turkestan, qui regroupait tous les soldats de l'Asie Centrale russe.

A Turkmen graded second lieutenant bearing the Turkestani arm insignia, which encompassed all the soldiers of Russian Central Asia.

Un autre Asiatique ne portant aucune marque de grade ni écusson de bras. (même origine)

Another Asian without any marking or arm crest, (same source).

Quelques interrogatoires de prisonniers soviétiques

Des documents fournis après le débarquement de Normandie nous ont permis de connaître les origines et les antécédents militaires de nombreux prisonniers en particulier des Géorgiens issus des bataillons d'*Osttruppen* recrutés dans les camps allemands (concentration ou transit).

Document du 14/06/44.

1) G.B. Né à Krasnodar en 1921, étudiant, fils de médecin. A servi au 602e bataillon de transmissions dans l'Armée Rouge. Fait prisonnier le 8/08/42 près de Wyasma. Est resté au camp de concentration de Gomel pendant neuf mois, où il a subi le « traitement usuel ». Il fut ensuite envoyé dans un bataillon de travail en 1943 qui passa aux Ostbataillons et devint le *Bataillon 441*.

2) G.I. Né à Rostov en 1908, cordonnier, fils de paysans de kolkhoze, appelé au début de la guerre et fait prisonnier en septembre 1941 près de Wyasma. Envoyé dans un camp de cette ville où se trouvaient 45000 prisonniers. Trois mois après il n'en serait resté que 6000. Après le « traitement usuel » il a été versé dans la police de Gomel et rejoignit l'*Ostbataillon 441* en 1942.

3) T.I. Né à Dombas en 1910, paysan fait prisonnier en 1942, près d'Orel. Envoyé dans un camp près de Bolocho. Envoyé par force dans le *Bataillon 441*.

4) B. Né en 1919, petit propriétaire agricole d'origine polonaise. Affecté au début de la guerre au régiment d'artillerie N°43 « Drapeau Rouge ». Fait prisonnier en 1942, envoyé au camp de Bolchowo, où on l'a affecté au *Bataillon 441*.

5) K.N. Né en 1900, mécanicien engagé au début de la guerre au régiment d'infanterie 1273. Fait prisonnier en 1942, mis au camp de Bolchowo, pendant seulement 22 jours, et envoyé dans une unité qui garde les voies ferrées. Part à l'*Ostbataillon 441*, en 1943.

6) Y.V. Né en 1915, travailleur aux chemins de fer, engagé dans un régiment de pompiers. Fait prisonnier fin 1941 près de Lokwitz, envoyé à Gomel, section « traitement usuel » du camp. Envoyé en 1942 à l'*Ostbataillon 441*.

7) Z.A. Né à Orel en 1911, mineur, sert en début de guerre au 689e régiment d'infanterie, fait prisonnier dès 1941 et envoyé au camp près de Poltava pendant 16 mois, suivis de 6 mois d'hôpital. Affecté au Bataillon 441, il partit en France en mars 1944.

8) V. Paysan né près de Tachkent en 1923, entre dans l'Armée Rouge dès sa sortie de l'école. Fait prisonnier en 1943 près de Rozachov. Envoyé dans un camp… d'où il partira dans un bataillon de travail puis à l'*Ostbataillon 441*.

9) M.V. Né à Ivanovosnevensk près de Moscou en 1916. Obtient son doctorat en médecine à l'Université de Moscou en 1939 est affecté au régiment 1023, de la 307e division, médecin de bataillon. Fait prisonnier en octobre 1941 et mis au camp près de Gluchow où il restera jusqu'en mai 1942. Finira à l'*Ostbataillon 642*.

10) T. Né dans l'Altaï (Oural) en 1904, paysan. Affecté au début de la guerre au régiment d'infanterie 1275 de la 387e division de la 6e armée de Youkov (Zhukov). Fait prisonnier en août 1942, mis au camp d'Orel, seulement « rééduqué » quelques jours puis envoyé garder les voies ferrées à la gare d'Orel. Envoyé à l'*Ostbataillon 441* puis en France, en janvier 1944.

11) S.A. Né à Mosdok en 1921, mobilisé en 1941 et envoyé dans une école des blindés de la 19e armée. Fait prisonnier le 12 octobre près de Wyasma. Rééduqué dans plusieurs camps (près de Dragobush, Yelnia et Smolensk). S'échappe et rejoint des partisans russes. Repris en Juillet 1943. Part au camp de concentration de Yelnia où la majorité des prisonniers sont fusillés. Envoyé dans un camp de travail où l'on monte des locomotives. Ensuite au 642e Ostbataillon, puis en France en 1943.

12) Ch. I. Né à Moscou en 1906. Travaille dans une ébénisterie, mobilisé en 1942 à la 123e brigade d'infanterie. Prisonnier fin 1942, part au camp de Shuzdra où il restera quatre mois avant d'être placé dans un bataillon de travail, puis au 1er *Ostbataillon* en 1944.

13) S.N. Né dans le secteur de Moghilev en 1911, paysan mais officier de réserve, mobilisé en 1941 au 441e régiment d'infanterie de la 62e division. Fait prisonnier en février 1942, près de Mozensk, envoyé dans un camp près d'Orel. Part début 1943 au *Bataillon 441*.

14) K.V. Né à Novossibirsk en 1922, paysan mobilisé en 1941, affecté à la 118e brigade de tireurs d'élite. Suivra ensuite un cours de mécanique aéronautique. Fait prisonnier en 1942 près d'Orel et versé dans une batterie anti aérienne. Partira début 1944 au *Bataillon 441*.

15) K.G. Né dans le district de Koursk en 1910, comptable dans un kolkhoze, mobilisé en 1941 au 150e régiment d'artillerie. Fait prisonnier près de Smolensk. Envoyé au camp de Wyasma puis versé dans un bataillon de travail en septembre 1943 d'où il partira pour l'*Ostbataillon 642*.

16) P.F. Né à Beresino, district d'Orel, en 1910, maréchal ferrant, mobilisé en 1941 au régiment d'infanterie 1071. Fait prisonnier en août 1942 à Belovo, envoyé au camp près de Zhrigre où on l'a rééduqué pendant 20 jours. Puis envoyé dans un bataillon de travail et enfin au 1er Ostbataillon.

17) B.V. Né à Bakou en 1922, mobilisé en 1941 dans une unité de poseurs de mines, puis au 676e régiment de tireurs d'élite, 15e division, 40e armée. Fait prisonnier en 1942 près de Livna. Part dans une unité de police à Gomel, puis dans un bataillon de travail en 1943, et enfin, en mars 1944 en France, au *Bataillon 441*.

18) Z.N. Né à Vitebsk en 1920, mécanicien de tracteur, rejoint en 1940 l'unité de tireurs d'élite, régiment 5481. Prisonnier en 1941 près de Smila part dans un camp de rééducation à Kiev pour neuf mois, puis dans un bataillon de travail à Brest (Pologne). Il finit par être envoyé en France à l'Ostbataillon 441 en 1943.

19) P.F. Né près de Tambow en 1913, comptable, mobilisé en 1941 et envoyé au 574e régiment d'infanterie. Fait prisonnier en 1942 près de Voronej, parti dans un camp près de Koursk où il a été rééduqué pendant deux mois. Ensuite envoyé dans un bataillon de travail, et enfin au *Ostbataillon 441* en France en mars 1944.

20) Ch.G. Né à Kiev en 1920, bibliothécaire, mobilisé au 34e régiment de tireurs d'élite, 75e division, 4e armée, du général Pavlov. Fait prisonnier début 1942, envoyé au camp de Kremenchug où il s'occupa du transport des corps de soldats russes tués. Ce prisonnier a estimé qu'en neuf mois 50000 Russes moururent dans ce camp. Envoyé en 1943 au *Bataillon 441* puis en France en mars 1943.

Some Soviet prisoner interrogations

Thanks to documents supplied after the Normandy landings, we have been able to discover the origins and case history of numerous prisoners, particularly the Georgians from the Osttruppen battalions recruited in the German camps (concentration or transit).

Document dated 14/06/44.

1) G.B. Born at Krasnodar in 1921, student, son of a doctor. He served in the 602nd transmissions battalion in the Red Army. Taken prisoner on the 8/08/42 near Wyasma. Remained at the Gomel concentration camp for nine months, where he suffered the "usual treatment". He was then sent to a work battalion in 1943, which joined the Ostbattalions and became Battalion 441.

2) G.I. Born at Rostov in 1908, cobbler, son of a farmer from a Kolkhoze, called up at the beginning of the war and taken prisoner in September 1941 near Wyasma. Sent to a camp in this town where 45,000 prisoners were held. Three months later, only 6,000 remained. After the "usual treatment", he was placed in Gomel's Police and rejoined the Ostbattalion 441 in 1942.

3) T.I. Born at Dombas in 1910, a farmer, taken prisoner in 1942, near Orel. Sent to a camp near Bolocho. Forcefully enlisted into Battalion 441.

4) B. Born in 1919, small agricultural landholder of Polish origin. Posted at the start of the war to the Artillery Regiment No. 43 "Red Flag". Taken prisoner in 1942, sent to the camp of Bolchowo, where he was posted to Battalion 441.

5) K.N. Born in 1900, mechanic enlisted at the start of the war into Infantry Regiment 1273. Taken prisoner in 1942, placed in the camp at Bolchowo, for just 22 days and sent to a unit guarding the railways. Formed part of Ostbattalion 441, in 1943.

6) Y.V. Born in 1915, railway worker, enlisted into a regiment of firemen. Taken prisoner at the end of 1941 near Lokwitz, sent to Gomel, suffered the "usual treatment" at the camp. Sent to Ostbattalion 441 in 1942.

7) Z.A. Born at Orel in 1911, a miner, served at the start of he war in the 689th Infantry Regiment, taken prisoner in 1941 and sent to a camp near Poltava for 16 months, followed by 6 months in hospital. Posted to Battalion 441, he left for France in March 1944.

8) V. Farmer born near Tachkent in 1923, enlisted in the Red Army since leaving school. Taken prisoner in 1943 near Rozachov. Sent to a camp... from where he left in a work battalion, then to Ostbattalion 441.

9) M.V. Born at Ivanovosnevensk, near Moscow in 1916. Obtained a PhD in medicine at the University of Moscow in 1939 and was posted to Regiment 1023, of the 307th Division, as battalion doctor. Taken prisoner in October 1941 and placed in a camp near Gluchow where he remained until May 1942. Ended up in Ostbattalion 642.

10) T. Born in Altai (Ural) in 1904, farmer. Posted at the start of the war to Infantry Regiment 1275 of the 387th Division of the 6th Youkov (Zhukov) Army. Taken prisoner in August 1942, placed into the camp at Orel, only to be "re-educated" for several days and then sent to guard the railways at Orel Station. Sent to Ostbattalion 441, then to France, in January 1944.

11) S.A. Born at Mosdok in 1921, mobilised in 1941 and sent to an armoured vehicle school in the 19th Army. Taken prisoner on the 12th October near Wyasma. Re-educated in several camps (near Dragobush, Yelnia and Smolensk). He escaped and rejoined the Russian partisans. Recaptured in July 1943. Left for the concentration camp at Yelnia, where the majority of the prisoners were shot. Sent to a work camp to assemble locomotives, then to Ostbattalion and France in 1943.

12) Ch. I. Born in Moscow in 1906. Worked as in a cabinet-maker's workshop, mobilised in 1942 to the 123rd Infantry Brigade. Taken prisoner at the end of 1942, left for Shuzdra camp, where he stayed for four months before being placed in a work battalion, then the 1st Ostbattalion in 1944.

13) S.N. Born in the Moghilev sector in 1911, farmer and reserve officer, mobilised in 1941 into the 441st Infantry Regiment of the 62nd Division. Taken prisoner in February 1942, near Mozensk, sent to a camp near Orel. Left at the beginning of 1943 for Battalion 441.

14) K.V. Born at Novossibirsk in 1922, farmer mobilised in 1941, posted to the 118th Marksmen Brigade. Then took a course in aeronautical mechanics. Taken prisoner in 1942 near Orel and placed in an anti-aircraft battery. Left for Battalion 441 at the beginning of 1944.

15) K.G. Born in the district of Koursk in 1910, accountant in a kolkhoze, mobilised in 1941 to the 150th Artillery Regiment. Taken prisoner near Smolensk. Sent to Wyasma camp then placed in a work battalion in September 1943 from where he left for Ostbattalion 642.

16) P.F. Born at Beresino, district of Orel, in 1910, blacksmith, mobilised in 1941 to Infantry Regiment 1071. Taken prisoner in August 1942 at Belovo, sent to a camp near Zhrigre where he was re-educated for 20 days. Then sent to a work battalion and finally to the 1st Ostbattalion.

17) B.V. Born at Bakou in 1922, mobilised in 1941 in a mine installation unit, then to the 676th Marksmen Regiment, 15th Division, 40th Army. Taken prisoner in 1942 near Livna. Left in a unit of Gomel's Police, then in a work battalion in 1943, and finally, in March 1944 to Battalion 441 in France.

18) Z.N. Born at Vitebsk in 1920, tractor mechanic, rejoined the unit of marksmen, Regiment 5481, in 1940. Taken prisoner in 1941 near Smila, sent to a re-education camp at Kiev for nine months, then to a work battalion at Brest (Poland). He ended up being sent to Ostbattalion 441 in France in 1943.

19) P.F. Born near Tambow in 1913, accountant, mobilised in 1941 and sent to the 574th Infantry Regiment. Taken prisoner in 1942 near Voronej, sent to a camp near Koursk where he was re-educated for two months. Then sent to a work battalion and finally to the 441st Ostbattalion en France in March 1944.

20) Ch.G. Born in Kiev in 1920, librarian, mobilised to the 34th Marksmen Regiment, 75th Division, 4th Army, under General Pavlov. Taken prisoner at the beginning of 1942, sent to Kremenchug camp, where he was responsible for transporting the bodies of killed Russians. This prisoner estimated that in nine months, 50,000 Russians died in the camp. Sent to battalion 441 in 1943 and then to France in March of the same year.

Interrogatoire d'un prisonnier servant à titre étranger dans l'armée allemande, capturé le 7 juin 1944 à Turqueville, près de Sainte-Mère-Eglise

(Rapport obtenu du prisonnier DZ/3095/M *Oberleutnant* L... commandant la 4e compagnie du bataillon géorgien 795, qui s'est rendu aux soldats alliés).

Il s'agit d'un Russe de Géorgie, officier qui commandait le 646e régiment d'infanterie de la 152e division de l'armée soviétique, fait prisonnier par les Allemands à Smolensk en 1942.

Il a été transféré avec dix-huit autres officiers géorgiens au camp de Zamostye en Pologne au quartier général de la légion géorgienne à Vesola près de Varsovie. Des Géorgiens affamés étaient alignés sur une file. Des officiers allemands demandaient à ces hommes de choisir. Si on s'avouait ennemi du Reich, on devait faire un pas en avant. Personne n'effectuait ce pas car, au début, ceux qui l'avaient fait recevaient une balle dans la nuque.

Tous les hommes qui n'avaient pas bougé étaient alors considérés comme incorporés dans la *Wehrmacht*. Ils signaient une déclaration d'allégeance, avec la promesse d'obéir, d'aimer Hitler et d'œuvrer pour l'Allemagne. Tous signèrent.

L'entraînement se fit dès août 1942, sous le commandement du capitaine allemand Kuseleff, un lieutenant nommé Breittner et supervisé par le colonel Maklakelidze, un émigré. L'entraînement était à la fois militaire et politique, l'armement était d'origine soviétique. Il y eut dès lors de nombreuses désertions, les armes passaient aux partisans polonais, et à la fin d'août 1942, les 1er et 2e bataillons, envoyés dans le Caucase lutter contre les partisans, virent la moitié de leurs effectifs passés à l'ennemi!

Les Allemands retirèrent alors ce qui restait de soldats du front et les ramenèrent aux dépôts de Kruchina, près de Radom. Le commandant était maintenant le lieutenant-colonel Machts, l'ancien colonel Maklakelidze ayant été considéré comme politiquement insuffisamment fiable. Quatre bataillons en tout partirent en mars 1943, pour l'Europe de l'Ouest, car le haut commandement considéra que ces prisonniers ne pouvaient être utilisés sur le front de l'Est.

Ils furent mis en réserve en France, dans la péninsule du Cotentin, au Cap de La Hague dans la défense côtière, dès le mois de février 1944, dans la division d'infanterie 739, 3e bataillon. Le maréchal Rommel demanda leur retrait des unités côtières en raison de l'arrivée éventuelle des Alliés par le port de Cherbourg! (Ce qui montre la confiance qu'il pouvait avoir dans ces hommes).

- Organisations politiques :

La légion géorgienne était prise en compte par le comité national résidant à Berlin, avec une succursale à Paris. Cet organisme publiait des magazines et surveillait le moral politique de la Légion, mais n'avait pas le pouvoir de mutation des officiers. Le journal s'appelait *Sakartvelo* et il paraît que la corruption était considérable dans cette agence et que la germanophilie y était très faible.

Interrogation of a prisoner serving as a foreigner in the German Army, captured on the 7th June 1944 at Turqueville, near Sainte Mère Eglise

(Report obtained from prisoner DZ/3095/M *Oberleutnant* L... commanded of the 4th Company of the Georgian Battalion 795, who surrendered to the Allied soldiers).

He was a Russian from Georgia, an officer who commanded the 646th Infantry Regiment of the 152nd Division of the Soviet Army, taken prisoner by the Germans at Smolensk in 1942.

He was transferred with eighteen other Georgian officers to the camp of Zamostye in Poland to the headquarters of the Georgian Legion at Vesola, near Varsovia. The famished Georgians were lined up. The German officers demanded these men to make a choice. If they confessed to be enemies of the Reich, they should take a step forward. Nobody took this step, as at the beginning, those who had done so received a bullet in the neck.

All those men who hadn't moved were hence considered to be incorporated into the Wehrmacht. They signed a declaration of allegiance, with the promise to obey and love Hitler and to work for Germany. Everybody signed.

Training took place in August 1942, under the command of the German Captain Kuseleff, a Lieutenant named Breittner and supervised by Colonel Maklakelidze, an ex-patriot. Training was both military and political; weapons were of Soviet origin. From then onwards, there were numerous desertions, arms were passed over to Polish farmers, and at the end of August 1942, the 1st and 2nd Battalions were sent to the Caucasus to fight against the partisans and half the soldiers joined the enemy!

The Germans then withdrew what was left of the soldiers from the front and took them to the warehouses at Kruchina, near Radom. The commander was now Lieutenant-Colonel Machts, the old Colonel Maklakelidze having been considered as insufficiently trustworthy in a political sense. Four battalions in total left for Western Europe in March 1943, as the high command considered that these prisoners could not be used at the Eastern front.

They were placed in reserve in France, in the Cotentin Peninsula, at La Hague in the costal defence, from February 1944, in Infantry Division 739, 3rd Battalion. Marshal Rommel demanded the retreat of the coastal units because of the eventual arrival of the Allies at the port of Cherbourg! (Which demonstrates the confidence he must have had in these men).

- Political organisations:

The Georgian Legion was taken into account by national residents committee at Berlin, with a branch at Paris. This organism published magazines and supervised the political morale of the Legion, but it did not have the officer's transferring power. The journal was called *Sakartvelo* and corruption appears to have been considerable in this agency and Germanophilia was very weak there.

Sources et Bibliographie

Sources/*Sources*

- *Ancienne Abbaye Saint-Martin*, Bibliothèque municipale de Laon
- *Archives de l'Evêché de Rodez*
- *Archives Fonds Foucras* (dont *Chassang, chef du secteur AS de Mur-de-Barrez, Rapport d'activité*).
- *Journal de Marche du 1er au 20 novembre 1944 du XXVe corps allemand*
- *Kriegstagebuch de l'EM de liaison 588 de Clermont-Ferrand 1er janvier –30 août 1944*, Service Historique des Armées, Vincennes
- Lauret B., *Témoignage Ecrit*, 1994, Document communiqué par J.M. Maulik
- *Livre de Paroisse de Rueyres*.
- *Musée de la Résistance et de la Déportation de l'Ain et du Haut Jura.*
- *14e Légion, Compagnie de l'Ain, Brigade d'Oyonnax, Section de Nantua*

Bibliographie/*Bibliography*

* Ouvrages et articles généraux/*Works and general articles* :

- Afanasyan (S.) *L'Arménie, l'Azerbaïdjan et la Géorgie*, Paris (L'Harmattan) 1981.
- Angolia (J.) et Schlicht (J.) *Uniforms and Traditions of German Army*, San Jose USA (J. Bender publ.) 1986.
- Beaumont (H.) *Asie centrale*, ed.Marcus 1998.
- Bernage (G.) « Les Musulmans d'URSS », *39/45 Magazine* N°8.
- Bernage (G.), Lannoy (F.de)
Les divisions de l'armée de terre allemande, dictionnaire historique, Bayeux (Heimdal) 1997.
La Luftwaffe, la Waffen SS, dictionnaire historique, Bayeux (Heimdal) 1998.
- Borsarello (J.) « Les Musulmans de l'Armée Allemande », *Gazette des Uniformes* N°137, 1992.
- Caballero Jurado (C.), *Foreign Volunteers of the WH 1939-45, Men at Arms N°147*, Ed. M. Windrow, UK, 1984.
- Choukourov (C. et R.), *Peuples d'Asie Centrale*, Editions Syros, 1994.
- Davis B.L.) *Badges and Insignias of the 3d Reich*, Blandford Press, 1983.
- *De l'Atlas au Tyrol, Journal de marche du 2e groupe de Tabors marocains*, Impr. du Chellah, Rabat, 1946.
- Durov (V.A.) *Rousskié i Soviétskié Boyevié Nagradi, Décorations Russes et Soviétiques de Guerre*, Musée Historique de l'Ordre de Lénine, Moscou 1990.
- *Du Tchad au Rhin, Tome 1,* Editions G P 1944.
- Faligot (R.) et Kauffer (R.), *Le Croissant et la Croix Gammée*, Paris (Albin Michel), 1990.
- Gaujac (P.) « Osttruppen », *Militaria Magazine* N°187 et N°189.
- Giudice (E. et V. del) *Armata (l') Rossa*, Edizioni Equestri Milano, 1976.
- Gorokhoff (G.) « Les Insignes de Bras des Osttruppen », *Militaria Magazine.*
- Kaltenegger *(R.) Mountain Troops of the Waffen-SS*, Schiffer publ. 1995.
- Lamarque (P.) « Les troupes Confinaires », *39/45 Magazine* N°80.
- Lannoy (F. de)
« Hitler et les Nationalismes arabes » , *39/45 Magazine*, n°80.
« Les Légions du Turkestan », *39/45 Magazine* N°161.
« L'Albanie dans la Guerre » *39/45 Magazine* N°171.
« Les volontaires géorgiens dans la Wehrmacht », *39/45 Magazine* n° 174.
- Lazzarini Furio, Caballero Jurado et Lyles Kevin, *Foreign Volunteers of WSS*, 1995.
- *Les Mouvements Nationalistes dans le Maghreb, dans la 2e Guerre mondiale*, CNRS Colloque 1969, Paris 1971.
- Littlejohn (D.) *Foreign Legions of the 3rd Reich, Vol IV*, San Jose (USA) (James Bender Publ) 1994.
- « Military Forces of the 3rd Reich », *Wild Mook* N°39, World Press, Japan, 1986.
- A. Muñoz *(A.) Les Lions du Désert*, Axis Europa books, USA 2000.
- Muñoz (A.), Bamber M.), Romanko (O.V.), *East (The) Came West*, Axis Europa books, USA, 2001.
- Odegard W.), Deeter R.E.),*Foreign Volunteers of Hitler's Germany*, D.O. Enterprises, Los Angeles, USA, 1980.
- *Osttruppen Die Wehrmacht, Uniformen Markt*, DUZ. 1950 .
- Pimlott I.), *Atlas (the) of World War Two,* Ed. Viking, UK, 1995.
- Rutkiewicz (J.)
La Legione Turkestana della WH, Parma.
Uniformi e Armi, Ed Albertelli.
- Smeets (R.) « Osttruppen », *Amilitaria* N°13 R, Belgique.
- Stepanov (B.) « Uniformes de l'Armée Russe du Khanat de Boukhara en 1920 », Revue Russe « *Tzeughaus* » N°1, Moscou 1993.
- « Uniformes Russes », Revue Russe, « *Orel* ».
- Viotti (A.) *Uniformi et Distintivi dell'Esercito Italiano della Seconda Guerra Mondiale 1940-45*, Rome (Edizione Ufficio Storico Roma) 1988 (p. 487-493).

* Etudes régionales/*Regional studies* :

- Duquesnoy (J.P.),
« Les Géorgiens de Corrèze », *Lemouzi* N°151.
« Mémoires d'Histoire Régionale », *Lemouzi.*
- Floch (H.), Le Berre (A.) *L'Enfer de Brest*, Bayeux (Heimdal).
- Font (J.), Christian (M.), Maizet (F.) *Construire l'histoire de la Résistance*, CDDP Rodez, 1991.
- Forty (G.) *Channel Islands at War*, Agermann Perspectives, 1999.
- Fournier(R.), *Terres de Combat*, 1973, p.162.
- Gayraud (P.) *La Mutinerie des Croates*, Revue du Rouergue N°38, 1943.
- Gayraud (P.), *La Guerre du Brassard*, Ed. Jeanne Saintier, 1946 (pp 193-201).
- Gayot (H.) *Charente-Maritime 40/45*, La Rochelle 1973.
- Ginns (Michael) *319th Division in the Channel Islands*, 1980.
- Grévis(A) Aubry (J.L.), *L'Indre de la Débâcle à la Libération*, Ed. Aspharesd, 1996.
- *La Forteresse de Royan- Pointe Grave*, Bayeux (Heimdal) 1995.
- Lalanne (G.), « Les Caucasiens dans Le Midi », *39/45 Magazine* N°8
- Le Berre (A.), Legrand (A.), *La Bretagne à l'Epreuve*, Bayeux (Heimdal) 1992.
- Lecacheux (G.), Quellien (J.), *Dictionnaire de la Libération du Nord Ouest de la France*, Condé-sur-Noireau (Ch.Corlet).
- Leduc (Ch.) *Le Drame de Sainte Radegonde*, Leduc Ch., Le Midi Libre, 2000.
- Leroux (R.) *Le Morbihan en Guerre*, Ed. Régionales de Mayenne, 1997.
- Martres (E.), *Le Cantal de 1939 à 1945*, Ed. De Borée, 1993, pp 616-617.
- Mayne (R.) *Jersey Occupied*, Jarrold 1970.
- Mazier P., Vielzeuf A., *Quand le Gard Résistait*, Nîmes (2 tomes).
- *Mémorial du Rouergue en Résistance*, Commission départementale pour la paix, 1985, 109p.
- Penaud (G.), Fanlac (P.), *Histoire de la Résistance en Périgord*, 1978.
- *Revue de la Société Jersiaise*, Priaux Library, Jersey Guernesey
- Roubertier (L.), *Le Combat du Bois du Four (*Témoignage écrit), colloque de Rodez 17 et 18 mars 1995.
- Tahon (M.), « Les Osttruppen dans le Nord de la France », « Bulletin Historique du Vieux Calais ».
- Thomas (M.), Legrand (A.), *Le Finistère dans la Guerre*, Ed. de la Cité, 1991.
- Veyret (P.) *Histoire de la Résistance Armée dans l'Ain*, Ed. La Tallanderie 1999.

Epilogue

Les soldats les plus défavorisés de la Deuxième Guerre mondiale ont certainement été, dans leur grande majorité, le million de soldats que les Allemands ont appelé « *Osttruppen* » ou soldats de l'Est. On leur a volé plusieurs fois leur identité puisqu'ils appartenaient souvent à d'anciens pays d'Asie ou de l'Orient en général et avaient d'abord subi les invasions russes, turques et mongoles, changeant déjà de nationalité, entre les premiers et le XVIII siècle. Passés du régime tsariste au régime soviétique, ils perdirent encore une fois leur identité et durent combattre la nouvelle forme de gouvernement. Avec l'arrivée des Allemands, une partie de ces soldats « russes soviétiques » devinrent des militaires de la *Wehrmacht*, certains embrigadés de force, d'autres par un vague espoir de libération du joug soviétique, très peu par conviction profonde pour le régime nazi.

Refoulés vers l'Ouest et surtout la France, ils furent déracinés de nouveau et eurent peu de choix : rester aux côtés de l'Allemagne, en train de perdre la guerre, c'est devenir un jour prisonnier des vainqueurs soviétiques et la mort presque certaine, même pour ceux qui choisirent, un peu tardivement, de déserter pour rallier les réseaux de la Résistance. Se diluer dans la population ne sera possible que si l'on est Arménien car il y en a beaucoup en France, ou si l'on est Croate et recueilli dans le Massif Central, par des familles françaises. Mais si l'on est Indien ou Asiate, le mieux est d'attendre les Alliés puisque l'on dit qu'ils vont bientôt débarquer. C'est, croît-on, la voie royale car on ne connaît pas encore les accords URSS-Alliés, ces derniers devant remettre aux Soviétiques tous les ressortissants « russes ».

Enfin il y a les révoltés, les pillards et les assassins, les violeurs qui vont essayer de s'enrichir et de tout faire pour partir en Afrique du Nord.

Les seuls qui s'en sortiront seront ceux qui désertèrent la Wehrmacht dès leur arrivée en France et passèrent très vite dans la Résistance qui leur donnera de solides certificats d'ancienneté et de combativité, et se seront fait connaître rapidement aux officiers soviétiques infiltrés très tôt dans les maquis.

Une infime partie, évaluée à quelques centaines d'individus, pourra revenir au pays après cinq ans d'absence, avec les honneurs de l'Union Soviétique, de l'Inde et de l'Europe de l'Est. Il a été très difficile d'en retrouver, et soixante ans après, on a même oublié qu'ils ont existé. Dans le monde d'aujourd'hui, seuls quelques historiens ont entendu parler des « volontaires » asiatiques, musulmans et caucasiens de l'armée allemande entre 1941 et 1945…

Remerciements

Cette étude, encore trop superficielle, du passage de dizaines de milliers d'hommes déracinés sur notre territoire, et de leur comportement dans une Europe en flammes entre 1939 et 1945, a pu être menée grâce au dévouement de nombreuses personnes.

Certains ont cherché dans les archives départementales, dans les bibliothèques, les musées et les services historiques des armées, des mairies, et même des cimetières. D'autres, ont écrit, télépho-

The most disadvantaged soldiers of the Second World War were certainly by far, the million soldiers who the Germans called the "Osttruppen", or soldiers from the East. They have had their identity stolen several times, as they generally belonged to ancient Asian or Oriental countries and had initially suffered Russian, Turkish and Mongolian invasions and undergone changes in nationality, between the 1st and 18th Centuries. Passing from Tsarist to Soviet Regime, they lost their identity once again and had to fight the new form of government. With the arrival of the Germans, a part of these "Soviet Russian" soldiers became soldiers of the Wehrmacht, some recruited forcefully, others in the vague hope of a Soviet Yoke, but very few out of profound conviction for the Nazi Regime.

They were driven back westwards, especially to France and they were uprooted once again, being left with little choice: To remain on the side of the Germans, who were losing the war, which meant one day becoming a prisoner to the victorious Soviets and certain death, even for those who decided a little too late to desert and rally to the Resistance network. Blending into the population was only possible for the Armenians, as they were already numerous in France; the Croatians were taken in by French families in the Massif Central. If you were Indian or Asian, however, the best thing to do was to wait for the Allies, who were rumoured to land shortly. This was believed to be the royal way, as the agreements between the USSR and the Allies to deliver all the "Russian" nationals to the Soviets were not yet publicly known.

Lastly, there were rebels, pillagers, assassins and rapists, who tried to get rich and leave for North Africa.

The only ones who managed to get out of the situation were those who deserted the Wehrmacht upon arrival in France and very quickly joined the Resistance, where they were given sound certificates for their length of service and combat, and who rapidly met with Soviet officers infiltrated early on into the Maquis.

A tiny group, estimated at a couple of hundred individuals, were able to return to the country after five years of absence, with full honours of the Soviet Union, India and Eastern Europe. It was very difficult to find them and sixty years later, they had even been forgotten about. In the world today, only a few historians have heard about these Asian, Muslim and Caucasian "volunteers" to the German Army between 1941 and 1945…

Acknowledgements

This study, which only touches the surface of events, on the passage of dozens of thousands of uprooted men in French territory and their behaviour in a Europe in flames between 1939 and 1945 was made possible thanks to the devotion of numerous people.

Some have searched the Departmental archives, libraries, museums and historical services of armies, town councils and even cemeteries. Others have written, telephoned and faxed souvenirs and stories, sometimes eye-witnesses or assiduous readers of news-

né, faxé, des souvenirs et des histoires, témoins oculaires quelquefois, lecteurs assidus de journaux et de magazines qui avaient gardé des extraits, les plus importants, touchant ces hommes venus de l'Est lointain et même des steppes de l'Asie Centrale.

La Résistance et ses associations d'Anciens Combattants, FTP et FFI, actions locales et indépendantes nous ont fourni bien des histoires des réseaux, des parachutages, des embuscades de part et d'autre, toutes actions révélant la volonté de réveil des sentiments nationaux aux heures les plus sombres de notre pays.

Ainsi nous désirons remercier toutes celles et ceux qui ont travaillé à l'élaboration des textes intéressant la vie et les gestes des « volontaires » (de gré ou de force) de la *Wehrmacht*, dénonçant la plupart du temps leurs actes répréhensibles mais aussi en pardonnant quelquefois les gestes de désespoir d'hommes égarés, perdus d'avance et promis dans tous les cas à la mort ou à la détention.

Les avis étant très partagés sur la valeur de la décision d'incorporer de tels étrangers dans une armée à la discipline rigide, il a été difficile de savoir d'où ils venaient vraiment, de connaître la façon dont ils avaient été traités et les résultats obtenus sur le plan militaire par ces soldats de fortune.

C'est là que la documentation des spécialistes nous a été utile comme celles de Charif et Roustan Choukourof pour l'Asie Centrale, Serge Afanasyan pour les peuples du Caucase, Philippe Lamarque pour les pays arabes, Antonio Muñoz, Oleg Valentinovich Romanko, Martin J. Bamber pour les « *Osttruppen* » en général.

Que toutes ces personnes qui nous ont permis de nous inspirer de leurs recherches personnelles, qui nous ont envoyé des photos, des cartes et des images, qui ont permis à ce livre de paraître soient remerciées chaleureusement.

Nous prions ceux qui n'ont pas été nommés de nous en excuser, car bien souvent nous avons conversé au téléphone avec des personnes au nom difficile à transcrire ou qui n'ont pas voulu que leur nom soit cité en raison de quelques « tabous » encore très vivaces. Bien des événements, en effet, dans la tourmente de cette époque, ont connu des accidents, des erreurs bien humaines, des actes trop rapidement effectués qui ont laissé d'amers regrets et qu'il vaut mieux oublier.

papers and magazines who had kept extracts, the most important of which dealing with men from the Far East and even the steppes of Central Asia.

The Resistance and its associations of FTP and FFI War Veterans, local and independent actions have kept us well-supplied with accounts of networks, parachute droppings, ambushes here and there, all actions wilfully awakening national sentiments during the darkest hours in France.

Similarly, we wish to thank all those who have worked towards the elaboration of these texts concerning the life and gestures of these "volunteers" (whether through freewill or force) of the Wehrmacht, mostly condemning their reprehensible actions but also sometimes forgiving them for the acts of desperation of these distraught men, who were sure of losing from the start and were promised either death or imprisonment.

Opinions are much divided on the value of the decision to incorporate such foreigners into a rigidly disciplined army. It was very difficult to be sure of their true origins, to know how they had been treated and the results obtained on the military plane by these soldiers of fortune.

It is there that the specialists' research has been useful to us, such as Charif and Roustan Choukourof for Central Asia, Serge Afanasyan for the people of the Caucasus, Philippe Lamarque for the Arab countries, and Antonio Muñoz, Oleg Valentinovich Romanko and Martin J. Bamber for the "Osttruppen" in general.

May all these people who have allowed us to take inspiration from their personal research, who have sent us photos, maps and images, who have made it possible for this book to be published be warmly thanked.

We kindly request those who have not been named to excuse us, as we have often spoken with people over the telephone whose names are difficult to transcribe, or have preferred not to reveal their name due to certain "taboos" still very much alive. Many events have in effect, in the upheaval of the epoch, been the result of accidents, very human errors and acts too quickly carried out that have left bitter regrets that had better be forgotten.

Liste approximative des correspondants/*Approximate list of correspondents*

Aubry L. Indre
Baczoni T. Budapest
Bardies J. Albi
Barris JM. Saint-Jouvent
Biraben F. Paris
Bonnet J. Chatelaillon
Bosc L. Toulon
Bourke J. USA
Cameli M. Toulon
Catella Mil. Strasbourg
Chantrain J.C. Belgique
Chazal C. Morangis
Christian M. Albi
Clarot B. Laon
Collin B. Langres
Corbic M. Paris
Cosson MJ. Sainte-Radegonde
Dartigue Peyrou. Périgueux
Davis L. B. Sanderstead
Delmas J. Mende
Delmas Y. Royan
Desiret G. (Gosset) Saint Lô
Distinguin St. Périgueux
Emin Aliev et son équipe du Musée de la Culture de Bakou, Azerbaïdjan
Floch H. Toulouse
Fourmanoir M.L. Calais
Fournier J. Hyères
Gauchet Ph. Calais
Gaujac P. Paris
Gillier G.
Glénisson J.L. Rodez
Godfrain J. Millau
Gorokhoff G. Paris

Tombes de soldats géorgiens, arméniens et azerbaïdjanais du cimetière de La Cambe (Isigny sur Mer, Normandie). Remerciements à M. Lucien Tisserand, conservateur.

Graves of Georgian, Armenian and Azerbaijani soldiers in the cemetery at La Cambe (Isigny sur Mer, Normandy), (Thanks to Mr Lucien Tisserand, curator).

Grévis A. Indre
Guivarch S. Brest
Hamel G. Tourgéville
Hautefeuille A. Morbihan
Jean J. Dieppe
Joudoux R. Tulle
Labrosse J. Toulon
Lacroix J. Tulle
Lançon P. Rodez
Landry M. Paris
Lazzarini F. Venise
Le Berre A. Paris
Lech Alexandrovic Varsovie
Legueut H. Royan
Le Laurain Ph. Le Gua
Lemagnen J. Saint Lô
Leroux R. Morbihan
Louyot B. Plovezet
Massias N. Bordeaux
Masson R. Vincennes
Mazier P. Nîmes
Moulin D. Tulle
Mesturini M. Parma

Mollo A. Souvigny
Morton H. Jersey
Mourgues A.M. Tulle
Normand J. Sainte Affrique
Nowak J. Varsovie
Pedretti Mende
Plassard J. Chatillon-sur-Seine
Rémy M.C. Nantes
Renault J. Paris
Ruys J. Belgique
Rutkiewic J. Varsovie
Saint Cyr FL. Nantua
Sicard D. Saint Nazaire
Smeets R. Bruxelles
Steff F. Boulogne
Thijs R. Belgique
Tisserand L. La Cambe
Van Den Bergh E. Belgique
Van Den Bergh T. Belgique
Vigla J.L. Aurigny
Wakefield Londres
Weiss O.G. Paris

1. La tombe et la statue du soldat Djebrailov à Chéki en Azerbaïdjan, où il est né en 1920.

2. Nous retrouvons sur cette photo non seulement Djebrailov, à droite, mais aussi le pharmacien Akperoff, au milieu, dont nous avons présenté le certificat du pharmacien chef Soyfer, à l'hôpital franco-soviétique complémentaire de Marseille

3. Sur cette photo, qui nous est parvenue de Bakou en 2000 grâce à Emin Aliev, nous pouvons voir un groupe d'anciens résistants azerbaïdjanais des maquis français avec, au centre, le célèbre Djebrailov, peu de temps avant son décès. On y voit également, le pharmacien Akperoff et Djabrodiliev.

1. The tomb and statue of soldier Djebrailov at Chéki in Azerbaijan, where he was born in 1920.

2. In this photo, not only Djebrailov is to be found, to the right, but also the pharmacist Akperoff, in the middle, who provided us with the certificate of chief pharmacist Soyfer, at the Franco-Soviet hospital at Marseille.

3. In this photo, which came to us from Baku in 2000 thanks to Emin Aliev, we can see a group of old Azerbaijani Resistance members from the French Maquis, and in the centre, the famous Djebrailov, a short while after his death. Both the pharmacist Akperoff and Djabrodiliev can be seen.

Achevé d'Imprimer en mai 2007
sur les presses de Ferre Olsina S.A.
Barcelone, Espagne
pour le compte des Editions Heimdal